高等学校经济管理类专业实验实践课程系列教材
财政部“十三五”规划教材

U0791373

经济科学实验方法及应用

黄茂兴 李军军 林寿富 叶琪 ◎主编

中国财经出版传媒集团
经济科学出版社
Economic Science Press

图书在版编目（CIP）数据

经济科学实验方法及应用/黄茂兴等主编．—北京：经济科学出版社，2019.4
ISBN 978-7-5218-0442-3

Ⅰ．①经… Ⅱ．①黄… Ⅲ．①经济学-实验方法
Ⅳ．①F0-33

中国版本图书馆 CIP 数据核字（2019）第 063251 号

责任编辑：孙丽丽 纪小小
责任校对：王苗苗
责任印制：李 鹏

经济科学实验方法及应用
黄茂兴 李军军 林寿富 叶 琪 主编
经济科学出版社出版、发行 新华书店经销
社址：北京市海淀区阜成路甲 28 号 邮编：100142
总编部电话：010-88191217 发行部电话：010-88191522
网址：www.esp.com.cn
电子邮件：esp@esp.com.cn
天猫网店：经济科学出版社旗舰店
网址：http://jjkxcbs.tmall.com
北京密兴印刷有限公司印装
787×1092 16 开 11.75 印张 290000 字
2019 年 6 月第 1 版 2019 年 6 月第 1 次印刷
ISBN 978-7-5218-0442-3 定价：36.00 元
（图书出现印装问题，本社负责调换。电话：010-88191510）
（版权所有 侵权必究 打击盗版 举报热线：010-88191661
QQ：2242791300 营销中心电话：010-88191537
电子邮箱：dbts@esp.com.cn）

本书获得福建师范大学教材出版立项资助

前　　言

在经济学研究中，定量分析方法得到了越来越广泛的应用，数据的收集、整理、分析，模型的构建、估计和检验，以及定量分析结论的拓展已经成为现代经济学研究的重要组成部分。2013 年 8 月，我们编撰的《经济科学实验方法》一书出版后，作为福建师范大学经济学专业的本科生、硕士生和博士生开设相关课程的指定教材，同学们普遍反映教材有很高的实用性，取得了非常好的效果。该教材逐渐得到周边学校相关同行的关注，产生的影响也越来越大。

当前，各种定量分析方法层出不穷，加快推广应用，经济学论文对计量方法的要求也越来越高，因此，我们主编的第一版教材已经不能满足学术创新发展的需要了。鉴于此，我们在第一版《经济科学实验方法》教材研究的基础上增加了许多新内容，包括面板数据模型、VAR 模型、误差修正模型、数据包络分析（DEA 模型）等，这也是目前经济学论文写作中比较常见的分析方法。当然，我们也保留了第一版中的数据收集整理、多元回归、多元统计、综合评价等内容，并且也都做了相应的内容更新，补充了相关案例，实用性和可操作性都更强了。此外，从学习和研究引导角度出发，该教材的编写体例和风格基本保持不变，每一个专题都包括理论基础、基本方法和实验步骤，还给出了实验拓展和参考文献，具有较高的指导和应用价值。

本书是福建师范大学经济学院多位年轻教师通力合作的成果，他们在紧张的教学和研究之余，从当前经济学定量研究的需要出发，针对学生在论文写作过程中应用定量分析方法时出现的常见问题，博采众长，反复讨论，修订编写了这本“升级版”的教材。具体分工如下：第一章（李军军、叶琪），第二章（叶琪），第三章（陈洪昭），第四章（李成宇），第五章（林寿富），第六章（林寿富），第七章（韩莹），第八章（李军军），第九章（郑清英）。全书由黄茂兴教授负责统稿。教材编写得到福建师范大学教务处和其他老师的大力支持，提出了宝贵意见，我们还吸收了第一版教材使用过程中部分学生的建议，在此一并致谢。

鉴于本书内容覆盖面广，加之自身水平有限，尚存诸多不足，敬请读者批评指正，以便下一步再作修订和完善！

编　者

2019 年 1 月

目　录

第一章　数据收集和整理

经济研究的定量分析需要数据作为基础，如何收集到符合研究需要的数据至关重要，可以说数据收集和整理是开展研究工作的前提和基础，也是进行经济科学定量研究最基本、最基础的阶段。数据的类型主要有两种，分别通过两种不同的渠道搜集而得：一种是直接数据，主要通过调查获得，根据研究主题确定调查对象，设计调查指标，但这种方法工作量非常大，成本也比较高；另一种是间接数据，即利用现有的二手数据，对其加工整理可以满足研究的需要，快捷方便，是当前经济研究最主要的数据采集方法。二手数据来源广泛，为收集数据提供便利的同时，也面临数据来源和可靠性的问题。如果收集的数据不规范、不真实，那么后续的一切工作都将建立在错误数据的基础上，没有任何价值。因此，采集数据资料时，应该注意以下几点：一是看数据的发布者是否权威。相对于商业公司和个人，统计局和其他政府机构发布的数据是比较权威的，学术研究机构和非政府组织也比较可信。二是看数据发布的目的。出于宣传目的发布的商业市场数据，一般带有偏向性，而法规要求和学术研究发布的数据更为可靠。三是看数据收集的方法。大多数政府发布的数据是由统计报表汇总而成，而统计调查的数据质量受限于样本数量、抽样方法、误差控制等各种因素。

通过本章的实验，掌握统计数据的来源渠道，学会使用统计年鉴、数据网站、专业数据库等收集经济研究工作所需要的数据。

第一节　统计年鉴的使用

【实验说明】

国家统计局负责建立健全国民经济核算体系，组织实施全国及省、自治区、直辖市国民经济核算和各类经济社会调查，汇编提供国民经济核算资料，形成了以《中国统计年鉴》为龙头、以行业统计年鉴和地区统计年鉴为两翼的统计资料系列产品，是经济研究所需数据的主要来源。统计年鉴是以全面、系统、准确地记述上一年度事物运动、发展状况为主要内容的资料性工具书，汇辑一年内的统计资料，一般按年度连续出版，具有数据资料权威、反应及时、连续出版的特点。统计年鉴一般分为综合性年鉴（如《中国统计年鉴》《国际统计年鉴》）、地方年鉴［如每个省（区、市）的统计年鉴］和专业统计年鉴（如《中国工业经济统计年鉴》《中国科技统计年鉴》等）。由于统计数据有一个核算、汇总和核实的过程，统计年鉴一般要到次年 10 月份出版，所以统计年鉴的名称和数据有一年滞后期，即 2017 年统计年鉴的最新数据更新到 2016 年，专业统计年鉴和国际统计年鉴的滞后期更长。

【实验内容】

获取统计年鉴的渠道；利用统计年鉴查找收集统计数据。

【实验数据】

（1）利用《中国统计年鉴》查找历年我国国内生产总值。
（2）利用《中国统计年鉴》查找数据并计算 2016 年各地区人均第三产业增加值。

【实验过程】

（1）获取统计年鉴的渠道。首先是购买，可以通过各类销售平台购买到所需要的年鉴，一般而言，统计年鉴作为工具类数据，一般定价较高；其次是借助网络获取电子版，一般综合性的统计年鉴可以登录国家统计局网站和各省（区、市）统计局网站获得免费电子版，此类统计年鉴数据更新及时，一般在当年的年底会上传最新的统计年鉴。专业统计年鉴可以登陆各部委网站获取电子版，但一般更新较慢，难以获得最新的数据。

（2）以《中国统计年鉴》为例，为获得电子版的数据，可以登录国家统计局网站（http：//www. stats. gov. cn/），在网页的首页上方有一个“数据查询”栏目，点击“中国统计年鉴”，如图 1－1 所示，即出现 1999 年以来历年《中国统计年鉴》的电子版，如图 1－2 所示，由于所需收集的是历年的年度数据，故选择最新的 2017 年《中国统计年鉴》，如图 1－3 所示，进入主页面。

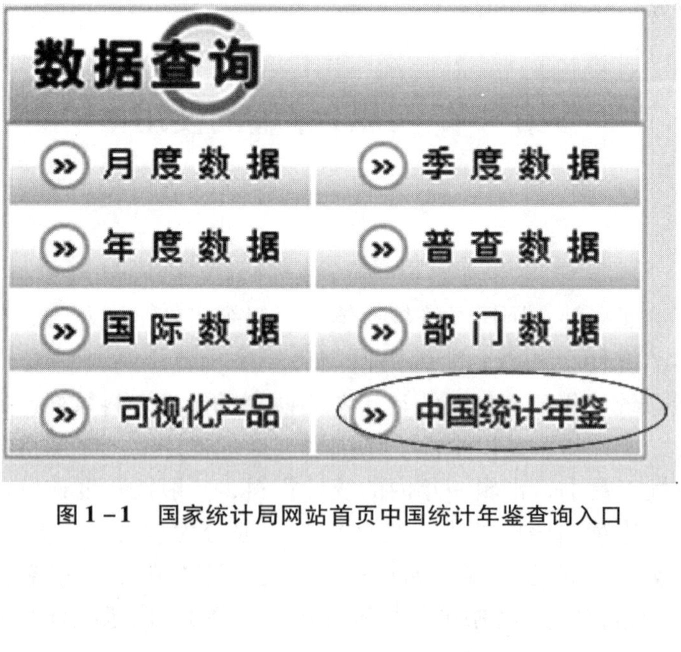

图 1－1　国家统计局网站首页中国统计年鉴查询入口

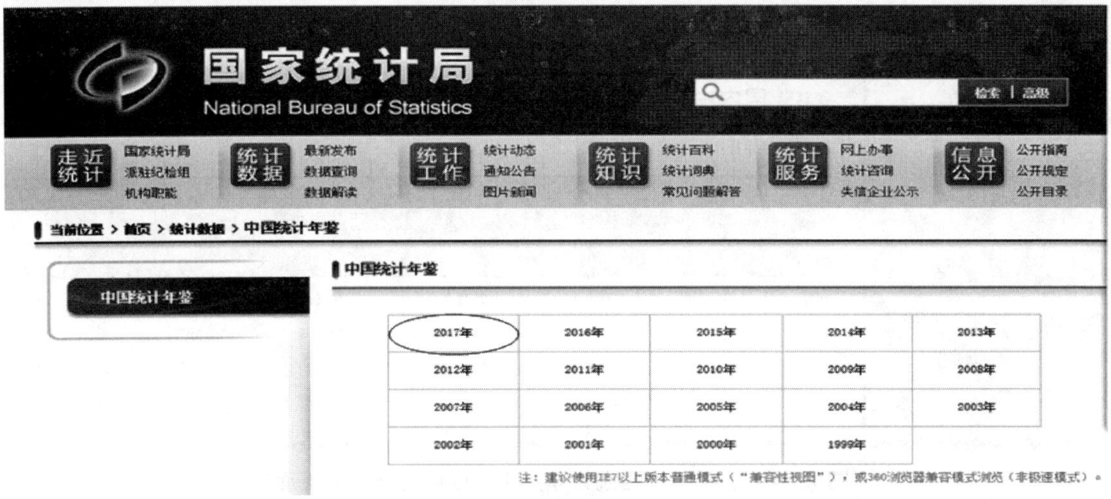

图 1－2　中国统计年鉴主页

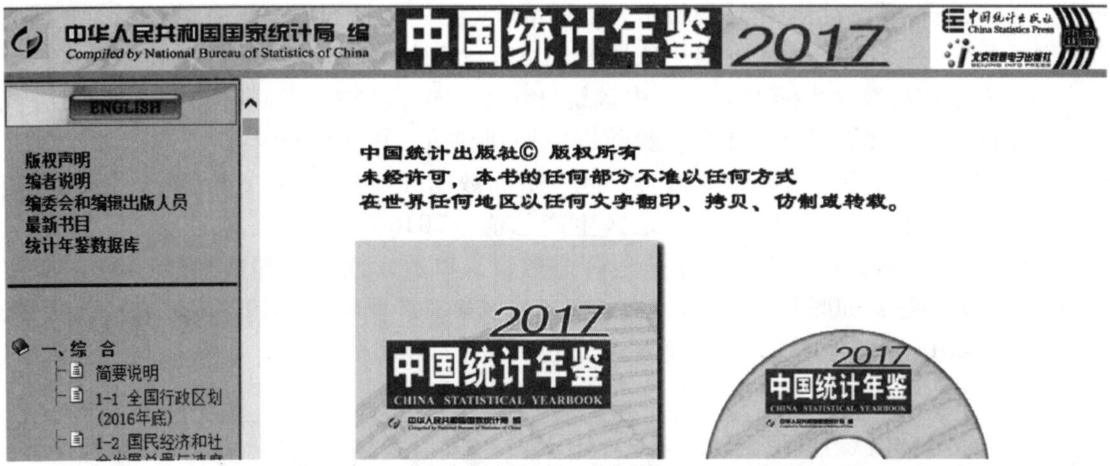

图 1－3　2017 年中国统计年鉴主页

进入 2017 年中国统计年鉴主页后，可以看到，左边目录共有 27 章和 2 个附录，每一章展开后主要有简要说明、分类指标、主要统计指标解释三大部分，“简要说明”是对本篇章的主要内容和资料来源进行概括性说明，包括核算体系、统计方法等内容；“主要统计指标解释”是对本章几个最关键的指标作出解释，包括概念、统计口径、调查数据来源、指标计算、统计方法等内容。

由于实验内容是查找 2016 年我国国内生产总值，该指标属于第三章“国民经济核算”，点击进入，再选择“3－1 国内生产总值”，可以查到按生产法核算的中国历年国内生产总值、国民总收入、三次产业增加值和人均国内生产总值等指标数据，即出现 1978～2016 年的我国国内生产总值（GDP）数据，因此找到了所需查找的数据，如图 1－4 所示。其他部分还可以查到分别按收入法、支出法核算的国内生产总值（GDP）以及分行业、分地区的国内生产总值（GDP）的总量、结构数据。

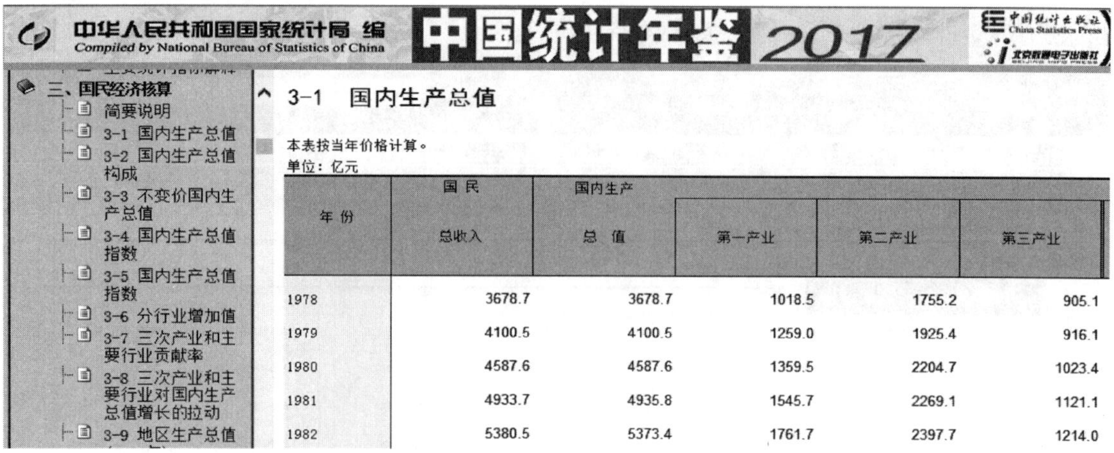
中华人民共和国国家统计局 编
Compiled by National Bureau of Statistics of China
中国统计年鉴 2017
中国统计出版社 China Statistics Press
北京数通电子出版社

三、国民经济核算
简要说明
3-1 国内生产总值
3-2 国内生产总值构成
3-3 不变价国内生产总值
3-4 国内生产总值指数
3-5 国内生产总值指数
3-6 分行业增加值
3-7 三次产业和主要行业贡献率
3-8 三次产业和主要行业对国内生产总值增长的拉动
3-9 地区生产总值

3-1 国内生产总值

本表按当年价格计算。
单位：亿元

年份	国民总收入	国内生产总值			
			第一产业	第二产业	第三产业
1978	3678.7	3678.7	1018.5	1755.2	905.1
1979	4100.5	4100.5	1259.0	1925.4	916.1
1980	4587.6	4587.6	1359.5	2204.7	1023.4
1981	4933.7	4935.8	1545.7	2269.1	1121.1
1982	5380.5	5373.4	1761.7	2397.7	1214.0

图 1－4　2017 年中国统计年鉴中的国内生产总值页面

如果找到的数据满足需要，即可以下载使用该数据。请特别注意两个地方：一个是数据表上方的说明，包括指标核算的价格和指标单位；另一个是数据表下方的注释，对某些指标做了关键性的说明，需要在引用数据时，处理好统计口径变化带来的影响。

（3）对于有些数据指标不能从《中国统计年鉴》中直接查询得到，但可以通过查找数据后进行简单的计算而得，如本实验数据中提到利用《中国统计年鉴》查找数据并计算 2016 年各地区人均第三产业增加值，这一指标数据在《中国统计年鉴》中不能直接查询得到，但可以分别查找"3～9 地区生产总值（2016）"中的各地区第三产业增加值，如图 1－5 所示，以及"2～10 分地区户数、人口数、性别比和户规模（2016 年）"中的各地区人口数，如图 1－6 所示，然后把各地区第三产业增加值和各地区人口数相除，就可以得出 2016 年各地区人均第三产业增加值。

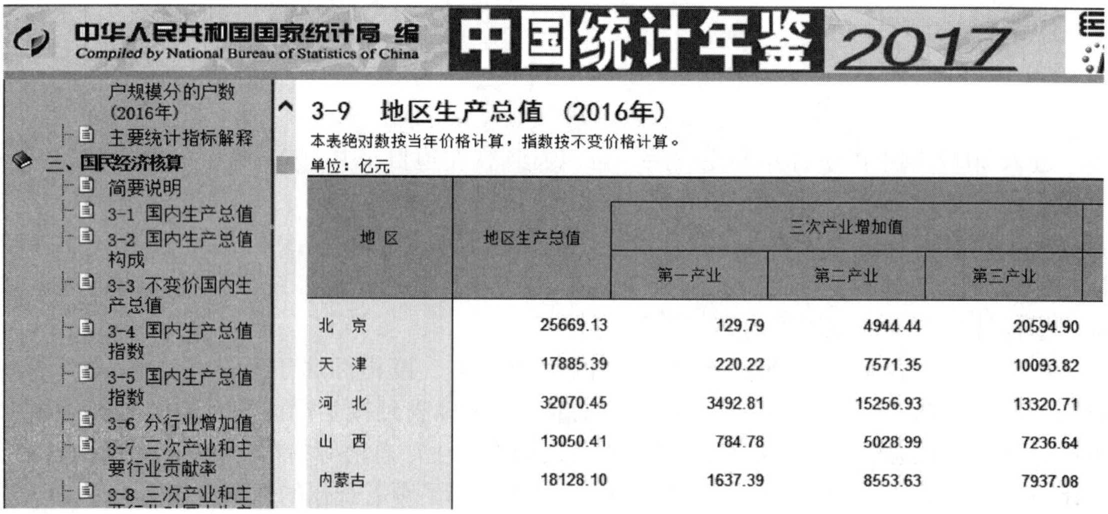
中华人民共和国国家统计局 编
Compiled by National Bureau of Statistics of China
中国统计年鉴 2017

户规模分的户数(2016年)
主要统计指标解释
三、国民经济核算
简要说明
3-1 国内生产总值
3-2 国内生产总值构成
3-3 不变价国内生产总值
3-4 国内生产总值指数
3-5 国内生产总值指数
3-6 分行业增加值
3-7 三次产业和主要行业贡献率
3-8 三次产业和主

3-9 地区生产总值（2016年）

本表绝对数按当年价格计算，指数按不变价格计算。
单位：亿元

地区	地区生产总值	三次产业增加值		
		第一产业	第二产业	第三产业
北京	25669.13	129.79	4944.44	20594.90
天津	17885.39	220.22	7571.35	10093.82
河北	32070.45	3492.81	15256.93	13320.71
山西	13050.41	784.78	5028.99	7236.64
内蒙古	18128.10	1637.39	8553.63	7937.08

图 1－5　2017 年中国统计年鉴中的地区生产总值页面

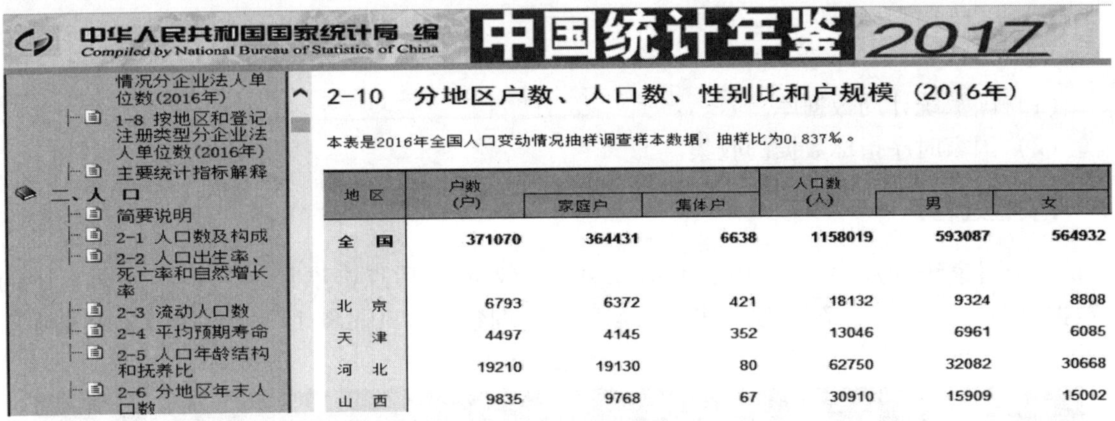

地区	户数（户）	家庭户	集体户	人口数（人）	男	女
全　国	371070	364431	6638	1158019	593087	564932
北　京	6793	6372	421	18132	9324	8808
天　津	4497	4145	352	13046	6961	6085
河　北	19210	19130	80	62750	32082	30668
山　西	9835	9768	67	30910	15909	15002

图 1－6　2017 年中国统计年鉴中的人口数

【实验结论】

利用统计年鉴查找的数据具有科学性、客观性和权威性等特点，而且获取的渠道也比较便捷，关键是要找准所需收集的数据属于哪一类年鉴，在年鉴的哪一个项目之中，同时还要弄清楚统计口径和一些简单的统计计算方法，需要有基本的统计学知识。

【实验讨论】

（1）熟悉《中国统计年鉴》的数据项目分布和查找。
（2）熟悉各地区统计年鉴的数据项目分布和查找。
（3）熟悉常用的一些专业统计年鉴的数据项目分布和查找。

第二节　数据库查询

【实验说明】

由于数据来源众多，分布广泛，数据使用人员如果全部要自己去搜寻、甄别和整理各种数据，显得费时费力，提供数据收集和整理服务的数据产业应运而生，为数据使用人员提供了极大的便利。数据产业是从事数据收集、处理、传播、存储、流通、服务以及相关软、硬件研发制造业的总称。数据产业是 IT 产业的后续发展产业，IT 产业发展到今天正在进入成熟期，这为数据产业发展奠定了软、硬件基础，铺就了数据产业的高速公路。政府部门、研究机构和商业公司纷纷建立各种数据库，收集整理相关指标数据，根据不同类别、时序、周期进行整理，使用人员设定筛选条件，很快获得大量符合要求的数据。

【实验内容】

了解常用的数据库，掌握基本的数据库使用方法。

【实验数据】

（1）国家统计局数据库。
（2）国家时序指标数据的收集。

【实验过程】

登录国家统计局主页（http：//www. stats. gov. cn）后点击项目栏“统计数据”中的“数据查询”（见图1－7），便可进入国家数据查询数据库（见图1－8）。

图1－7　国家统计局网站数据库查询入口

图1－8　国家统计局国家数据库查询页面

在这个数据库里，数据类型分为月度数据、季度数据、年度数据、普查数据、地区数据、部门数据、国际数据等。月度数据包括价格指数、工业、能源等12项主题，指标数据跨时各不相同；季度资料包括国民经济核算等6项主题，指标数据跨时较短，大多是近15年左右的数据；年度数据是按照年鉴的目录整理的，包括《中国统计年鉴》中各统计指标的历年数据；普查数据包括人口普查、经济普查、农业普查、R&D资源清查、工业普查、三产普查、基本单位普查七大类普查数据；地区数据是分省统计数据；部门数据是对各部委网站数据库的链接；国际数据包括主要国家和地区、三大经济体、国际市场的数据以及国际组织网站和各国统计网站的网址链接。

数据查询时，可以按照简单查询、高级查询、数据地图和经济图表等形式。简单查询就是直接显示所查询的数据库列表，如选择年度数据，点击简单查询，在左边的栏目中选择“人口”项目中的“总人口”，右边的指标栏中就会显示在总人口项目下所有指标历年的数据，如图 1-9 所示。高级查询是可以实现更加精准的查询，如要查询农业中农林牧渔总产值的季度数据，则选择季度数据，点击高级查询，选择农业项目中的农林牧渔总产值，在右边的指标栏中显示出该项目下的所有指标，在农林牧渔业总产值前面的框中打钩，点击右边的“查询数据”，如图 1-10 所示，即可得到农林牧渔业总产值这一指标历年的季度数据。经济图表类型主要是以折线图、柱形图等图表形式显示出数据的变动特征、规律及趋势。

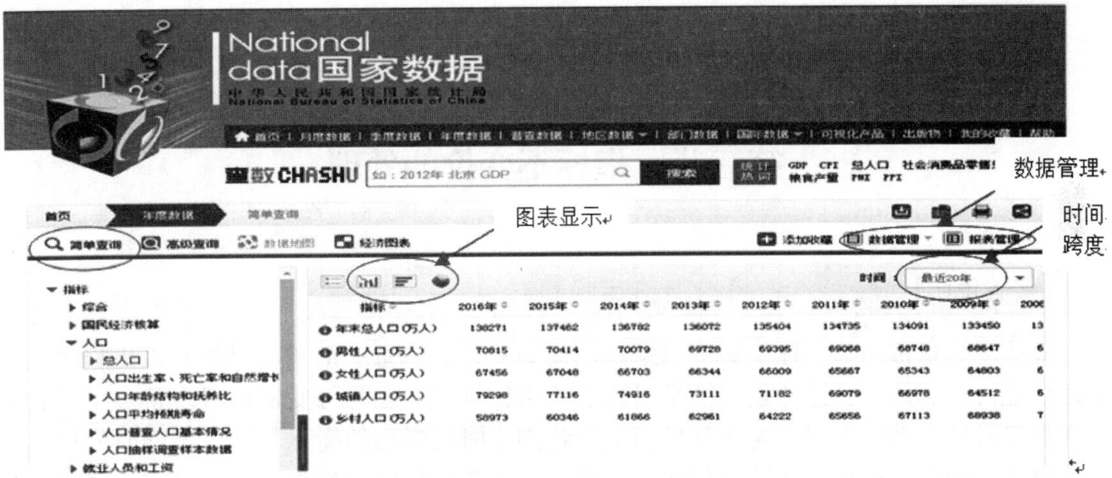

图 1-9　国家统计局数据库简单查询

图 1-10　国家统计局数据库高级查询

在简单查询和高级查询的最终查询结果中，可以看到在指标栏的左上方有三种类型的图表可以选择，分别是折线图、直方图和饼状图，右上方可以选择时间跨度，根据研究数据的需要选择相应的时间段，如图1－9箭头指示。

数据查询结果还可以通过右上方的数据管理进行筛选、统计等数据的简单处理操作，以及在报表管理中进行简单编辑，如图1－9箭头指示，操作比较便利，最终的数据可选择下载、打印或分享的方式保留以备使用。

【实验结论】

数据库已经对不同指标进行分类汇总，是收集数据最便捷的途径，需要掌握常用的一些数据库操作使用方法。

【实验讨论】

（1）了解政府部门的数据库和商业机构数据库的差别。
（2）了解商业数据库费用和服务政策。

第三节　指标不变价的处理

【实验说明】

经济学分析常用的指标都是价值指标，比如GDP、投资、消费、财政和进出口等，按照国民经济核算体系，这些指标都是以当前价格核算的，也叫可变价或者现价。由于物价水平的经常性变动，在指标对比分析当中，特别是时间序列的指标数据，不同时间的指标其价格是不同的，该指标数据既包括量的变化，还包括价格的变化。为了真实反映经济指标的量的变化，对指标在不同时间上作出更科学的比较，需要剔除物价的影响，或者以相同的价格来度量不同年份的指标数据，就叫不变价格。

经济指标不变价格的处理，有两种情况，一种是增加值类指标的不变价格处理，二是普通经济指标的不变价格处理。

增加值类指标主要是以生产法核算的各产业增加值以及国内生产总值（GDP）等指标。目前，在我国的GDP核算实践中，每5年（在逢0、逢5的年份）更换一次基年。在更换基年时，为了得到一个连续的不变价增长率时间序列，基年的不变价数据会按两个基年的价格计算两次。比如，在2015年更换基年时，2015年的不变价GDP要按2010年价格和2015年价格分别计算，得到两个数据。其中，按2010年价格计算的2015年不变价GDP同按2010年价格计算的2014年不变价GDP比较，可以得到2015年的不变价GDP增长率，这个增长率是按相同价格核算的实际增长率；按2015年价格计算的2015年不变价GDP，用作计算2016年不变价GDP增长率的基数。需要说明的是，按2015年价格计算的2015年不变价GDP，其实就是2015年的现价GDP，其他基年的情况也是一样。

《中国统计年鉴》公布的不变价格GDP等指标只是每5年更换一次基年，但分析的时间序列如果跨期较长，就不便于比较了，这就需要通过其他方法测算。测算过程需要用到基年现价GDP和此后各年的实际增长率。假如以2010年为基年，则其他年份GDP都是以

2010 年不变价核算，调整方法是：

X 年不变价 GDP = 2010 年现价 GDP × X 年国内生产总值指数

÷2010 年国内生产总值指数

这里的国内生产总值指数是国家统计局提供的按不变价计算的国内生产总值指数，反映 GDP 的实际增速，不包含价格因素。

对于普通的经济指标，由于国家统计局没有提供其实际增速，则需要用物价指数对现价经济指标进行调整，使之成为不变价格指标。针对不同的经济指标，所使用的价格指数也是不同的。一般经济指标用居民消费价格指数（CPI），固定资产投资采用固定资产投资价格指数，其他指标也都需要采用相应的价格指数。

以固定资产投资额为例，假如以 2010 年为基年，则其他年份的固定资产投资都是以 2010 年不变价格核算，调整方法是：

X 年不变价固定资产投资 = X 年现价固定资产投资 ×2010 年固定资产投资价格指数

÷X 年固定资产投资价格指数

这里的固定资产投资价格指数是国家统计局提供的定基指数。

【实验数据】

实验数据如图 1 - 11 ~ 图 1 - 14 所示。

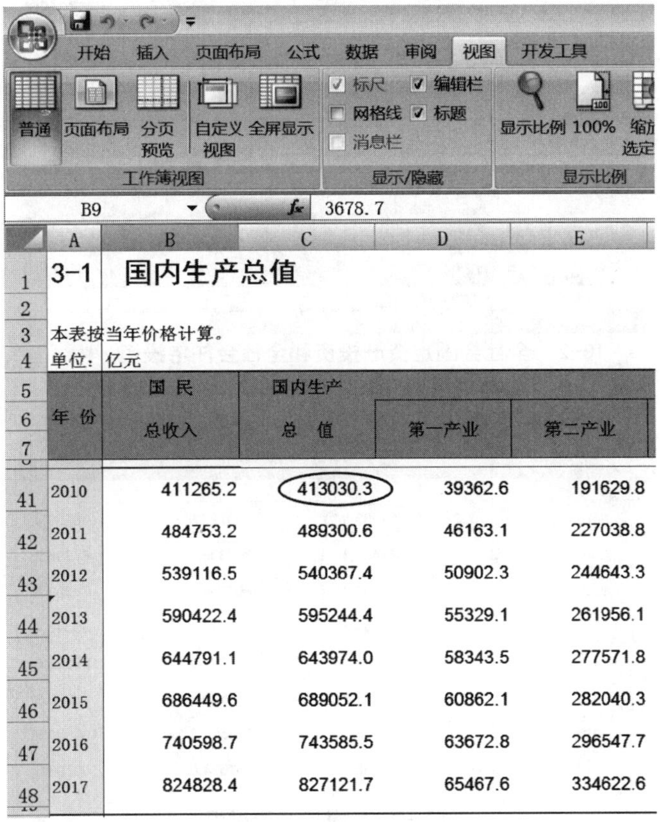

年份	国民总收入	国内生产总值	第一产业	第二产业
2010	411265.2	413030.3	39362.6	191629.8
2011	484753.2	489300.6	46163.1	227038.8
2012	539116.5	540367.4	50902.3	244643.3
2013	590422.4	595244.4	55329.1	261956.1
2014	644791.1	643974.0	58343.5	277571.8
2015	686449.6	689052.1	60862.1	282040.3
2016	740598.7	743585.5	63672.8	296547.7
2017	824828.4	827121.7	65467.6	334622.6

图 1 - 11　国内生产总值

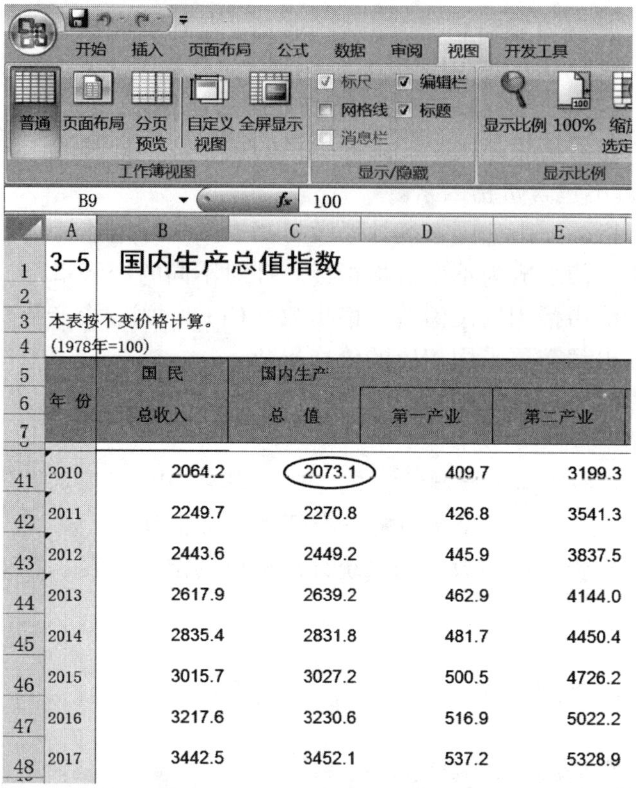

3-5 国内生产总值指数

本表按不变价格计算。
(1978年=100)

年份	国民总收入	国内生产总值	第一产业	第二产业
2010	2064.2	2073.1	409.7	3199.3
2011	2249.7	2270.8	426.8	3541.3
2012	2443.6	2449.2	445.9	3837.5
2013	2617.9	2639.2	462.9	4144.0
2014	2835.4	2831.8	481.7	4450.4
2015	3015.7	3027.2	500.5	4726.2
2016	3217.6	3230.6	516.9	5022.2
2017	3442.5	3452.1	537.2	5328.9

图 1－12　国内生产总值指数

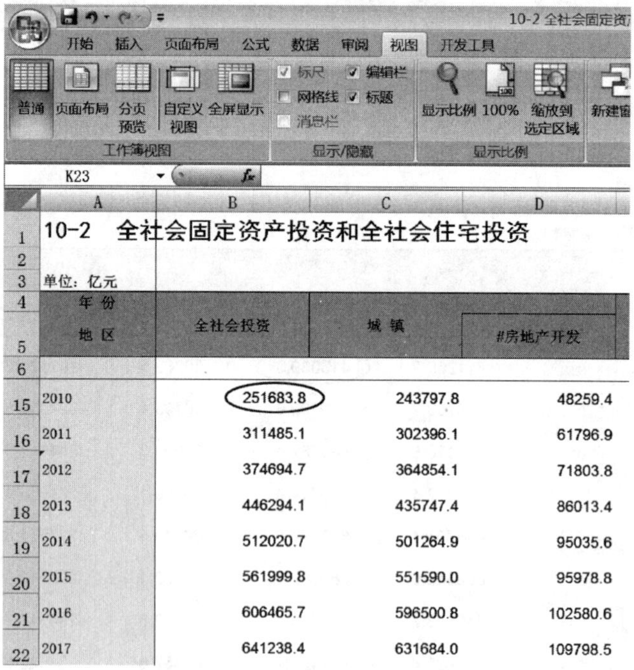

10-2 全社会固定资产投资和全社会住宅投资

单位：亿元

年份 地区	全社会投资	城镇	#房地产开发
2010	251683.8	243797.8	48259.4
2011	311485.1	302396.1	61796.9
2012	374694.7	364854.1	71803.8
2013	446294.1	435747.4	86013.4
2014	512020.7	501264.9	95035.6
2015	561999.8	551590.0	95978.8
2016	606465.7	596500.8	102580.6
2017	641238.4	631684.0	109798.5

图 1－13　固定资产投资

5-15 固定资产投资价格指数

年份	上年=100				1990年=100			
	固定资产投资	建筑安装工程	设备工器具购置	其他费用	固定资产投资	建筑安装工程	设备工器具购置	其他费用
2009	97.6	96.3	97.6	102.4	245.8	295.5	133.1	307.5
2010	103.6	104.9	100.3	103.1	254.6	310.0	133.5	317.0
2011	106.6	109.2	101.1	104.0	271.4	338.5	135.0	329.7
2012	101.1	101.6	98.9	102.2	274.4	343.9	133.5	337.0
2013	100.3	100.3	99.0	101.7	275.2	344.9	132.2	342.7
2014	100.5	100.6	99.7	101.4	276.6	347.0	131.8	347.5
2015	98.2	97.3	99.3	100.7	271.6	337.6	130.9	349.9
2016	99.4	99.4	98.9	100.5	270.0	335.6	129.5	351.6
2017	105.8	108.0	100.6	101.0	285.7	362.4	130.3	355.1

图 1-14 固定资产投资价格指数

【实验过程】

1. 不变价国内生产总值的测算

对于国内生产总值的不变价格处理，首先把现价国内生产总值和国内生产总值指数数据整理成并排的两列。找到基准年份，这里以 2010 年为例，2010 年不变价的国内生产总值等于现价国内生产总值，其他年份的不变价国内生产总值计算公式如图 1-15 所示。公式中，“D＄41”是基准年份的不变价国内生产总值，“C＄41”是基准年份的国内生产总值指数，这里用到了单元格的绝对引用。“C42”是单元格的相对引用，用于计算其他年份的不变价国内生产总值。

年份	国内生产总值 现价	国内生产总值 指数	国内生产总值 不变价
2005	187318.9	1213.1	241689.8
2006	219438.5	1367.4	272431.4
2007	270232.3	1562.0	311202.2
2008	319515.5	1712.8	341246.6
2009	349081.4	1873.8	373323.1
2010	413030.3	2073.1	413030.3
2011	489300.6	2270.8	=D$41*C42/C$41
2012	540367.4	2449.2	487961.9
2013	595244.4	2639.2	525816.2
2014	643974.0	2831.8	564188.5
2015	689052.1	3027.2	603118.7
2016	743585.5	3230.6	643642.7
2017	827121.7	3452.1	687772.9

图 1-15 不变价国内生产总值

2. 不变价固定资产投资的测算

对于固定资产投资的不变价格处理，首先把现价固定资产投资和固定资产投资价格指数两个指标的数据整理成并排两列，如图 1-16 所示。在单元格 D4 中输入公式“=B4*C＄9/C4”，得到 2005 年的以 2010 年价格测算的不变价固定资产投资，拖动 D4 单元格的填充柄可以得到其他年份不变价固定资产投资。

	A	B	C	D	E
1	年 份	全社会投资	固定资产投资	全社会投资	
2	地 区	现价	价格指数	不变价	
3		(亿元)	1990年=100	(亿元)	
4	2005	88773.6	219.1	=B4*C$9/C4	
5	2006	109998.2	222.4	125924.2	
6	2007	137323.9	231.1	151290.8	
7	2008	172828.4	251.8	174750.2	
8	2009	224598.8	245.8	232639.7	
9	2010	251683.8	254.6	251683.8	
10	2011	311485.1	271.4	292203.8	
11	2012	374694.7	274.4	347657.7	
12	2013	446294.1	275.2	412886.9	
13	2014	512020.7	276.6	471295.9	
14	2015	561999.8	271.6	526823.1	
15	2016	606465.7	270.0	571874.7	
16	2017	641238.4	285.7	571436.1	
17					

图1－16　不变价固定资产投资

【实验结论】

根据测算结果，可以发现，由于价格指数的变化，某一个指标在同一年份的现价测算值和不变价测算值有较大的差距，对于价格变化越大，两者的差距越明显，只有基准年份的现价值和不变价值是相同的。

第四节　资本存量的估算

【实验说明】

资本作为生产函数的基本要素，成为生产函数模型中必不可少的变量，不管是估计常用的柯布—道格拉斯（C－D）生产函数，还是估算全要素生产率（total factor productivity，TFP），都需要用到资本存量指标。生产函数既可以用于微观个体，也可以用于宏观经济，所以，资本存量指标也包含微观个体数据和宏观数据。尽管资本存量数据对于了解国民经济运行和进行经济研究非常重要，但现有统计体系能够查到的也只是金融机构的金融资产和金融负债，没有公布非金融资产的资本存量数据，主要是因为非金融资产的数量众多和估价困难。因此，大多数论文在需要用到资本数据时，往往直接用固定资产投资数据替代，尽管固定资产投资和资本存量有一定的相关性，但两者的差别是非常明显的，根本区别在于资本存量是由历年的固定资产投资积累形成，一个是存量数据，一个是流量数据，不可混淆。所以，经济研究中严谨的做法应该是采用一定的方法估算资本存量。

核算资本存量一般采用永续盘存法，即当期资本存量为前期资本存量折旧后余额加上当期投资，公式为：

$$K_t = K_{t-1}(1-\delta) + I_t/P_t \tag{1.1}$$

这里 K_t 和 K_{t-1} 分别为当前和前一期的资本存量，δ 为经济折旧率，I_t 为资本形成总额，P_t 为投资价格指数。这里资本形成总额除以价格指数的目的是使资本存量以不变价格核算，避免物价变化对资本存量核算的影响。

对公式（1.1）滞后一期，得到：

$$K_{t-1}=K_{t-2}(1-\delta)+I_{t-1}/P_{t-1} \tag{1.2}$$

代入公式（1.1），得到：

$$K_t=K_{t-2}(1-\delta)^2+I_t/P_t+I_{t-1}(1-\delta)/P_{t-1}$$

以此类推，得到：

$$K_t = K_0(1-\delta)^t + \sum I_{t-i}(1-\delta)^i/P_{t-i}$$

因此，当期资本存量为期初资本存量和历年投资的折旧剩余，其值的大小取决于期初资本存量、折旧率、各年投资和投资价格指数四个变量，在各年投资和投资价格指数已知的情况下，关键是确定期初资本存量和折旧率，不同的方法，对资本存量的结果有很大的影响。对于如何确定期初资本存量和折旧率，很多文献都进行了讨论，意见并不一致，可以根据实际情况选择恰当的方法，并做相应的调整。

【实验数据】

根据指标的介绍和数据要求，从国家统计局网站（data. stats. gov. cn）上采集到 1978 ~ 2017 年的全社会固定资产投资额和固定资产投资价格指数以及居民消费价格指数，由于固定资产投资价格指数是从 1991 年开始的，为了反映了一定时期内固定资产投资额价格变动趋势和程度的相对数，1991 年之前的数据用居民消费者价格指数代替，也可以用其他诸如商品零售价格指数等指标替代，具体如图 1 - 17 所示。

	A	B	C	D	E
1	指标	全社会固定资产投资(亿元)	固定资产投资价格指数(上年=100)	居民消费价格指数(上年=100)	
2	1978年			100.7	
3	1979年			101.9	
4	1980年	910.9		107.5	
5	1981年	961		102.5	
6	1982年	1230.4		102	
7	1983年	1430.1		102	
8	1984年	1832.9		102.7	
9	1985年	2543.2		109.3	
10	1986年	3120.6		106.5	
11	1987年	3791.7		107.3	
12	1988年	4753.8		118.8	
13	1989年	4410.4		118	
14	1990年	4517	108	103.1	
15	1991年	5594.5	109.5	103.4	
16	1992年	8080.1	115.3	106.4	
17	1993年	13072.3	126.6	114.7	
18	1994年	17042.1	110.4	124.1	
19	1995年	20019.3	105.9	117.1	
20	1996年	22913.5	104	108.3	
21	1997年	24941.1	101.7	102.8	

图 1 - 17　历年中国固定资产投资和价格指数

【实验过程】

首先要测算历年不变价的固定资产投资，这里就需要一个统一的价格指数，首先在单元格 E4 中输入 100，作为基础年份的价格指数，然后在 E5 中输入“ = E4 * D5/100”，用居民消费价格指数测算固定资产价格指数，并拖动填充柄至 E13，得到 1990 年之前的定基价格指数，具体如图 1 – 18 所示。然后在 E14 中输入“ = E13 * C14/100”，用固定资产投资价格指数测算固定资产价格指数，并拖动填充柄至 2017 年对应单元格 E41。接下来在 F4 中输入“ = B4 * E $ 4/E4”，以 1980 年基年的现价固定资产投资作为不变价固定资产投资初始值，拖动填充柄至最后一年，得到历年不变价的固定资产投资。

	A	B	C	D	E	F	G	H
1	指标	全社会固定资产投资(亿元)	固定资产投资价格指数(上年=100)	居民消费价格指数(上年=100)	定基价格指数(1980年=100)	固定资产投资(1980年不变价)	资本存量(1980年不变价)	
2	1978年			100.7				
3	1979年			101.9				
4	1980年	910.9		107.5	100	910.9	2732.7	
5	1981年	961		102.5	102.5	937.561	=G4*0.92+F5	
6	1982年	1230.4		102	104.55	1176.853	4352.367	
7	1983年	1430.1		102	106.641	1341.041	5345.219	
8	1984年	1832.9		102.7	109.5203	1673.571	6591.172	
9	1985年	2543.2		109.3	119.7057	2124.544	8188.422	
10	1986年	3120.6		106.5	127.4866	2447.787	9981.136	
11	1987年	3791.7		107.3	136.7931	2771.851	11954.5	
12	1988年	4753.8		118.8	162.5102	2925.232	13923.37	
13	1989年	4410.4		118	191.762	2299.934	15109.43	
14	1990年	4517	108	103.1	207.103	2181.041	16081.72	
15	1991年	5594.5	109.5	103.4	226.7778	2466.953	17262.13	
16	1992年	8080.1	115.3	106.4	261.4748	3090.203	18971.37	
17	1993年	13072.3	126.6	114.7	331.027	3949.013	21402.67	
18	1994年	17042.1	110.4	124.1	365.4539	4663.27	24353.73	
19	1995年	20019.3	105.9	117.1	387.0156	5172.737	27578.16	
20	1996年	22913.5	104	108.3	402.4963	5692.848	31064.76	
21	1997年	24941.1	101.7	102.8	409.3387	6093.023	34672.6	

图 1 – 18 不变价资本存量的测算

永续盘存法面临的一个问题是如何确定资本存量初始值，由于资本存量的初始数据也是未知的，导致后续资本存量数据没有办法计算，一般需要采用估计方法。一种方法是先假定一个资本存量的初始值，用资本存量和 GDP 作线性回归，确定两者之间的关系，然后用初始年的 GDP 估算出期初资本存量，当两者相差较大时，重复这个过程，直至两者比较接近即可。更简便的一种方法是假定资本存量初始值为当年 GDP 的一个倍数，这种方法尽管比较粗糙，误差较大，但简便易行。这里采用后一种方法，假定 1980 年资本存量初始值为当年 GDP 的 3 倍，在 G4 中输入公式“ = F4 * 3”，然后在单元格 G5 中输入公式“ = G4 * 0.92 + F5”，表示上一年资本存量扣除折旧以后再增加当年的固定资产投资，拖动填充柄至末尾年份，估算出历年以 1980 年不变价计算的资本存量，这里假定经济折旧率为 8%，至于如何确定经济折旧率，不同的文献给出的选择方法不尽相同，请多方参考。

【实验结论】

把 1980～2017 年中国固定资产投资和资本存量数据进行比较，就可以发现，尽管两者的变化趋势相同，都是由缓慢逐步上升到快速上升，但明显地，资本存量数据的增长速度快于固定资产投资的增长速度，如果作为解释变量放入模型中，其对解释变量的意义和参数肯定有很大区别（见图 1－19）。

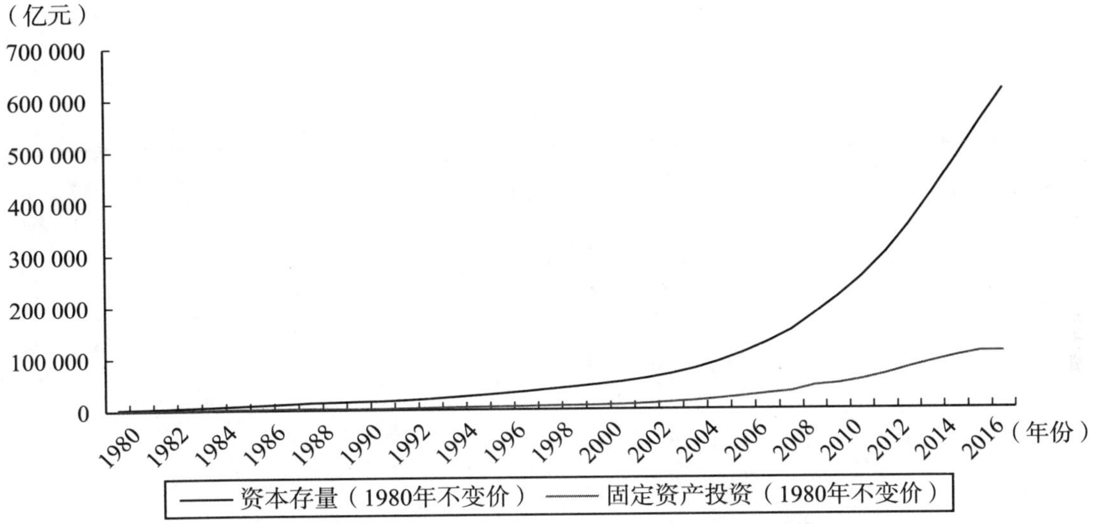

图 1－19　1980～2017 年固定资产投资和资本存量

【实验讨论】

（1）如何选择合适的经济折旧率，才使得资本存量的估算比较符合实际？
（2）资本存量初值的选择是如何影响当期资本存量的，该如何确定？

【实验拓展】

（1）收集 1978 年以来中国三次产业增加值及其比重的数据。
（2）估算 31 个省市资本存量数据。

附：一些数据收集网站

（1）世界银行中文版（http：//www. worldbank. org. cn/Chinese），全球经济发展展望和金融发展报告。

（2）联合国统计网（http：//unstats. un. org/unsd/default. htm），全球报告国家经济数据。

（3）中国国家统计局数据网站（http：//data. stats. gov. cn），中国各类经济社会数据。

（4）中经专网（http：//211. 81. 31. 53：88/index/index. asp），中国宏观经济数据和地区数据。

（5）巨潮资讯网（http：//www. cninfo. com. cn/），中国证监会指定信息披露网站，可以查询国内资本市场和上市公司披露的信息。

（6）高校财经数据库（http：//www. bjinfobank. com/），收录12个在线数据库，超过三百万篇商业报告和文章。

（7）公司金融数据库（http：//pages. stern. nyu. edu/ ~ adamodar/），美国、欧洲以及部分新兴市场、亚洲国家企业金融数据。

第二章 数据描述与表现

通过各种渠道完成数据收集后，接下来的任务就是对这些数据进行加工整理，使之符合统计分析的需要。数据描述指的是对搜集的数据，运用数据的计算方法、数据的显示方法、数据分布特征的概括等统计分析方法，以及通过直方图、饼状图、散点图等图表形式进行加工处理，显示数据变化的一些规律性特征，进而反映所调查对象的一些本质属性。

第一节 数据的描述统计

【实验说明】

在调查结束后，如果对数据中发现的错误不能予以纠正，或者有些数据不符合调查的要求而无法弥补时，就需要对数据进行筛选。数据的排序是按一定顺序将数据排列，以便于研究者通过浏览数据发现一些明显的特征或趋势，找到解决问题的线索。搜集回来的数据很难一眼就看清其中的分布规律，通过一些统计指标的描述可大致得到数据的总体特征。

【实验数据】

调查得到某公司的部分销售数据清单，如表 2 – 1 所示。

表 2 – 1　　某公司部分零售店销售数据清单

省份	类别	净销售额（元）	毛销售额（元）	渠道	价位	销售次数
江西	艺术品	561	578	批发	高	3
安徽	艺术品	3 730	4 388	批发	中	2
安徽	体育品	2 244	2 530	批发	高	3
江西	体育品	1 418	1 898	零售	高	6
江西	艺术品	1 399	1 485	批发	中	2
山东	体育品	836	945	零售	中	5
安徽	体育品	413	413	零售	高	6
安徽	艺术品	405	405	批发	中	2
山东	体育品	400	413	批发	高	3
山东	艺术品	383	383	零售	中	5
江西	艺术品	369	369	零售	中	5

【实验过程】

1. 自动筛选

在 Excel 当前工作表中，选择单元格 A1 为当前单元格。选择“数据”｜“导入外部数据”，选择数据来源文件即可把数据导入。接下来点击工具栏“数据”中的“筛选”命令，如图 2－1 所示，这时会在第一行出现下拉箭头，用鼠标点击箭头会出现图 2－2 的结果，可根据调查研究需要进行相应的筛选。

图 2－1　Excel 工具栏中的数据下的筛选命令

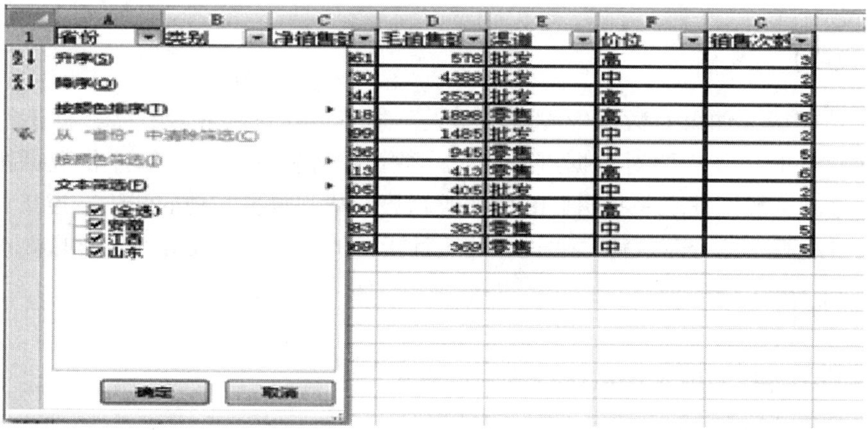

图 2－2　指标筛选

如果要筛选的是销售省份在安徽的销售数据，选择安徽，得到图 2－3 的结果。

省份	类别	净销售额	毛销售额	渠道	价位	销售次数
安徽	艺术品	3730	4388	批发	中	2
安徽	体育品	2244	2530	批发	高	3
安徽	体育品	413	413	零售	高	6
安徽	艺术品	405	405	批发	中	2

图 2－3　按省份数据筛选结果

如果要筛选出净销售额前三的零售店的销售数据，可在净销售额箭头下拉中，选择“数字筛选”—“10 个最大值”，然后在对话框中输入 3，得到图 2－4 结果。

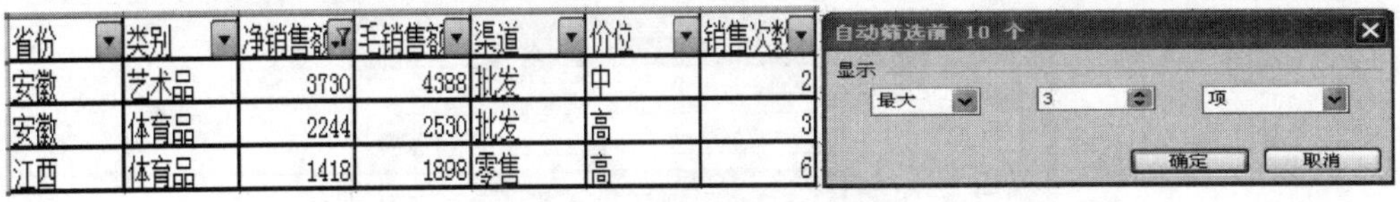

图 2 -4　数据自动筛选结果

2. 高级筛选

如果所设定的条件比较多，可使用筛选中的“高级筛选”命令。使用高级筛选时，必须建立条件区域，我们可以在数据清单上面至少留出三行作为条件区域，然后把数据清单中含有筛选值的数据列复制粘贴到条件区域的一个空行，再在条件标志下面的一行中键入要匹配的条件。比如我们要筛选的是毛销售额大于800 元，价位是高，销售品是体育品的零售商店。如图 2 -5 所示，在高级筛选对话框里修改“数据区域”或“条件区域”。

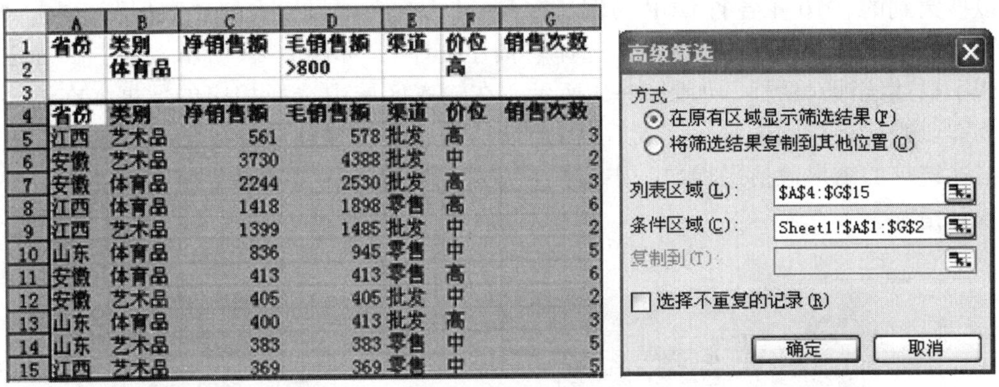

图 2 -5　高级筛选

3. 数据排序

数值型数据的排序只有两种，即递增和递减，首先选定数据区域，使用“数据”—“排序”，弹出“排序”对话框，按照需要选择“主要关键字”“排序依据”或“次序”中下拉的条件，如图 2 -6 所示。还可以进一步通过“排序”对话框中的“选项”进行方向和方法的排序选择，如图 2 -7 所示。

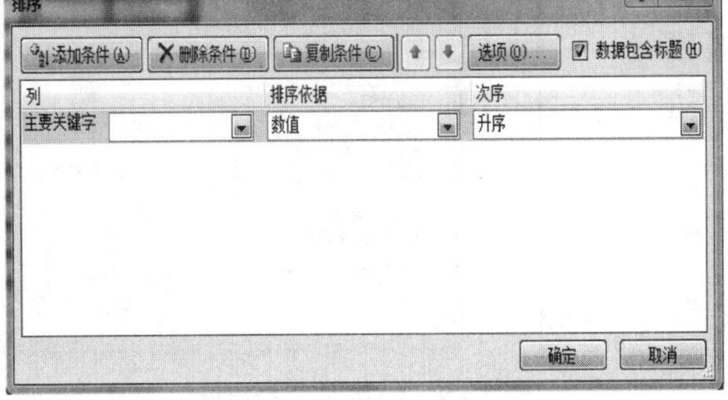

图 2 -6　数据排序对话框

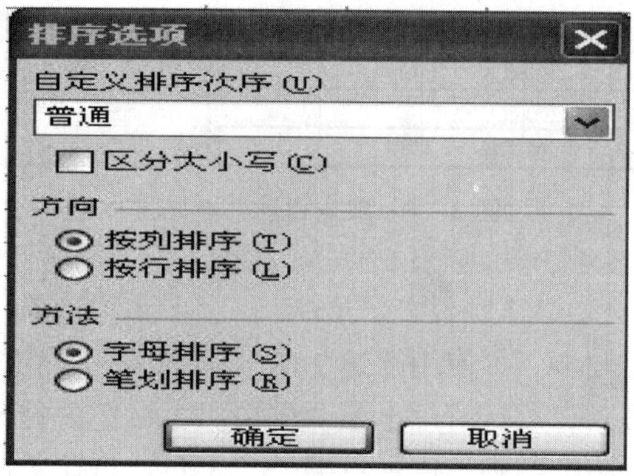

图 2-7　数据排序选项

4. 数据描述统计

以搜集到的2016年各省GDP为例，在Excel中选择项目栏中的“数据”，点击“数据分析”，弹出“数据分析”对话框，选择“描述统计”，如图2-8所示，点击“确定”后即出现了描述统计对话框，如图2-9所示，在输入区域中选择相应的数据，在输出选项中根据需要进行相应的选择，完成后点击“确定”，得到描述统计的结果，如图2-10所示，描述统计的结果包括平均数、中位数、众数、峰度、偏度、最大值、最小值等常用的描述统计指标。

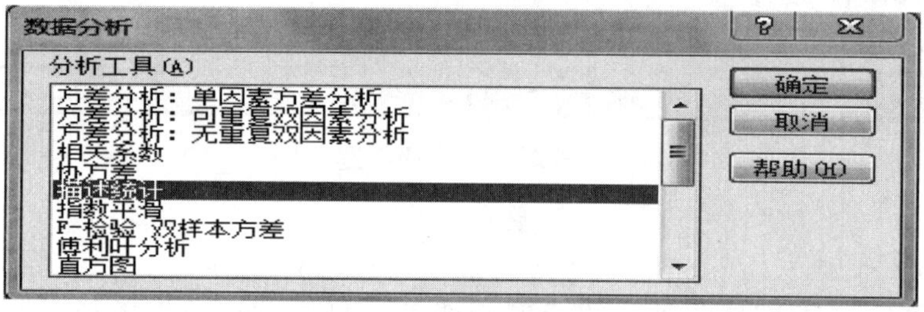

图 2-8　数据分析对话框

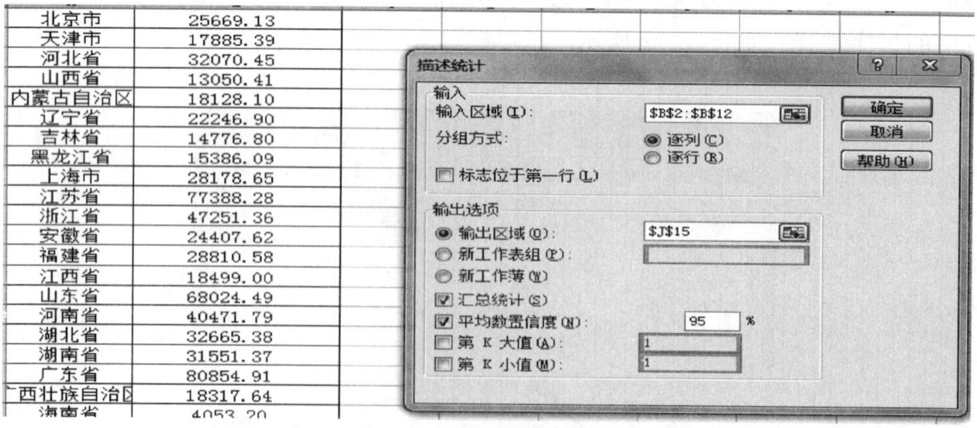

图 2-9　描述统计对话框

列1	
平均	28366.51
标准误差	5737.187
中位数	22246.9
众数	#N/A
标准差	19028.1
方差	3.62E+08
峰度	4.286477
偏度	2.019368
区域	64337.87
最小值	13050.41
最大值	77388.28
求和	312031.6
观测数	11
置信度(95	12783.25

图 2－10　描述统计结果

【实验结论】

数据的筛选、排序以及描述统计是数据整理的先前步骤，是对数据分类或分组之前所做的必要处理，熟练掌握 Excel 的使用来完成这些步骤。

第二节　常用公式的应用

【实验说明】

Excel 具有强大的计算统计功能，可以进行各种数据的处理、统计分析和辅助决策操作，其中的计算公式可以快速地计算出所需要的结果。公式计算既可以通过输入简单的操作命令完成，也可以通过工具栏中的“公式”下设的“插入函数”完成。在“插入函数”的对话框中可以看到，默认的“常用函数”一般包括 10 个。

【实验数据】

在一批灯泡中随机抽取 50 只，测试其使用寿命，原始数据如下（单位：小时）：

700	716	728	719	685	709	691	684	705	718	706	715	712
722	691	708	690	692	707	701	708	729	694	681	695	685
706	661	735	665	668	710	693	697	674	658	698	666	696
698	706	692	691	747	699	682	698	700	710	722		

运用常用函数对以上数据进行计算。

【实验过程】

在 Excel 单元区域 A2∶A51 中输入 50 个原始数据。

（1）求这组数中的最大值。有两种方法：一种方法是任意选中一个空白格，如 B2，点击“公式”—“插入函数”，B2 处会出现一个“ = ”号，在弹出的窗口中选择“MAX”，如图 2－11 所示，点击“确定”，在弹出的“函数参数”窗口中，点击 Number1 空格中的选择数据 A2∶A51，点击确定，B2 处便可以得出所选择的这一组数的最大值。

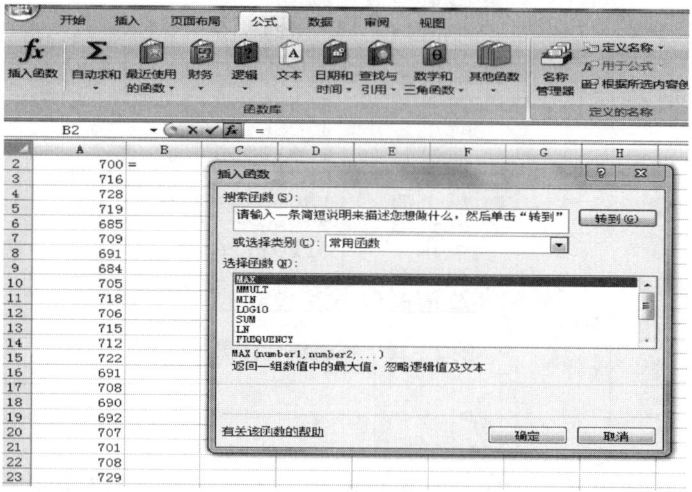

图 2－11　插入函数窗口

另一种方法是任意选中一个空白格，如 B2，输入“ = MAX( )”，其中“ = ”表示输出结果显示，“MAX”是一组数中最大值的命令，括号内选择数据范围，如图 2－12 所示，点击回车后便可以得出所选择的一组数的最大值。

图 2－12　输入命令求一组数最大值

同理，求一组数中的最小值（MIN），计算某组数中所有数值的和（SUM），计算给定某个值的以 10 为底的对数（LOG10），计算给定某个值的自然对数（LN）等，都可以用同样的方法计算。

（2）求两个矩阵相乘的积。首先判断两个矩阵能否相乘，只有第一个矩阵的列数等于第二个矩阵的行数时才能相乘。同样有选择公式法和直接输入命令法两种，由于两个矩阵相乘的结果是矩阵，在操作的过程中与前面略有不同。假设有矩阵 1 和矩阵 2 两个 3 × 3 矩阵相乘，如图 2－13 所示，结果仍为 3 × 3 矩阵。在空白处选中结果输出区域 3 行 3 列 A10：C12，点击“公式”—“插入函数”，B2 处会出现一个“ = ”号，在弹出的窗口中选择“MMULT”，点击“确定”，在弹出的“函数参数”窗口中，Array1 选择矩阵 1 数据，Array2 选择矩阵 2 数据，同时按下“Shift + Ctrl + Enter”三个键，就可以得到矩阵的计算结果。

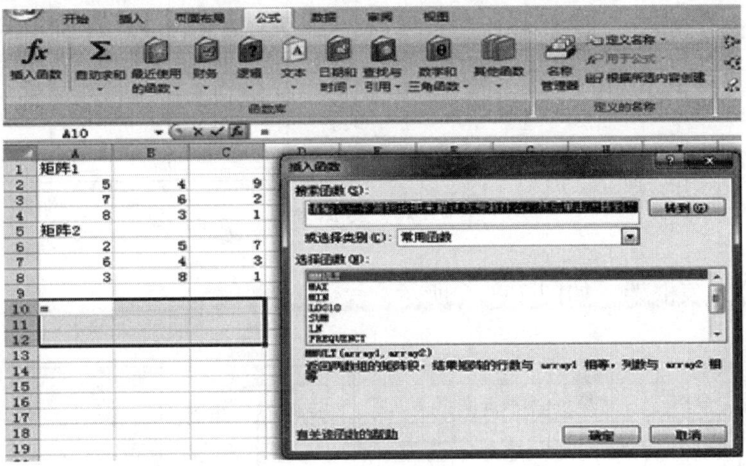

图 2－13　插入函数窗口

另一种方法是任意选中一个 3 ×3 的空白表格，表示输出区域，输入“ = MMULT(array1, array2)”，其中“ = ”表示输出结果显示，“MMULT”是矩阵相乘的命令，括号内 array1 表示矩阵 1 数据，array2 表示矩阵 2 数据，如图 2－14 所示，同时按下“Shift + Ctrl + Enter”三个键，就可以得到矩阵的计算结果。

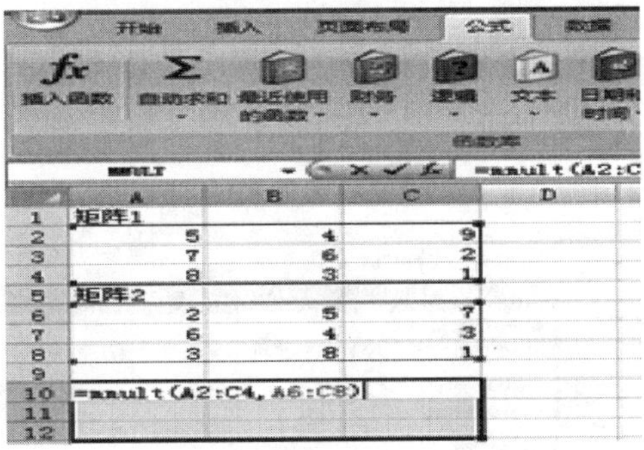

图 2－14　输入命令求两个矩阵的积

同理，求逆矩阵（MINVERSE）等矩阵运算可以用类似的方法。

（3）数据分组。对搜集的 50 只灯泡的使用寿命进行分组，以便更好地发现其分布规律。首先，计算原始数据的最大值（在单元格 B12 中）与最小值（在单元格 D12 中）。其次，根据 Sturges 经验公式计算组数 $K = 1 + \frac{\log_{10} n}{\log_{10} 2}$，其中 K 表示组数，n 表示要进行分组的数据的个数。将所有数据中的最大值减去最小值，所得的差除以经验公式计算的组数，就可以得到大致的经验组距。根据前面的计算结果，计算并确定各组上限、下限（在单元区域 F2∶G8 中），具体见图 2－15。

	A	B	C	D	E	F	G
1	原始数据：50只灯泡使用寿命（单位：小时）					各组下限	各组上限
2	700	716	728	719	685	658	671
3	709	691	684	705	718	671	684
4	706	715	712	722	691	684	697
5	708	690	692	707	701	697	710
6	708	729	694	681	695	710	723
7	685	706	661	735	665	723	736
8	668	710	693	697	674	736	749
9	658	698	666	696	698		
10	706	692	691	747	699		
11	682	698	700	710	722		
12	最大值	747	最小值	658			
13	经验组距	13	经验组数	7			

图 2-15　数据分组

绘制频数分布表框架，如图 2-16 所示。

	A	B	C	D	E	F	G	H
17	分组	频数	频数密度	频率（%）	向上累积		向下累积	
18					频数	频率	频数	频率
19	658-671							
20	671-684							
21	684-697							
22	697-710							
23	710-723							
24	723-736							
25	736-749							
26	合计							

图 2-16　数据分组频数

计算各组频数：

①选定 B19∶B25 作为存放计算结果的区域。

②从“公式”菜单中选择“插入函数”项。

③在弹出的“插入函数”对话框中选择“FREQUENCY”。

步骤①~步骤③如图 2-17 所示。

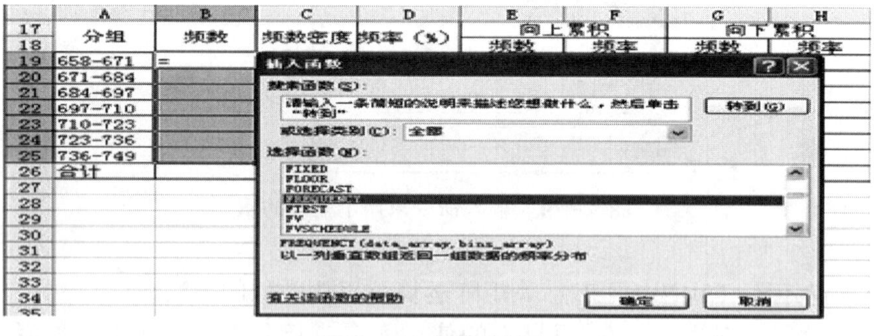

图 2-17　频数统计

④单击“插入函数”对话框中的“确定”按钮，弹出“FREQUENCY”对话框。

⑤确定 FREQUENCY 函数两个参数的值。其中：

Data-array：原始数据或其所在单元格区域（A2∶E11）；

Bins-array：分组各组的上限值或其所在的单元格区域（G2∶G8）。

步骤④~步骤⑤如图 2-18 所示。

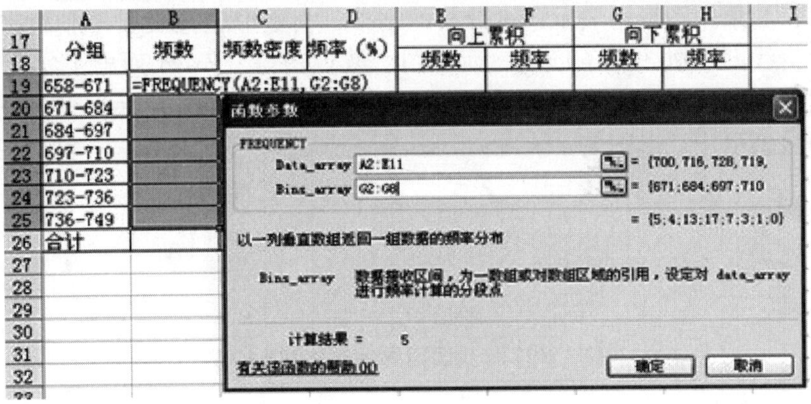

图 2－18　频数统计选项

⑥按“Shift + Ctrl + Enter”组合键，结果如图 2－19 所示。

	A	B	C	D	E	F	G	H
16	频数（率）分布表							
17	分组	频数	频数密度	频率（%）	向上累积		向下累积	
18					频数	频率	频数	频率
19	658-671	5						
20	671-684	4						
21	684-697	13						
22	697-710	17						
23	710-723	7						
24	723-736	3						
25	736-749	1						
26	合计							

图 2－19　频数统计结果

【实验讨论】

（1）除了常用函数外，很多函数的计算都可以通过 Excel 完成，点击“公式”—“插入函数”，在弹出的对话框中，在“选择类别”下拉中选择“全部”，就会出现全部的函数，然后根据计算的需要选择相应的函数，操作过程与常用函数操作过程一致。

（2）某行业管理局所属 40 个企业 2017 年的产品销售收入数据如下：（单位：万元）

152	124	129	116	100	103	92	95	127	104	105	119	114
115	87	103	118	142	135	125	117	108	105	110	107	137
120	136	117	108	97	88	123	115	119	138	112	146	113
126												

运用 Excel 对上面的数据进行常用函数的计算。

第三节　数据图表的制作

【实验说明】

通过对数据的常用函数进行计算，以及描述性统计，我们可以初步看出数据分布的一些特征和规律，如果用图形来表示这一分布的结果，会更形象直观。一般而言，常用的图形有柱形图、折线图、饼图、条形图、面积图、散点图等，Excel 列出了实际中常用的图形，可以根据数据的特点来选择，如时间序列数据可以用折线图表示，比例数据可用饼状图表示，截面数据可用柱形图表示。

【实验数据】

数据图表制作的实验数据见表 2－2。

表 2－2　　2013～2017 年我国国内生产总值及构成

年份	国内生产总值（亿元）	比上年增长（%）	第一产业增加值所占比重（%）	第二产业增加值所占比重（%）	第三产业增加值所占比重（%）
2013	595 244	7.8	9.3	44.0	46.7
2014	643 974	7.3	9.1	43.1	47.8
2015	689 052	6.9	8.8	40.9	50.2
2016	743 585	6.7	8.6	39.9	51.6
2017	827 122	6.9	7.9	40.5	51.6

【实验过程】

（1）制作 2013～2017 年我国国内生产总值变化折线图。选中年份与国内生产总值数据（A1∶B6），点击“插入”，在“图表”项目中选择“折线图”，在折线图图例中根据需要选择其中一种，如图 2－20 所示，点击后便生成折线图，如图 2－21 所示。

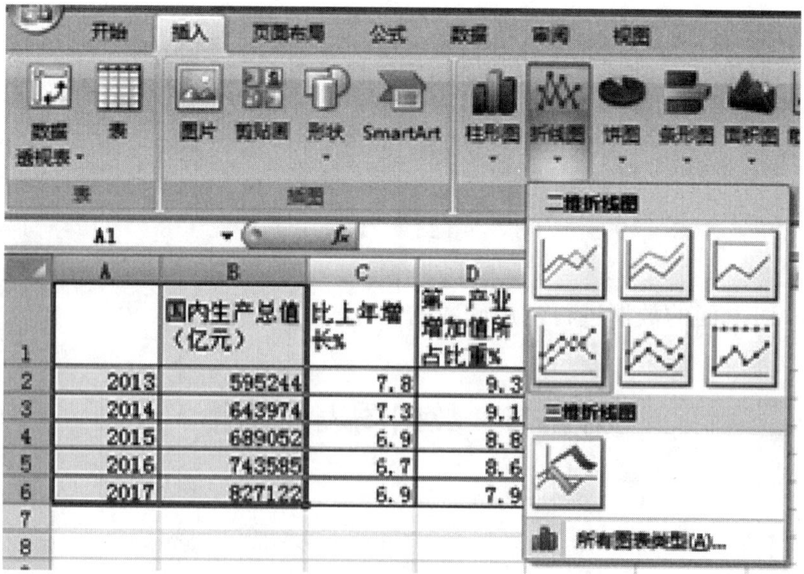

图 2－20　制作折线图

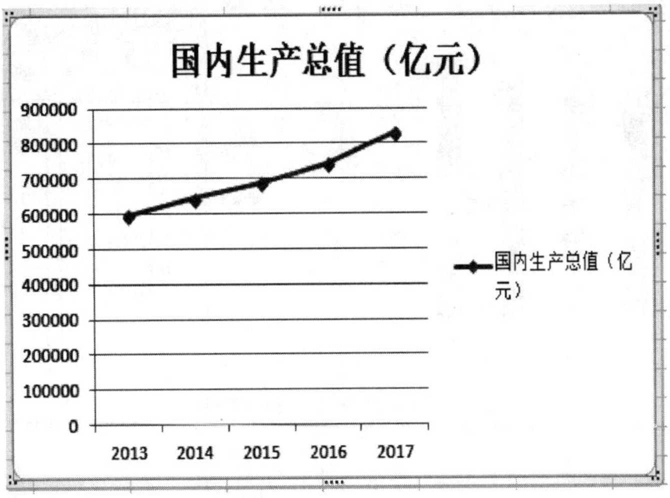

图 2 – 21　2013 ~ 2017 年国内生产总值折线图

可进一步对生成的折线图进行修改，右击绘图区域对绘图区域格式进行设置，右击网格线设置网格线格式，右击折线添加数据标签、添加趋势线、设置数据系列格式等，同时也可以右击图表任意处更改图表类型。通过对图表进一步设置修改使图表更加美观。

（2）制作 2013 ~ 2017 年我国国内生产总值变化柱形图。步骤如上所示，点击“插入”，在“图表”项目中选择“柱形图”，在柱形图类型中根据需要选择其中一种后，便可生成柱形图。其他图形的制作方法相同。

（3）制作 2013 ~ 2017 年我国国内生产总值及增长率图形。在本例中，要把国内生产总值和增长率同时在一个图形中体现出来，国内生产总值可选择柱形图，增长率可用折线图表示。选择制作图表的数据（A1 : C6），①点击“插入”—“图表”，可选择任意的图，如折线图，形成两列数据都用折现表示的图。②右击国内生产总值趋势线，选择“更改数据图表类型”，如图 2 – 22 所示，选择“柱形图”，点击“确定”，将其更改为柱形图。③右击需要显示在次坐标轴上的增长率趋势线，出现“设置数据系列格式”，点击进入，在系列选项中选择次坐标轴，图形会自动更改为由次坐标轴来表示增长率变化趋势，如图 2 – 23 所示，图表制作完成，同理可做任何 N 柱 N 线图表。

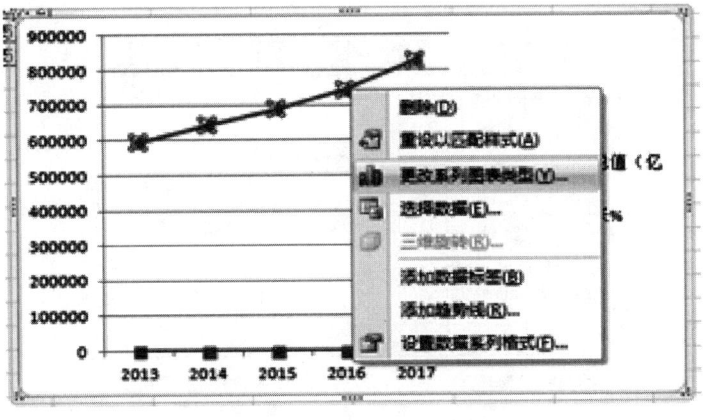

图 2 – 22　更改系列图表类型

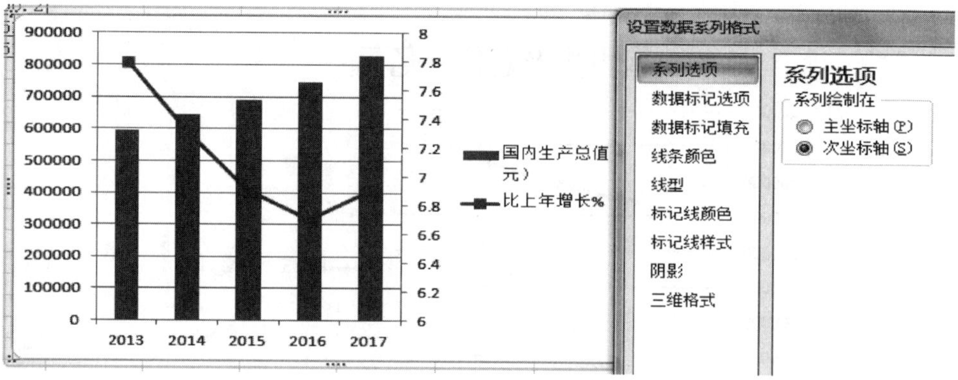

图 2-23 设置数据系列格式

（4）制作 2013 ~ 2017 年三大产业增加值占 GDP 比重的变化。可先选择数据（D1 : F6），点击“插入”，在“图表”项目中选择“柱形图”，在柱形图类型中选择“百分比堆积柱形图”，选择确定后即可生成图形，如图 2-24 所示。需要进一步将横轴的数据变更为年份，可在图形任意处右击，选择“选择数据”，弹出“选择数据源”窗口，如图 2-25 所示，在水平（分类）轴标签中，点击“编辑”，进入“轴标签”窗口，选择年份 2013 ~ 2017，点击“确定”后，图形的横轴变更为由年份来表示。

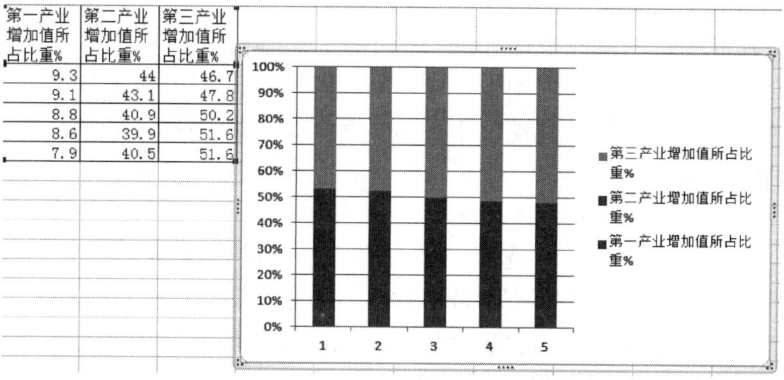

图 2-24 2013 ~ 2017 年三大产业增加值占 GDP 比重

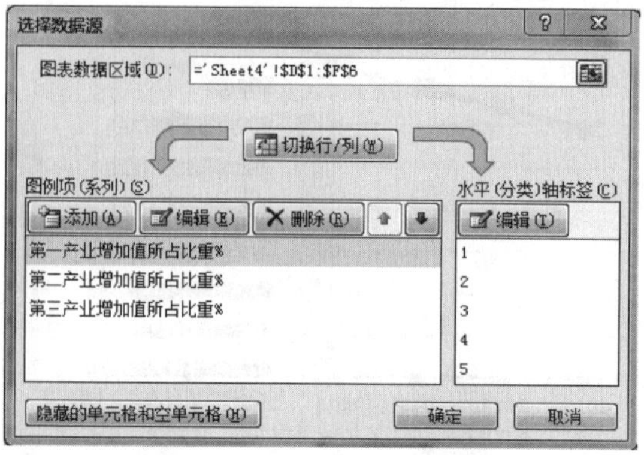

图 2-25 选择数据源窗口

【实验讨论】

（1）在“插入”—“图表”中有多种图表可以选择，可根据分析的需要选择合适的图形，具体的操作方式如前所示。

（2）已知 2013 ~ 2017 年我国货物进出口总额及增长率。

表 2 – 3　　2013 ~ 2017 年我国货物进出口总额及增长率

年份	货物进出口总额（亿元）	比上年增长（%）	货物出口额（亿元）	货物进口额（亿元）
2013	258 408	2. 33	137 371	121 037
2014	264 242	2. 26	143 884	120 358
2015	245 503	–7. 09	141 167	104 336
2016	243 386	–0. 86	138 419	104 967
2017	277 923	14. 19	153 321	124 602

①用 Excel 绘制 2013 ~ 2017 年我国货物进出口总额及增长率变化图；

②绘制 2013 ~ 2017 年我国货物出口额和进口额比例变化图。

第四节　数据地图的制作

【实验说明】

在经济研究过程中，特别是对区域问题的分析，经常需要对不同地区的经济发展情况进行比较，虽然通过数据表格也可以呈现，但是如果能够把数据和地图结合起来会更加直观，也更具美观的效果。Excel 2016 及以上的版本中增加了三维地图的功能，虽然和专业的作图软件相比，比较简单，功能也单一，但是可以进行一般性的应用，如果对图形要求不高，可运用 Excel 制作数据地区，方便快捷。本部分的实验内容也主要是简单介绍运用 Excel 制作数据地图。

【实验数据】

表 2 – 4 是 2017 年全国（除港、澳、台地区）31 个省份（市）GDP 的增长速度及排名，已经根据增长速度的快慢划分为四个区段。

表 2-4　　2017 年各省份 GDP 增速及排名

省份（市）	2017 年 GDP 增速（%）	排名	增速区段
贵州	10.2	1	大于等于 8%
西藏	10.0	2	
云南	9.5	3	
重庆	9.3	4	
江西	8.9	5	
安徽	8.5	6	
福建	8.1	7	
四川	8.1	7	
陕西	8.0	9	
湖南	8.0	9	
宁夏	7.8	11	大于等于 7%，小于 8%
河北	7.8	11	
湖北	7.8	11	
浙江	7.8	11	
新疆	7.6	15	
广东	7.5	16	
山东	7.4	17	
青海	7.3	18	
广西	7.3	18	
江苏	7.2	20	
山西	7.0	21	
海南	7.0	21	
上海	6.9	23	大于等于 6%，小于 7%
北京	6.7	24	
河北	6.7	24	
黑龙江	6.4	26	
吉林	5.3	27	小于 6%
辽宁	4.2	28	
内蒙古	4.0	29	
天津	3.6	30	
甘肃	3.6	30	

将 31 个省份（市）GDP 的增长速度排名运用地图表示出来。

【实验过程】

打开 2016 版 Excel，该版本具有制作简单三维地图的功能。首先，把包含省份和排名的数据导入 Excel 表格，之后，选中这组数据（包括表头），如本例中的省份和排名，点击“插入”—“三维地图”—“打开三维地图”，如图 2-26 所示，进入“启动三维地图”窗口，点击“新建演示”，进入三维地图工作簿界面。

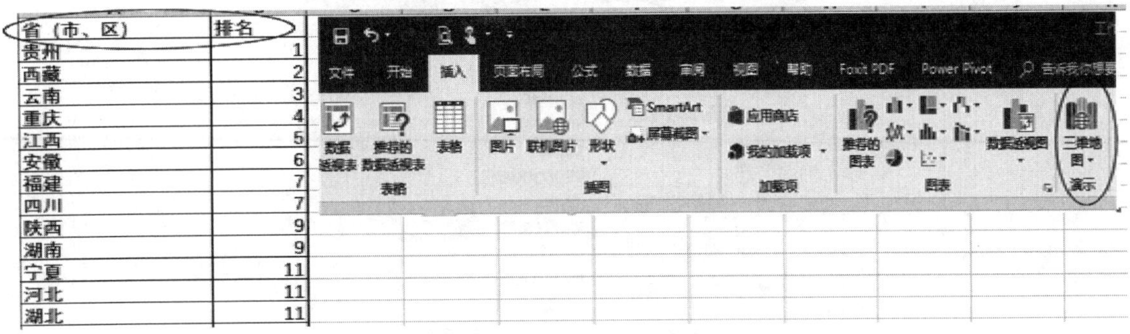

图 2-26　打开三维地图

在三维地图工作簿界面中，在最上方工具栏中，可选择“平面地图”，把地图展开成平面形式，在最右边的“图层窗口”，点击后可以对地图进行设置和编辑，如图 2-27 所示。

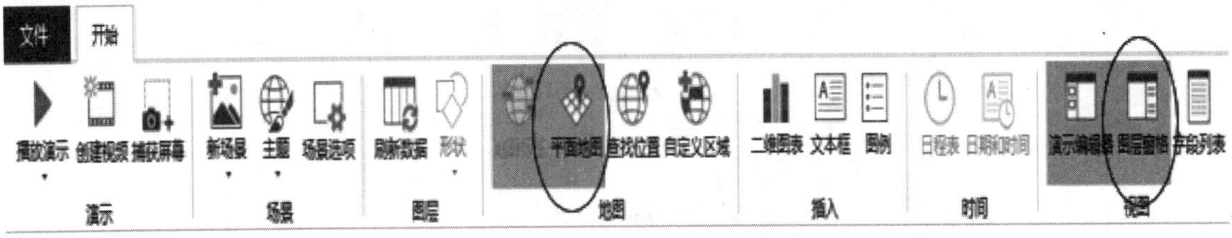

图 2-27　三维地图工具栏

进入三维地图的图层窗格，“数据”中默认的有 5 种数据图形表示，可根据需要选择其中的一种，“位置”已默认字段是省/市/自治区，如果没有默认可以点击添加字段，在右边的下拉中进行选择，如图 2-28 所示。

接下来是在“高度”中选择“排名”，在“图层选项”中可以根据需要对图进行美化，最后关掉“演示编辑器”和“图层窗格”就可以得到一个初步的“地图表示”。

此外，如果不想用默认的地图可以选择自定义地图，在工具栏“开始”—“新场景”中进行选择，也可以制作世界地图，如图 2-29 所示。

数据地图的制作可以更加直观地反映数据的特征，但 Excel 进行数据地图的制作还比较粗糙，许多功能还有待进一步完善。

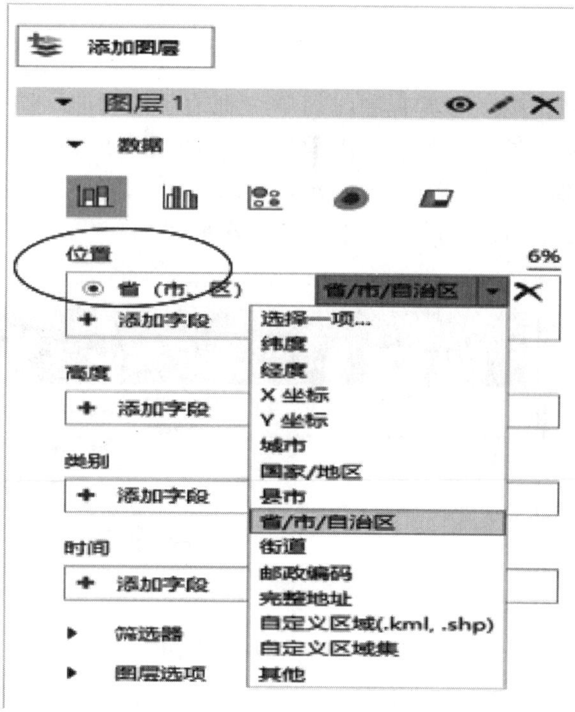

图 2－28　三维地图的图层窗格

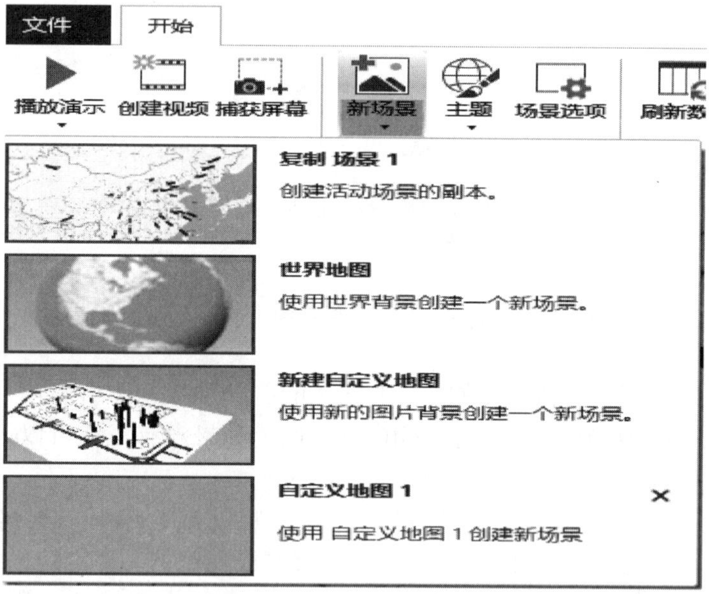

图 2－29　新场景选择

【实验讨论】

（1）进一步熟悉三维地图的工作界面。熟悉“数据”中 5 种图形的表示。

（2）将 2017 年 GDP 四个区段用数据地图表示出来。

【实验拓展】

（1）能熟悉 Excel 数据分析的应用，进行方差分析，求相关系数、协方差、移动平均数、简单回归分析等。

（2）熟练运用 Excel 进行函数计算。

（3）运用 Excel 制作数据透视表和数据透视图。

（4）运用 Excel 进行各种数据图形的制作，以及能熟练地进行各种图形的变化。

第三章　线性回归分析

第一节　回归分析的理论基础

一、基本说明

回归分析是一种非常实用的统计方法，应用范围很广，其在数据分析上的定量功能使之成为计量分析中的常用方法之一。回归分析是研究一个变量关于另一个（些）变量的依赖关系的计算方法和理论。其目的在于通过后者的已知或设定值，去估计和（或）预测前者的（总体）均值。由于在分析时，回归分析能生成数学表达式，因此它有着独到的优越性。特别地，回归分析能对数据进行预测回归分析的内容十分丰富，包括线性回归、曲线估计、非线性回归、逻辑回归等。本章主要介绍线性回归分析的思路，以及其他非线性模型的拓展应用。

（一）回归分析

在生产和科学研究中，我们常常会遇到多个变量同处于一个过程之中，它们是相互联系、相互制约的，具有一定关系。但往往变量之间的这种关系并不是完全确定的，比如经济增长理论中，劳动、资本与经济增长有关系，但是劳动和资本到底对经济增长的影响有多大、关系有多强，还需要进一步地进行具体分析，需要找出这些变量之间的具体数学关系式，才能进行科学决策。回归分析就是处理这类不完全确定的变量之间相关关系的有力工具。

回归分析不仅可以提供变量之间相关关系的数学表达式（通常称为经验公式），利用概率统计的基础知识对此关系进行分析来判明所建立的经验公式的有效性，而且还可以利用所得的经验公式，根据一个或几个变量的值，预测或控制另一个变量的值，并且可以知道这种预测和控制可达到什么样的精确程度。另外，还可以进行因素分析，对于共同影响一个变量的许多因素找出哪些因素的影响是显著的，哪些是不显著的。

回归分析涉及的内容非常广，其中的方法也很多，常用的方法有线性回归分析、曲线估计、非线性回归、Logistic 回归等。

（二）线性回归分析

一般来说，我们想根据现有样本数据，利用回归分析了解：

（1）能否找出一个线性回归方程，用来说明一组解释变量（X_i）与被解释变量（Y_i）的关系。

（2）了解这个方程式的预测能力如何？其关系强度有多大？

（3）整体关系是否达到显著水平？

（4）在分析被解释变量时，是否只采用某些解释变量即具有足够的预测力。

一般而言，在回归分析中，如果解释变量（X_i）只有一个，则称为一元线性回归模型。如果解释变量有两个以上，则称为多元线性回归模型。

$Y_i = \beta_0 + \beta_1 X_i + \mu_i \quad (i = 1, 2, \cdots, n)$　　（一元线性回归模型）

$Y_i = \beta_0 + \beta_1 X_{1i} + \beta_2 X_{2i} + \cdots + \beta_k X_{ki} + \mu_i \quad (i = 1, 2, \cdots, n)$　　（多元线性回归模型）

其中，β_0、β_i 为待估参数，μ_i 为随机干扰项。参数的估计和检验是计量经济学研究的主要内容。

二、最小二乘法（OLS）

模型参数的估计，是计量经济学的核心内容。从总体中抽取一个独立且同分布的随机样本进行估计，对于线性回归模型的参数估计，考虑一个均值为 μ，方差为 σ^2 的正态分布。这是重要的“高斯”分布，这个分布是对称的、钟形的，而且完全由它中心位置的度量（即均值 μ）和分散程度的度量（即方差 σ^2）所决定。通常用的估计方法有最小二乘估计和极大似然估计，这里主要介绍最小二乘估计。参数估计的主要思路，就是已知一组样本观测值 $(X_i, Y_i)(i = 1, 2, \cdots, n)$，要求样本回归函数尽可能好地拟合这组值，即让样本回归线上的点 $\hat{Y}_i$ 与真实观测点 Y_i 的“总体误差”尽可能地小。最小二乘法的思路是二者之差的平方和最小，即 $Q_{\min} = \sum_{i=1}^{n} (Y_i - \hat{Y}_i)^2$。根据微积分学与矩阵运算，可得到参数的最小二乘估计值。一元线性回归的参数估计值，$\hat{\beta}_1 = \frac{\sum_{i=1}^{n} x_i y_i}{\sum_{i=1}^{n} x_i^2}$，$\hat{\beta}_0 = \overline{Y} - \hat{\beta}_1 \overline{X}$。多元线性回归的参数估计值，$\hat{\beta} = (X'X)^{-1} X'Y$。

三、模型的检验

上述估计出来的参数值是否可信，是否反映出了变量间的经济规律，是否能够运用，还需要进行相关检验。一般而言，计量经济学模型必须通过经济意义检验、统计检验、计量经济学检验等。只有通过检验的模型才能用于经济实际。

（一）经济意义上的检验

经济意义检验主要是由经济理论决定的，主要检验模型参数估计值的符号和大小是否符合经济理论对这些参数的符号和大小的约束，即参数估计值在经济学意义上的合理性。如果不符合，即使模型再复杂、合适，都不能应用，需要查找原因并采取必要的修正措施。

（二）统计检验

统计检验是由统计理论决定的，目的在于检验模型的统计学性质，评定模型参数估计值的可靠性。常用的统计检验有拟合优度检验、t 检验、F 检验，即变量和方程的显著性检验等。

1. 拟合优度检验

拟合优度检验是检验模型对样本观测值的拟合程度。用可决系数（R^2）表示拟合优度，其等于回归平方和/总离差平方和。即 $R^2=\frac{ESS}{TSS}$。可见，拟合优度越高，越接近于 1 证明拟合的越好。

在模型的制作过程中，人们通常需要对某些自变量的取舍做出选择，这就需要判定哪个解释变量对被解释变量具有重要影响，而 R^2 具有递增性，即解释变量越多，拟合的越好，因此难以满足取舍原则。为了克服上述困难，通过对 R^2 进行修正，获得了$\overline{R^2}$（修正拟合优度）。增加自变量，如果$\overline{R^2}$增大，则这个解释变量对被解释变量具有显著影响，否则，可以抛弃。

2. t 检验

t 检验是对回归系数逐个进行显著性检验，当 t 值不落入置信区间，即 t 值大于 $t_{\alpha/2}(n-2)$ 时（α 为显著水平），拒绝参数值等于 0 的假设，表示参数显著不为 0，即参数估计值是显著的，该解释变量对被解释变量的影响显著。

3. 回归方程显著性的 F 检验

用来判定回归方程的所有解释变量 X 对被解释变量 Y 的影响的显著性，即方程总体的显著性。其与拟合优度成正相关，拟合优度越大 F 值越大，F 值越大表示解释变量对被解释变量的线性影响就越大。

（三）计量经济学检验

计量经济学检验是由计量经济学理论决定的，目的在于检验模型的计量经济学性质。最主要的检验准则有随机干扰项的序列相关性检验和异方差性检验以及解释变量的多重共线性检验等。

1. 异方差性

由于样本数据在不同样本点上解释变量以外的其他因素的差异较大，往往存在异方差性。异方差会导致参数估计值的失效，显著性检验失去意义。异方差的检验方法有残差图法、斯皮尔曼等级相关检验法、帕克检验法、White 检验法等。解决异方差的方法主要是加权最小二乘法，即对原模型加权，使之变成新的不存在异方差性的模型，然后采用 OLS 法估计参数值。权数一般取残差平方的倒数。

2. 序列相关性

如果模型的随机干扰项之间不是相互独立，存在相关性，则同样会造成参数估计值失效，显著性检验无意义。检验序列相关的方法有图示法、回归检验等，其中运用较多的是杜宾－瓦森（Durbin－Watson）检验法，当 D. W. 值落入临界高值 d_u 和 4－临界高值（$4-d_u$）之间时才不存在序列相关。当存在自相关，可用广义差分法解决。

3. 多重共线性

当拟合优度很大，但参数估计值却不显著时，可以考虑存在多重共线性，即解释变量之间存在较严重的相关性。它会导致参数估计值不存在，参数估计值经济含义不合理等问题。检验方法主要为对解释变量采用简单的相关系数法进行排除，或通过逐步回归，查看拟合优度的方法进行检验。若存在多重共线性，可用减少变量，或是差分法进行克服。

四、线性回归模型的拓展

由于现实中对很多经济问题分析时，所建立的经济模型往往不是线性的，可能是指数函数、幂函数等，在这种情况下可利用数学技巧，或者变量直接代换法将非线性模型化为标准线性模型。

（一）多项式函数模型

比较典型的总成本函数，就是一个三次函数，y 为总成本，x 表示产出，其函数模型为 $y_t=\beta_0+\beta_1x_t+\beta_2x_t^2+\beta_3x_t^3+\mu_t$。此时，可设 $z_1=x_t$，$z_2=x_t^2$，$z_3=x_t^3$，将其带入原式，则转化为标准线性模型：$y_t=\beta_0+\beta_1z_1+\beta_2z_2+\beta_3z_3+\mu_t$。

（二）双曲函数模型

如菲利普斯曲线对应的工资变化率与失业率之间的关系：$W=\beta_0+\beta_1\frac{1}{UN}+\mu$，$W$ 为工资率，UN 为失业率。仍可用变量替代，即设 $X=\frac{1}{UN}$，则模型可转化为线性模型：$W=\beta_0+\beta_1X+\mu$。

（三）幂函数模型

典型的为柯布—道格拉斯生产函数（$C-D$ 函数）：$Q=AL^{\alpha}K^{\beta}e^{\mu}$。则可运用数学技巧，通过两边取对数得到 $\ln Q=\ln A+\alpha\ln L+\beta\ln K+\mu$ 的一个双对数模型。再利用变量替代，设 $y=\ln Q$，$\beta_0=\ln A$，$x_1=L$，$x_2=\ln K$，则模型可转化为线性模型：$y=\beta_0+\beta_1x_1+\beta_2x_2+\mu$。

第二节 Engel－Granger 两步法协整检验

【实验说明】

由于经济变量的非平稳性给回归模型的参数估计带来虚假回归的问题，所以近年来对经济变量的非平稳性研究越来越引起人们的注意。主要是因为，在很多经济计量模型（如 VAR 模型、ARMA 模型）的分析过程中，往往要求经济时间序列是平稳的，但是由于实际应用中大多数时间序列是非平稳的，时间序列的数字特征是随着时间的变化而变化，各个时间点上的随机规律是不同的，难以通过序列已知的信息去掌握时间序列整体上的随机性，比如我国的 GDP 序列就具有很强的上升趋势。因此，以非平稳时间序列建模往往是不被允许的，通常采用差分方法消除序列中含有的非平稳趋势，使序列平稳化后再建立计量模型。但是差分变换后的序列限制了所讨论经济问题的范围，并且有时变换后的序列由于不具有直接的经济意义，使化为平稳序列后建立的时间序列模型不便于解释。因此，恩格尔和格兰杰（Engle and Granger，1987）提出的协整理论及其方法，为非平稳序列的建模提供了另一种途径。虽然一些经济变量的本身是非平稳序列，但是它们的线性组合却有可能是平稳序列，这种平稳的线性组合被称为协整方程且可被解释为变量之间的长期稳定的均衡关系。例如，消费和收入都是非平稳时间序列，但两者的某种线性组合却表现出平稳性，这两个变量之间存在长期稳定的关系，即协整关系。如果它们不具有协整关系，则长期消费就有可能比收入更高或更低，消费者便会非理性地消费或积累储蓄。实验 1 主要介绍恩格尔和格兰杰提出的 Engel – Granger 两步法来检验变量之间的协整关系，其中还涉及 ADF 检验。

Engel – Granger 两步法：第一步，分别对每个变量序列进行单整检验，采用 ADF 检验方法。第二步，对同阶单整的序列进行普通最小二乘回归，并对模型估计残差序列 e 做单位根检验，也采用 ADF 检验方法。如果 e 满足单位根检验，则说明变量之间存在协整关系，可以建立计量模型（如 VAR 模型）。

【实验内容】

本实验主要为合肥市市区与郊县经济发展的相互作用关系分析（变量数据的协整检验）。

一个区域在经济发展过程中，往往都与周边区域存在较强的相互作用关系，会出现扩散或极化效应，而这种效应会对该区域的发展产生重要影响。尤其是在省会城市发展过程中，市区与郊县的发展关系更为密切，研究省会城市市区与郊县经济发展的动态关系，掌握两者之间的相互作用规律，对于市区与郊县更好地发挥动态联动效应，相互促进、共同发展具有一定的指导意义，也为构建以省会城市为中心的产业群、城市圈、经济带提供参考。而 VAR（向量自回归）模型是分析变量之间相互影响关系的很好方法。因此，这里将以合肥市市区与郊县作为研究对象进行分析，对它们建立 VAR 模型（在实验 2 中进行），而建立 VAR 模型的前提是要对变量进行协整检验（在实验 1 中进行）。

在本实验的分析过程中，将合肥市的所有四个市区（庐阳区、瑶海区、蜀山区、包河区）作为一个整体，三个郊县（长丰县、肥东县和肥西县）作为另一个整体。假设市区为增长极，而郊县为周边地区，研究市区对郊县的极化效应和扩散效应效果，同时，除了极化效应和扩散效应外，在分析中，我们还考虑了市区和郊县自身在经济发展过程中产生的“累积效应”。

为了能够简单、直观，而又能从整体上反映地区的经济发展情况，这里选择宏观经济总量指标地区生产总值作为变量来衡量市区与郊县经济状况，市区的地区生产总值变量用 Y 表示，郊县的地区生产总值变量用 X 表示。考虑到对时间序列数据进行对数化后并不改变数据的特征，而且可以消除数据中可能的异方差和避免因数据变化带来的剧烈波动，因此实际分析时均采用各变量的对数值。

【实验数据】

变量 Y 和变量 X 的原始数据和对数化后的数据如表 3－1 所示，数据的时间跨度为 1990～2005 年。

表 3－1　　各变量数据

年份	Y	X	lnY	lnX	年份	Y	X	lnY	lnX
1990	356 400	225 518	12.78381	12.32616	1998	1 897 260	807 476	14.45592	13.60167
1991	388 900	207 969	12.87108	12.24514	1999	2 149 920	794 564	14.58094	13.58555
1992	468 669	244 527	13.05765	12.40708	2000	2 352 229	895 111	14.67087	13.70470
1993	630 702	343 326	13.35459	12.74644	2001	2 692 992	941 420	14.80616	13.75514
1994	858 971	459 212	13.66349	13.03727	2002	3 123 456	1 004 609	14.95445	13.82011
1995	1 108 737	567 079	13.91873	13.24825	2003	3 817 885	1 031 738	15.15521	13.84676
1996	1 433 518	682 368	14.17564	13.43332	2004	4 645 900	1 251 100	15.3515	14.03953
1997	1 706 758	783 129	14.35011	13.57105	2005	6 741 560	1 794 140	15.7238	14.40004

【实验过程】

（1）将变量数据导入 Excel 表格，建立文件“协整检验 . xls”。

（2）新建工作文件。打开 Eviews 6 软件，在 File 下拉菜单 New 菜单项下选择 Workfile 项，新建工作文件（Workfile），出现 Workfile Create 对话框（如图 3－1 所示）。在 Start date 中输入起始年份“1990”，End date 中输入截止年份“2005”，点击 OK 钮，出现 Workfile：UNTITLED 工作文件窗口，如图 3－2 所示。

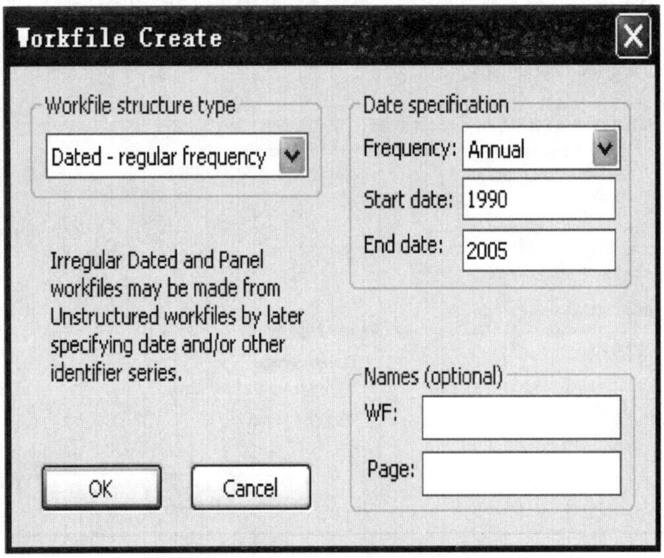

图 3－1　Workfile Create 对话框

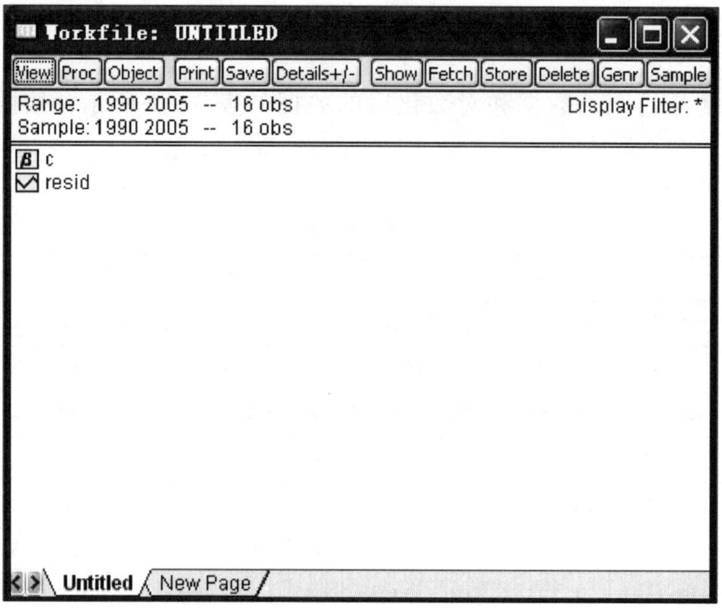

图 3－2 Workfile 工作文件窗口 1

（3）导入变量数据。在 File 下拉菜单 Import 菜单项下选择 Read Text－Lotus－Excel…项，导入“协整检验.xls”，得到 Excel Spreadsheet Import 对话框（见图 3－3），将默认选项 B2 修改成 D2，在 Names for series or Number if named file 中输入变量名“Y X”（见图 3－4），点击 OK 钮，Workfile：UNTITLED 工作文件窗口中出现变量 X 和 Y，如图 3－5 所示。

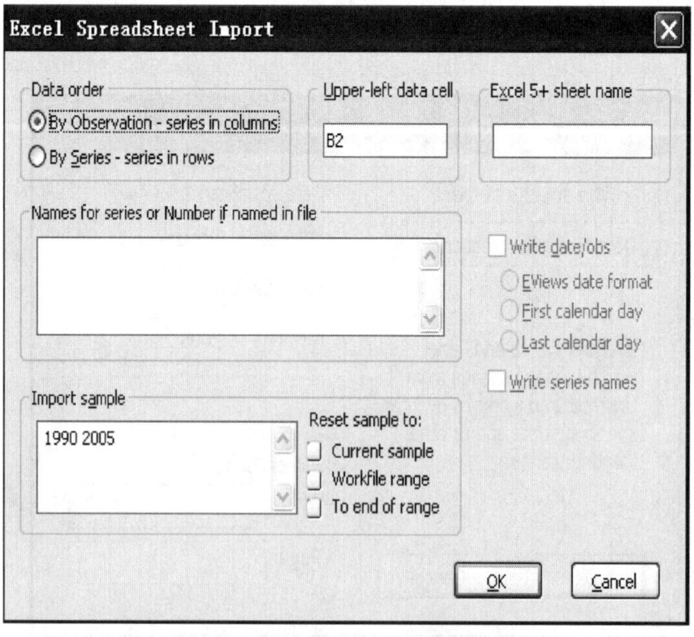

图 3－3 Excel Spreadsheet Import 对话框 1

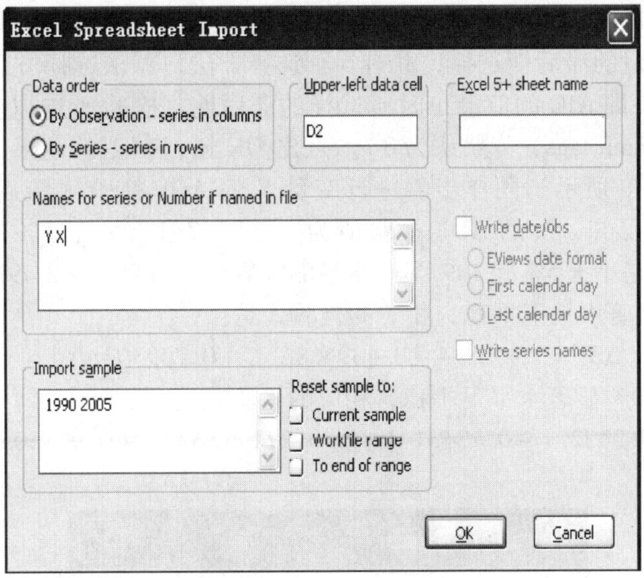

图 3－4　**Excel Spreadsheet Import 对话框 2**

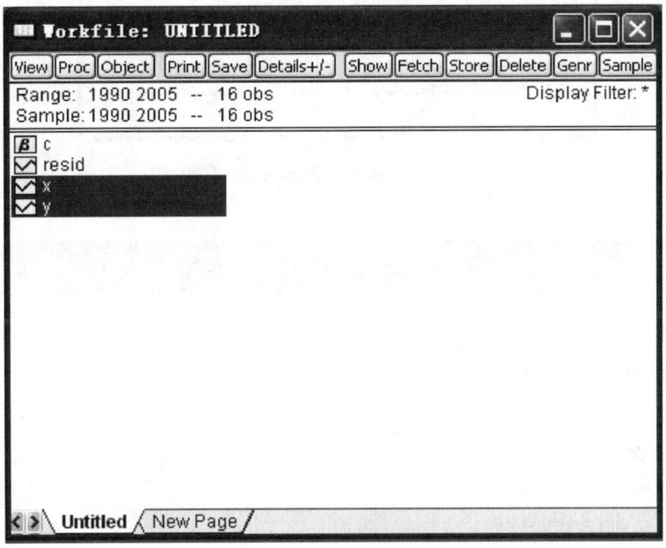

图 3－5　**Workfile 工作文件窗口 2**

（4）对变量 X 和 Y 进行 ADF（单位根）检验。在 Quick 下拉菜单 Series Statistics 菜单项下选择 Unit Root Test…项，出现 Series Name 对话框，输入变量“X”（见图 3－6），点击 OK 钮，出现 Unit Root Test 对话框（见图 3－7）。Test type 中有 6 种方法可供选择，默认选择的方法 Augmented Dickey－Fuller（ADF）检验为单位根检验法；Test for unit root in 中的 level 表示对变量直接进行 ADF 检验，1st difference 表示对变量进行 1 阶差分处理后再进行 ADF 检验，2st difference 表示对变量进行 2 阶差分处理后再进行 ADF 检验，本实验选择 level 选项。Include in test equation 中，Intercept 表示在检验方程中包含截距项，Trend and intercept 表示同时包含趋势项和截距项，None 表示不包含趋势项和截距项。本实验中变量 X 和变量 Y 都是经济发展数据，含有一定的发展趋势，因此选择 Trend and intercept 项。Lag length 是变量的滞后期选择，共有 6 种选择方法，默认选择方法为 Akaike info criterion（AIC）准则，即 AIC 的值最小时所选择的滞后期，检验所选取的滞后期不会超过最大滞后期（Maximum lags）（默认为 3）。点击 OK 钮，得到的结果即为变量 X 的 ADF 检验结果，如图 3 – 8 所示。同样步骤进行变量 Y 的 ADF 检验（滞后 2 期），结果如图 3 – 9 所示。由结果可知，X 的 ADF 检验值为 – 3. 844791，大于 1% 显著水平的临界值（ – 4. 800080），但是小于 5% 和 10% 显著水平的临界值（分别为 – 3. 791172 和 – 3. 342253），因此变量 X 在 5% 显著水平下平稳，相应的检验式是：

$$\Delta X_t = 5.492884 - 0.439668 X_{t-1} + 0.709363 \Delta X_{t-1}$$

类似地，Y 在 10% 显著水平下平稳，相应的检验式是：

$$\Delta Y_t = 9.342201 - 0.734514 Y_{t-1} + 0.222957 \Delta Y_{t-1} + 0.901505 \Delta Y_{t-2}$$

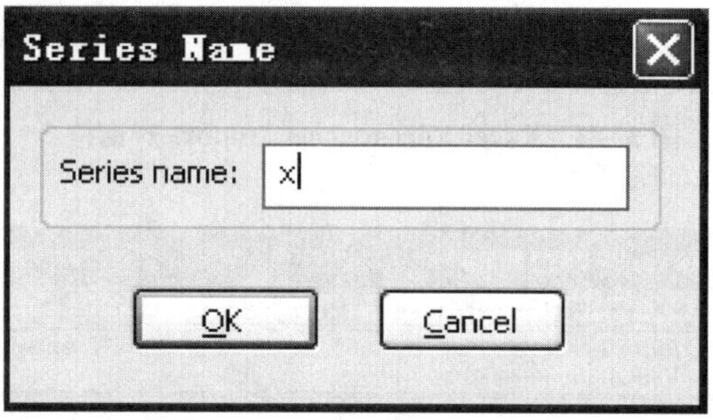

图 3 – 6　Series Name 对话框

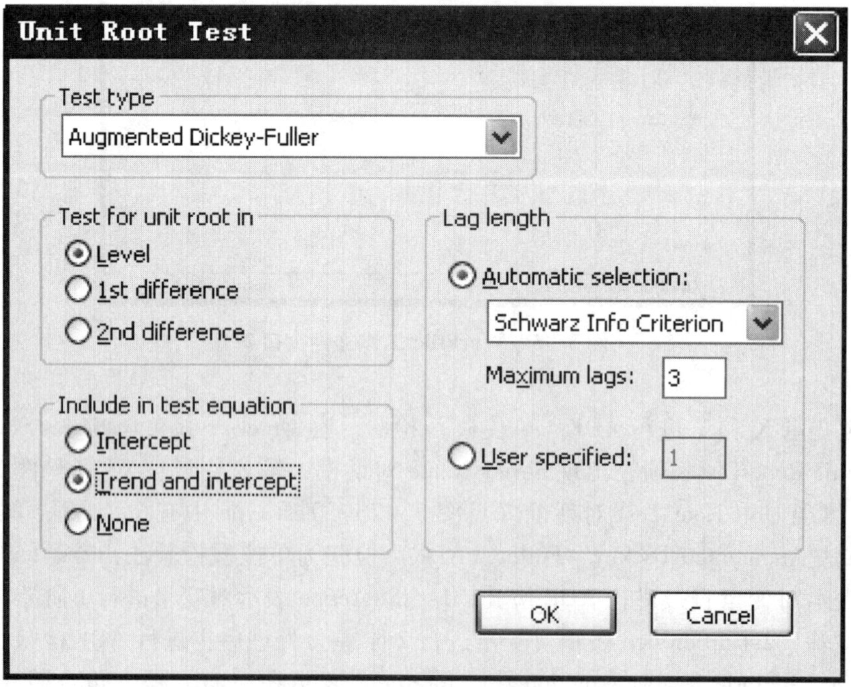

图 3 – 7　Unit Root Test 对话框

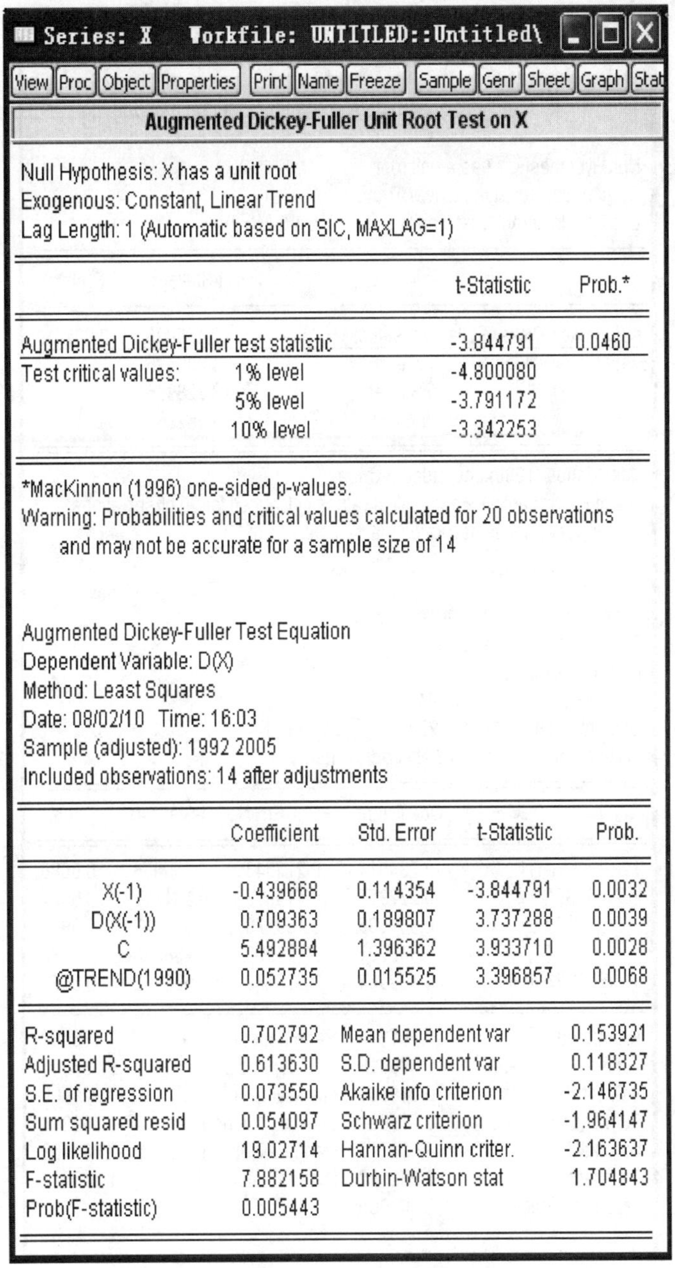

Series: X　Workfile: UNTITLED::Untitled\

View | Proc | Object | Properties | Print | Name | Freeze | Sample | Genr | Sheet | Graph | Stat

Augmented Dickey-Fuller Unit Root Test on X

Null Hypothesis: X has a unit root
Exogenous: Constant, Linear Trend
Lag Length: 1 (Automatic based on SIC, MAXLAG=1)

		t-Statistic	Prob.*
Augmented Dickey-Fuller test statistic		-3.844791	0.0460
Test critical values:	1% level	-4.800080	
	5% level	-3.791172	
	10% level	-3.342253	

*MacKinnon (1996) one-sided p-values.
Warning: Probabilities and critical values calculated for 20 observations and may not be accurate for a sample size of 14

Augmented Dickey-Fuller Test Equation
Dependent Variable: D(X)
Method: Least Squares
Date: 08/02/10　Time: 16:03
Sample (adjusted): 1992 2005
Included observations: 14 after adjustments

	Coefficient	Std. Error	t-Statistic	Prob.
X(-1)	-0.439668	0.114354	-3.844791	0.0032
D(X(-1))	0.709363	0.189807	3.737288	0.0039
C	5.492884	1.396362	3.933710	0.0028
@TREND(1990)	0.052735	0.015525	3.396857	0.0068

R-squared	0.702792	Mean dependent var	0.153921
Adjusted R-squared	0.613630	S.D. dependent var	0.118327
S.E. of regression	0.073550	Akaike info criterion	-2.146735
Sum squared resid	0.054097	Schwarz criterion	-1.964147
Log likelihood	19.02714	Hannan-Quinn criter.	-2.163637
F-statistic	7.882158	Durbin-Watson stat	1.704843
Prob(F-statistic)	0.005443		

图 3－8　变量 X 的 ADF 检验结果

（5）本实验中，X 与 Y 恰巧都是平稳序列，说明它们之间具有协整关系。如果 X 与 Y 是非平稳序列的话，还需要对它们进行差分处理再进行 ADF 检验（用户自己操作）。假设本实验中 X 与 Y 都是非平稳序列，并且通过检验发现它们是一阶单整序列，即表示为 $I(1)$。此时，需要对 X 与 Y 进行最小二乘法回归分析，得到回归方程的残差序列 e。

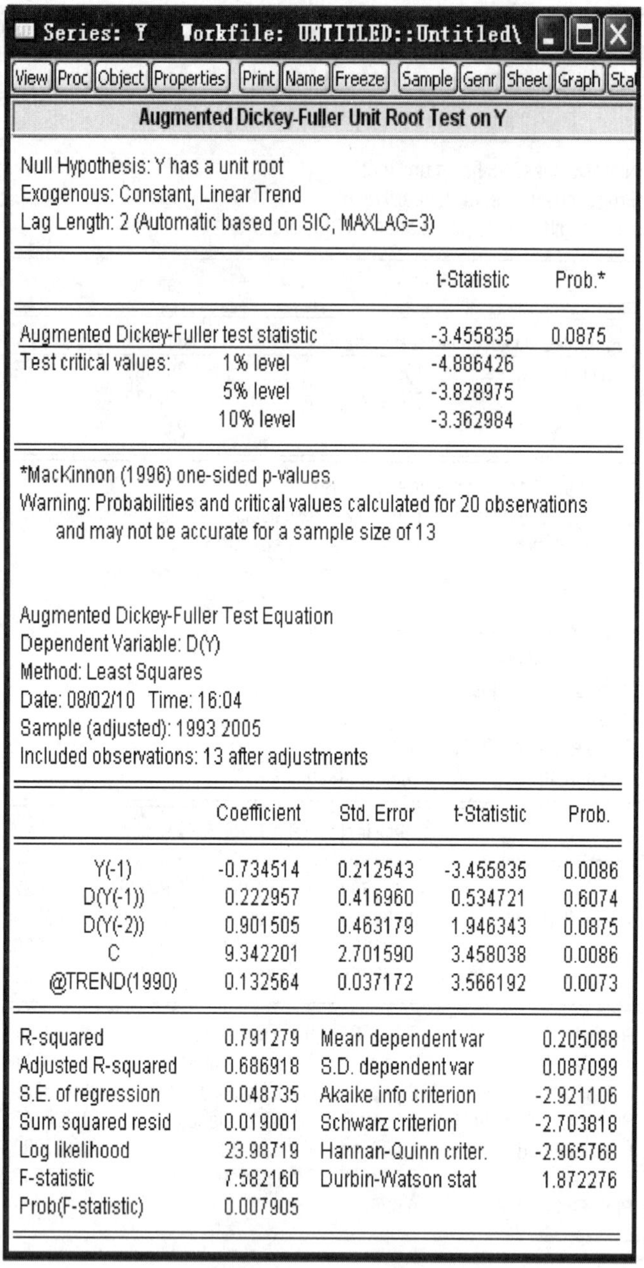

Series: Y Workfile: UNTITLED::Untitled\

View | Proc | Object | Properties | Print | Name | Freeze | Sample | Genr | Sheet | Graph | Sta

Augmented Dickey-Fuller Unit Root Test on Y

Null Hypothesis: Y has a unit root
Exogenous: Constant, Linear Trend
Lag Length: 2 (Automatic based on SIC, MAXLAG=3)

		t-Statistic	Prob.*
Augmented Dickey-Fuller test statistic		-3.455835	0.0875
Test critical values:	1% level	-4.886426	
	5% level	-3.828975	
	10% level	-3.362984	

*MacKinnon (1996) one-sided p-values.
Warning: Probabilities and critical values calculated for 20 observations and may not be accurate for a sample size of 13

Augmented Dickey-Fuller Test Equation
Dependent Variable: D(Y)
Method: Least Squares
Date: 08/02/10 Time: 16:04
Sample (adjusted): 1993 2005
Included observations: 13 after adjustments

	Coefficient	Std. Error	t-Statistic	Prob.
Y(-1)	-0.734514	0.212543	-3.455835	0.0086
D(Y(-1))	0.222957	0.416960	0.534721	0.6074
D(Y(-2))	0.901505	0.463179	1.946343	0.0875
C	9.342201	2.701590	3.458038	0.0086
@TREND(1990)	0.132564	0.037172	3.566192	0.0073

R-squared	0.791279	Mean dependent var	0.205088
Adjusted R-squared	0.686918	S.D. dependent var	0.087099
S.E. of regression	0.048735	Akaike info criterion	-2.921106
Sum squared resid	0.019001	Schwarz criterion	-2.703818
Log likelihood	23.98719	Hannan-Quinn criter.	-2.965768
F-statistic	7.582160	Durbin-Watson stat	1.872276
Prob(F-statistic)	0.007905		

图 3－9　变量 Y 的 ADF 检验结果

（6）对变量 X 和变量 Y 进行最小二乘法回归分析，求得残差序列 e。选择 Quick 的下拉菜单 Estimate Equation…项，出现 Equation Estimation 对话框，在 Equation specification 中输入“y c x”（见图 3－10），Method 的默认选项为 LS－Least Squares（NLS and ARMA），为最小二乘法。点击 OK 钮，得到的输出结果如图 3－11 所示，回归方程为 $Y = -4.291301 + 1.387179X$，调整后的 R^2 为 0.976，回归效果较好。点击 View，选择下拉菜单 Actual，Fitted，Residual 中的 Actual，Fitted，Residual Table 项，得到的结果如图 3－12 所示，可看到残差的具体变动情况。Residual Plot 中的实线为 0 值线。点击 Proc，选择下

列菜单 Make Residuals Series…项，得到 Make Residuals 对话框（见图 3－13），在 Name for resid series 中输入序列名称“e”，点击 OK 钮，即出现残差序列 e 的表格（见图 3－14），同时在 Workfile 工作窗口中出现序列 e（见图 3－15）。

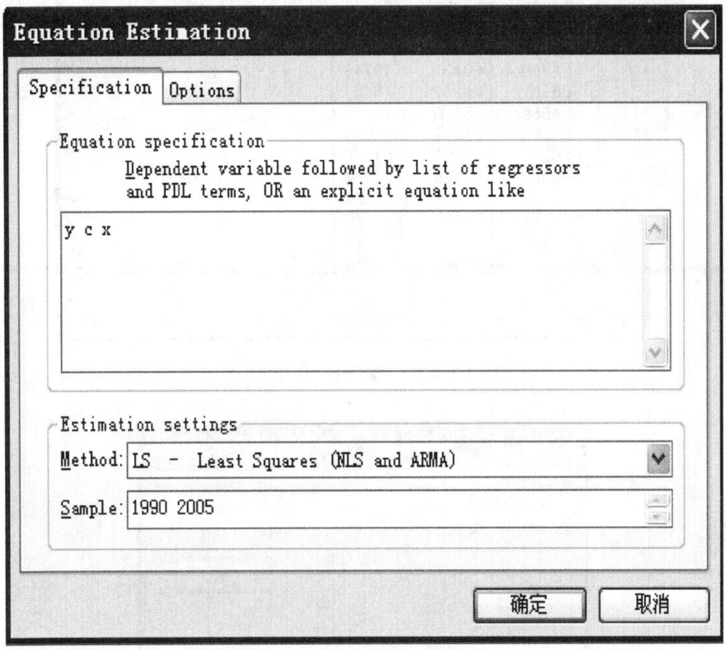

图 3－10 Equation Estimation 对话框

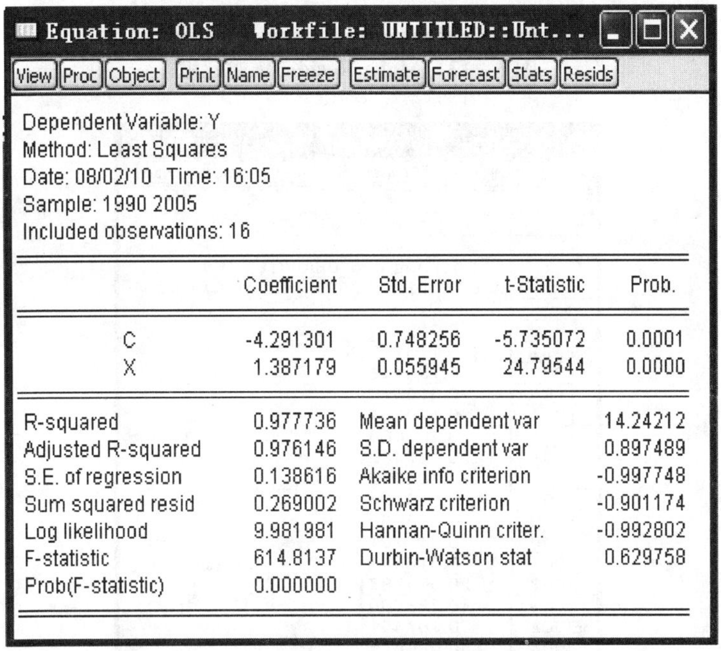

Dependent Variable: Y
Method: Least Squares
Date: 08/02/10 Time: 16:05
Sample: 1990 2005
Included observations: 16

	Coefficient	Std. Error	t-Statistic	Prob.
C	-4.291301	0.748256	-5.735072	0.0001
X	1.387179	0.055945	24.79544	0.0000

R-squared	0.977736	Mean dependent var	14.24212
Adjusted R-squared	0.976146	S.D. dependent var	0.897489
S.E. of regression	0.138616	Akaike info criterion	-0.997748
Sum squared resid	0.269002	Schwarz criterion	-0.901174
Log likelihood	9.981981	Hannan-Quinn criter.	-0.992802
F-statistic	614.8137	Durbin-Watson stat	0.629758
Prob(F-statistic)	0.000000		

图 3－11 变量 X 与 Y 的 OLS 回归结果

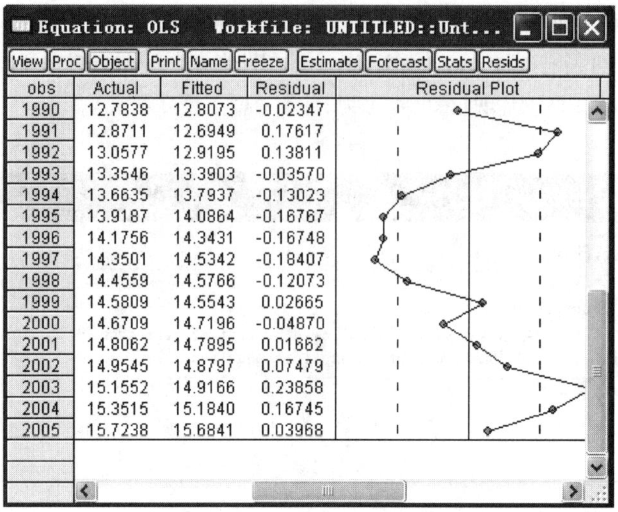

obs	Actual	Fitted	Residual	Residual Plot
1990	12.7838	12.8073	-0.02347	
1991	12.8711	12.6949	0.17617	
1992	13.0577	12.9195	0.13811	
1993	13.3546	13.3903	-0.03570	
1994	13.6635	13.7937	-0.13023	
1995	13.9187	14.0864	-0.16767	
1996	14.1756	14.3431	-0.16748	
1997	14.3501	14.5342	-0.18407	
1998	14.4559	14.5766	-0.12073	
1999	14.5809	14.5543	0.02665	
2000	14.6709	14.7196	-0.04870	
2001	14.8062	14.7895	0.01662	
2002	14.9545	14.8797	0.07479	
2003	15.1552	14.9166	0.23858	
2004	15.3515	15.1840	0.16745	
2005	15.7238	15.6841	0.03968	

图 3－12　残差的变动情况

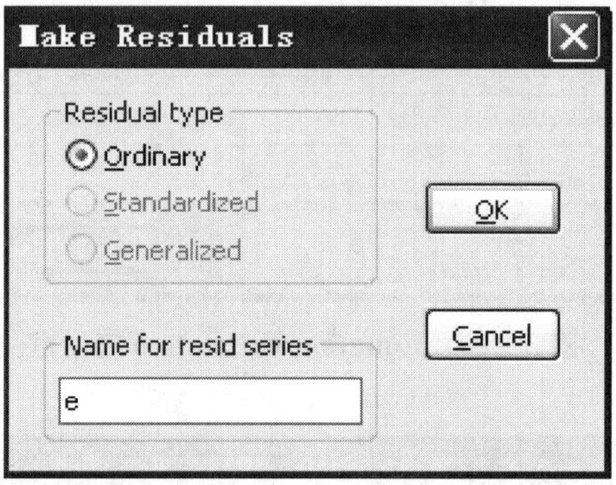

图 3－13　**Make Residuals** 对话框

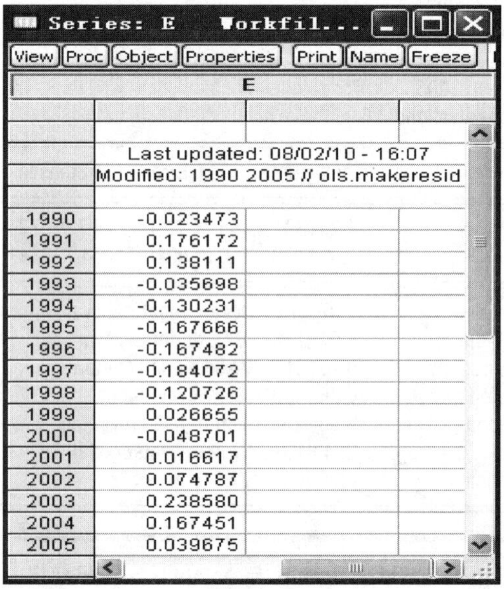

	E
1990	-0.023473
1991	0.176172
1992	0.138111
1993	-0.035698
1994	-0.130231
1995	-0.167666
1996	-0.167482
1997	-0.184072
1998	-0.120726
1999	0.026655
2000	-0.048701
2001	0.016617
2002	0.074787
2003	0.238580
2004	0.167451
2005	0.039675

图 3－14　残差序列 e 的值

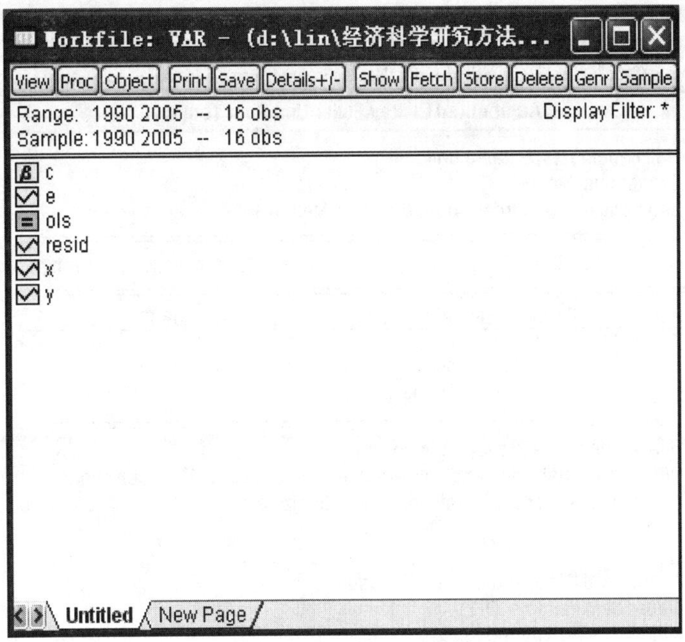

图 3－15　Workfile 对话框 3

（7）对残差序列 e 进行 ADF 检验。检验步骤如同前述，但 e 不包含截距项和趋势项，因此在 Include in test equation 中选择 None（见图 3－16），输出结果如图 3－17 所示，可以看出 e 在 5% 显著水平下是平稳的。因此，X 与 Y 具有协整关系。

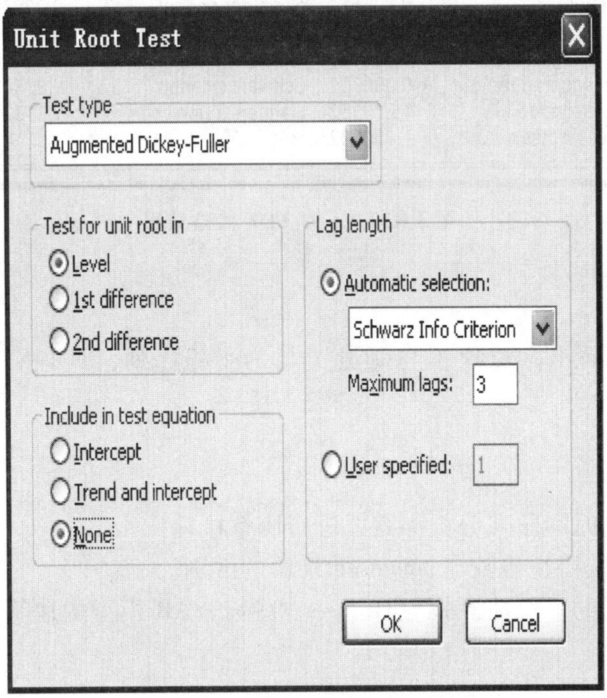

图 3－16　Unit Root Test 对话框

Series: E Workfile: UNTITLED::Untitled\

View | Proc | Object | Properties | Print | Name | Freeze | Sample | Genr | Sheet | Graph | Stats

Augmented Dickey-Fuller Unit Root Test on E

Null Hypothesis: E has a unit root
Exogenous: None
Lag Length: 1 (Automatic based on SIC, MAXLAG=1)

		t-Statistic	Prob.*
Augmented Dickey-Fuller test statistic		-2.358693	0.0225
Test critical values:	1% level	-2.740613	
	5% level	-1.968430	
	10% level	-1.604392	

*MacKinnon (1996) one-sided p-values.
Warning: Probabilities and critical values calculated for 20 observations and may not be accurate for a sample size of 14

Augmented Dickey-Fuller Test Equation
Dependent Variable: D(E)
Method: Least Squares
Date: 08/02/10 Time: 16:09
Sample (adjusted): 1992 2005
Included observations: 14 after adjustments

	Coefficient	Std. Error	t-Statistic	Prob.
E(-1)	-0.432900	0.183534	-2.358693	0.0361
D(E(-1))	0.399027	0.242333	1.646603	0.1256

R-squared	0.326517	Mean dependent var	-0.009750
Adjusted R-squared	0.270394	S.D. dependent var	0.099312
S.E. of regression	0.084829	Akaike info criterion	-1.964788
Sum squared resid	0.086352	Schwarz criterion	-1.873494
Log likelihood	15.75352	Hannan-Quinn criter.	-1.973239
Durbin-Watson stat	1.830002		

图 3－17　e 的 ADF 检验结果

【实验结论】

由以上分析可以看出，变量 X 与变量 Y 均为平稳序列，具有协整关系，可以对它们构建 VAR 模型。

【实验讨论】

（1）是否所有的时间序列分析都需要进行协整检验。
（2）E－G 两步法协整检验与 Johansen 检验的区别。
（3）如何将变量的平稳性检验与 Granger 检验、VAR 模型构建等分析结合起来。

第三节　柯布—道格拉斯生产函数

【实验说明】

（一）柯布—道格拉斯生产函数

柯布—道格拉斯生产函数最初是由美国数学家 C·W·柯布和经济学家保罗·H·道格拉斯在 20 世纪 30 年代初共同探讨投入和产出的关系时创造，并以二者的名字共同命名的生产函数。它表示在技术经济条件不变的情况下，所投入的资本和劳动力实现的最大产出。作为经济学中应用最为广泛的一种生产函数形式，柯布—道格拉斯生产函数在数理经济学的研究与应用中都具有非常重要的地位。

柯布—道格拉斯（Cobb - Dauglas）生产函数的具体表达式为：

$$Q = f(K、L) = AL^{\alpha}K^{\beta}$$

其中，Q 为产量；L 和 K 分别为劳动和资本投入量；A 表示技术水平；α、β 为参数且 $0<\alpha<1$，$0<\beta<1$；α 和 β 分别为劳动和资金所得在总产量中所占的份额。

（1）$\alpha+\beta>1$，称为规模报酬递增，表明按现有技术用扩大生产规模来增加产出是有利的；

（2）$\alpha+\beta<1$，称为规模报酬递递减，表明按现有技术用扩大生产规模来增加产出是得不偿失的；

（3）$\alpha+\beta=1$，称为规模报酬不变，表明生产效率并不会随着生产规模的扩大而提高，只有提高技术水平，才会提高经济效益。

（二）改进的柯布—道格拉斯生产函数

1957 年，索罗（Solow）在 C - D 生产函数的基础上引入了时间指数趋势项以测定技术进步，并提出了如下改进的 C - D 生产函数模型：

$$Y = A_0 e^{rt} K^{\alpha} L^{\beta}$$

其中，A_0 为基期的技术水平，r 为技术进步系数，或称为技术进步速度。在此基础上，索罗认为产出量的增长是资本量的增长、劳动量的增长和技术的进步共同贡献的结果。于是，技术进步速度可以定义为以下数学表达式：

$$\gamma = y - \alpha \cdot \kappa - \beta \cdot l$$

式中，γ 为技术进步速度；α、β 为资本与劳动的产出弹性；y、κ、l 分别为产出、资本和劳动数量的增长速度。考虑到技术进步对增长的贡献是一项直接反映技术进步对增长影响的综合指标，技术进步的贡献率可以表达为：

$$EA = \frac{\gamma}{y} \times 100\% = \left(1 - \alpha \cdot \frac{\kappa}{y} - \beta \cdot \frac{l}{y}\right) \times 100\%$$

【实验数据】

为进一步阐释柯布—道格拉斯生产函数，本书利用 1980 ~ 2008 年全国服务业的数据为样本（以1980年不变价计算），估计C–D生产函数模型，具体数据如表3–2所示。

表3–2　　1980～2008年全国服务业相关变量（以1980年不变价）

年份	服务业产值（Q）（亿元）	劳动力（l）（万人）	资本（k）（亿元）	价格指数（p）（%）	价格指数（以1980年为基期）（%）
1980	982.0	5 532	384.48	107.5	100.00
1981	1 076.6	5 945	400.57	102.5	110.19
1982	1 163.0	6 090	502.41	102.0	112.39
1983	1 338.1	6 606	595.71	102.0	114.64
1984	1 786.3	7 739	659.98	102.7	117.73
1985	2 585.0	8 359	934.98	109.3	128.68
1986	2 993.8	8 811	1 024.78	106.5	137.05
1987	3 574.0	9 395	997.44	107.3	147.05
1988	4 590.3	9 933	1 037.94	118.8	174.70
1989	5 448.4	10 129	805.45	118.0	206.14
1990	5 888.4	11 979	800.92	103.1	212.53
1991	7 337.1	12 378	920.85	103.4	219.76
1992	9 357.4	13 098	1 211.17	106.4	233.83
1993	11 915.7	14 163	1 507.27	114.7	268.20
1994	16 179.8	15 515	1 880.43	124.1	332.83
1995	19 978.5	16 880	2 010.42	117.1	389.75
1996	23 326.2	17 927	2 195.57	108.3	422.10
1997	26 988.1	18 432	2 477.91	102.8	433.92
1998	30 580.5	18 860	3 132.19	99.2	430.44
1999	33 873.4	19 205	3 330.54	98.6	424.42
2000	38 714.0	19 823	3 599.64	100.4	426.12
2001	44 361.6	20 228	4 760.41	100.7	429.10
2002	49 898.9	21 090	7 090.28	99.2	425.67
2003	56 004.7	21 809	8 269.01	101.2	430.77
2004	64 561.3	23 011	9 582.00	103.9	447.57
2005	73 432.9	23 771	11 269.42	101.8	455.63
2006	82 972.0	24 614	13 704.34	101.5	462.47
2007	103 879.6	24 917	16 331.47	104.8	484.66
2008	120 486.6	25 717	18 713.86	105.9	513.26

资料来源：《中国统计年鉴》（1990～2009年）。

其中，考虑到数据的可得性，本书的“资本（k）”选取各年《中国统计年鉴》中“固定资产投资”的相关数据。价格指数（以1980年为基期）的变换操作过程如图3－18所示。

价格指数（p）（%）	价格指数（以1980年为基期）（%）
107.5	100
102.5	=(H3*H2)/100
102	112.39
102	114.64
102.7	117.73
109.3	128.68
106.5	137.05
107.3	147.05
118.8	174.70
118	206.14

价格指数（p）（%）	价格指数（以1980年为基期）（%）
107.5	100
102.5	110.19
102	=H4*I3/100
102	114.64
102.7	117.73
109.3	128.68
106.5	137.05

图3－18　价格指数的转变方式

然后，点击右侧的边框直接下拉即可得到图3－18中的“价格指数（以1980年为基期）”。

【实验过程】

根据图3－18中相关变量的数据，将柯布—道格拉斯生产函数 $Q=f(K、L)=A_0e^{rt}K^{\alpha}L^{\beta}$ 两边取对数后转变为：

$$\ln Q_t=\ln A_0+rt+\alpha\ln L_t+\beta\ln K_t$$

将图3－18中的相关变量的数据同样取对数，利用Eviews软件，计量分析r、α和β系数的大小。具体分析过程如下：

（一）变量的散点图分析

为进一步分析技术进步、资本、劳动力与产出的相关性，需要对变量lnQ、lnL、lnK绘制散点图。在Eviews6.0主菜单中选择“Quick”，在随后弹出的菜单中选“Graph”，在随之打开的序列表（Graph type）对话窗口中选择“Dot Plot”，点击“OK”，即可分别得到变量 ln$Q$、变量 ln$L$、变量 ln$K$ 的散点图，如图 3-19、图 3-20 和图 3-21 所示。

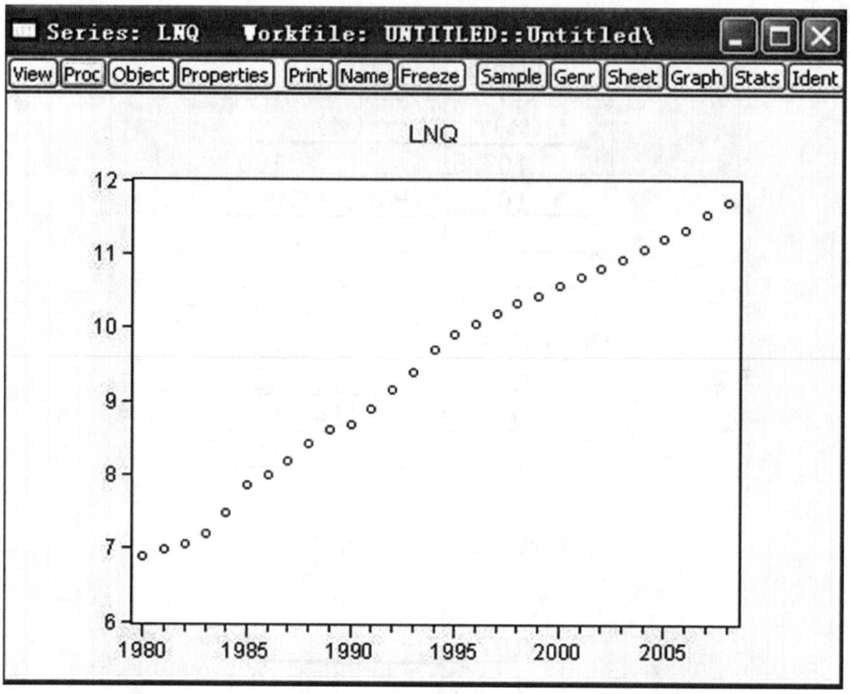

图 3-19 变量 ln$Q$ 的散点图

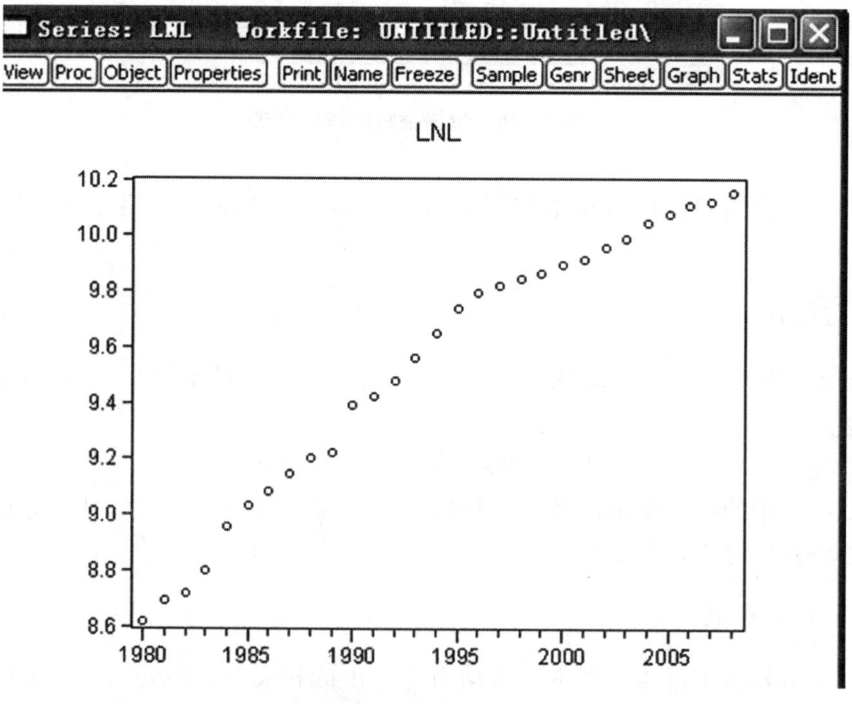

图 3-20 变量 ln$L$ 的散点图

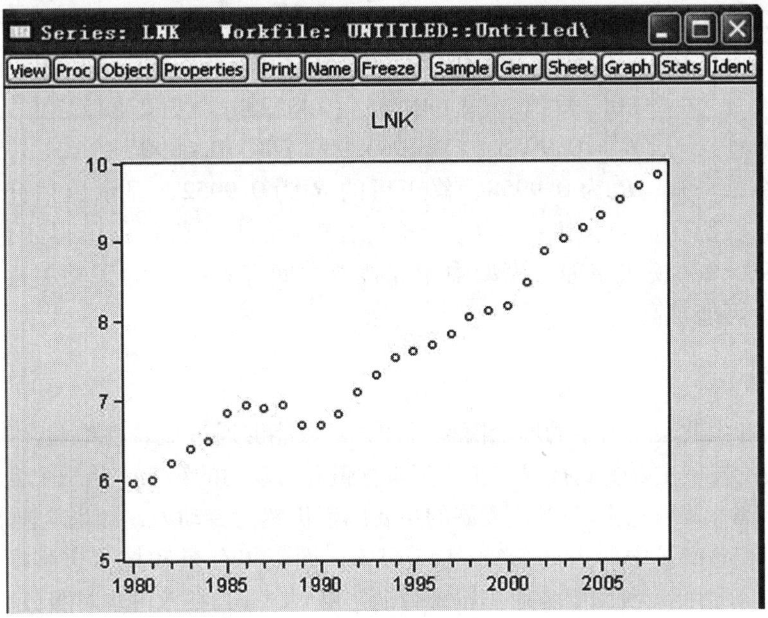

图 3 – 21　变量 ln*K* 的散点图

（二）模型的估计分析

由变量 $\ln Q$、变量 $\ln L$、变量 $\ln K$ 的散点图可知，三个变量的图形均较有规律，表现为向右上方倾斜。考虑到时间 t（ $=1$，2，…，29）的图形同样向右上方倾斜，所以 $\ln Q$ 和 t、$\ln L$、$\ln K$ 具有一定的相关性。对此，需要借助 Eviews6. 0 软件和待估计的理论模型 $\ln Q_t = \ln A_0 + rt + \alpha \ln L_t + \beta \ln K_t$，估计分析参数 r、α 和 β 的具体数据。具体结果如图 3 – 22 所示。

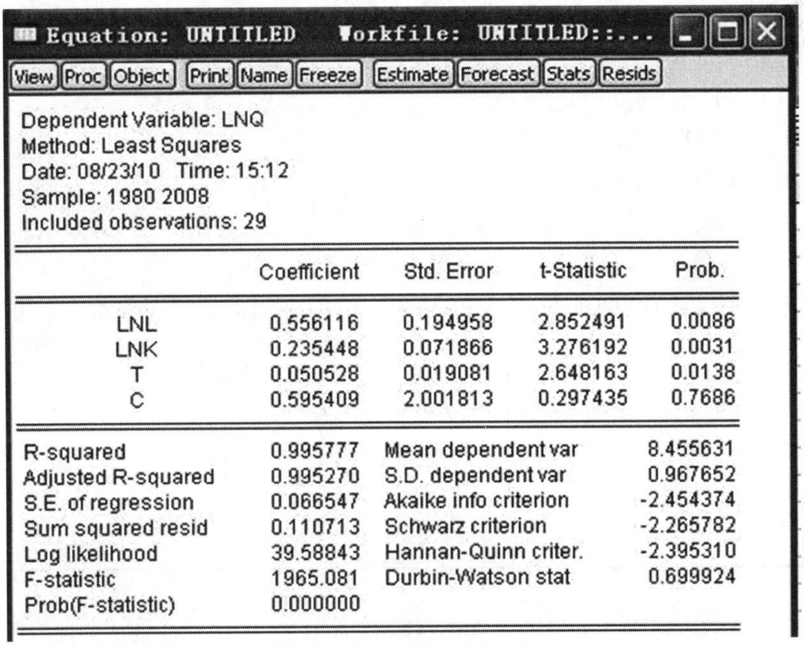
Equation: UNTITLED　Workfile: UNTITLED::...

View Proc Object Print Name Freeze Estimate Forecast Stats Resids

Dependent Variable: LNQ
Method: Least Squares
Date: 08/23/10　Time: 15:12
Sample: 1980 2008
Included observations: 29

	Coefficient	Std. Error	t-Statistic	Prob.
LNL	0.556116	0.194958	2.852491	0.0086
LNK	0.235448	0.071866	3.276192	0.0031
T	0.050528	0.019081	2.648163	0.0138
C	0.595409	2.001813	0.297435	0.7686

R-squared	0.995777	Mean dependent var	8.455631
Adjusted R-squared	0.995270	S.D. dependent var	0.967652
S.E. of regression	0.066547	Akaike info criterion	-2.454374
Sum squared resid	0.110713	Schwarz criterion	-2.265782
Log likelihood	39.58843	Hannan-Quinn criter.	-2.395310
F-statistic	1965.081	Durbin-Watson stat	0.699924
Prob(F-statistic)	0.000000		

图 3 – 22　1980 ~ 2008 年全国服务业生产函数的估计结果

将图 3－22 的相应计量结果用理论模型表达为：

$$\ln Q_t = 0.5954 + 0.0505t + 0.5561\ln L_t + 0.2354\ln K_t$$
$$(0.2974) \quad (2.6482) \quad (2.8525) \quad (3.2762)$$
$$R^2 = 0.9958 \quad F = 1965.08 \quad DW = 0.6999$$

根据估计结果可知，R^2 为 0.9958，修正后的 R^2 为 0.9952，显示出估计的理论模型的拟合效果较好，表明变量 $\ln Q$ 和 t、$\ln L$、$\ln K$ 具有较强的相关性。但值得注意的是，DW 统计量仅为 $0.6999 < 2$，说明该理论模型中相邻残差之间存在一定的正相关性，即输出的回归结果的可靠性可能被高估。

【实验结论】

从图 3－22 和由此表达出来的理论模型可知，参数能够通过显著性检验，表明 1980～2008 年，全国服务业的发展主要受到技术进步、资本存量和劳动力的影响。从三个变量的系数分析，在过去的近 30 年中，影响全国服务业发展的主要因素仍然为劳动力，即当全国服务业增长 1%时，劳动力所得在总产量中所占的份额为 55.61%，而资本存量和技术进步所占的份额仅为 23.54%和 5.05%。由此，我国服务业仍属于劳动密集型产业，技术进步对服务业发展的贡献尚未起主导作用，仍有较大的提升空间。根据 $\alpha + \beta > 1$（规模报酬递增），$\alpha + \beta = 1$（规模报酬不变），$\alpha + \beta < 1$（称为规模报酬递递减）的性质判断，该理论模型的参数 $r + \alpha + \beta = 0.0505 + 0.5561 + 0.2354 = 0.8420 < 0$，表明按现有技术用扩大生产规模来增加产出是得不偿失的。

【实验讨论】

（1）根据改进的 C－D 生产函数模型，估计分析 1980～2008 年技术进步、资本存量、劳动力对全国服务业发展的贡献程度。

（2）恩格尔曲线的构建模型探讨（何种模型更合理）：Y 表示某商品的支出，X 表示消费者收入。

①$Y_i = B_1 + B_2 X_i + u_i$

②$Y_i = B_1 + B_2 (1/X_i) + u_i$

③$\ln Y_i = B_1 + B_2 \ln X_i + u_i$

④$\ln Y_i = B_1 + B_2 (1/X_i) + u_i$

⑤$Y_i = B_1 + B_2 \ln X_i + u_i$

⑥$\ln Y_i = B_1 - B_2 (1/X_i) + u_i$

参考：恩格尔曲线的类型（见图 3－23）：a 生活必需品；b 奢侈品；c 低档品。

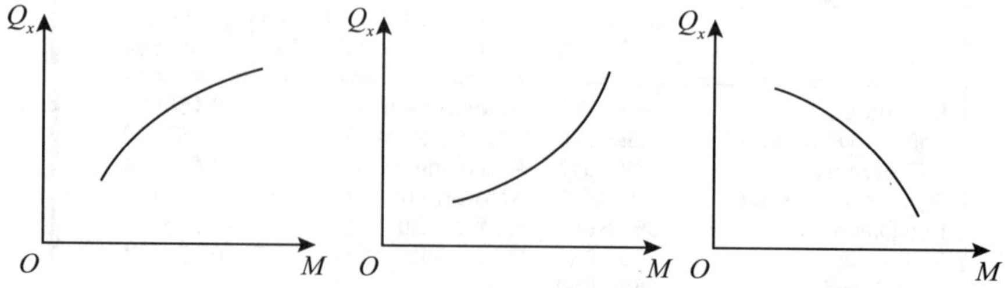

（a）收入弹性<1　（b）收入弹性>1　（c）收入弹性为负

图 3－23　恩格尔曲线的三种情况

第四节　非线性模型的拓展运用

【实验说明】

在影响个人消费支出的各种因素中，个人收入无疑是最为重要的因素。在以消费支出与个人收入之间的函数关系为研究对象的消费函数理论中，由于对消费者行为的外部环境设定和内部环境设定不同，消费者具有不同的行为方式，从而演绎出了不同的消费函数模型。本实验的目的在于通过对绝对收入消费函数、相对收入消费函数、持久收入消费函数和生命周期消费函数进行建模和分析，探讨在不同条件下，影响个人消费支出的主要因素，寻求刺激居民消费需求的主要方式和政策含义。

1. 凯恩斯的绝对收入消费函数模型

（1）绝对收入消费函数模型。

凯恩斯（Keynes）认为，消费是由收入唯一决定的，消费与收入之间存在稳定的函数关系。随着收入的增加，消费将增加，但消费的增长低于收入的增长。凯恩斯的绝对收入消费函数的核心思想是：消费者当前的支出水平取决于当前的绝对水平，且消费的增加或减少受"边际消费倾向递减"规律支配。根据这一理论假设，可以建立如下消费函数模型：

$$C_t = \alpha + \beta Y_t + \mu_t \quad t = 1,\ 2,\ \cdots,\ T \tag{3.1}$$

式中，C 表示消费额，Y 表示收入，α、β 为待估参数。从经济意义上讲，α 为自发性消费；β 为边际消费倾向，于是有

$$0 < \beta < 1,\ \alpha > 0$$

模型（3.1）式可以很方便地采用单方程计量经济学模型的估计方法估计其参数。

（2）关于绝对收入消费函数模型的讨论。

模型（3.1）式表达了凯恩斯的消费是由收入唯一决定的假设，但是由于边际消费倾向为常数，并没有真正反映边际消费倾向递减规律。在一般的教科书中，以式（3.1）满足

$$0 < \frac{\partial C}{\partial Y} < 1$$

为由，认为模型反映了边际消费倾向递减规律。实际上，建立变参数模型，即假设

$$\beta = \beta_0 + \beta_1 Y_t$$

式中 $\beta_1 < 0$，代入式（3.1）得到

$$C_t = \alpha + \beta_0 Y_t + \beta_1 Y_t^2 + \mu_t \quad t = 1,\ 2,\ \cdots,\ T \tag{3.2}$$

可以比较好地反映边际消费倾向递减规律。式（3.2）仍然可以很方便地采用单方程计量经济学模型的估计方法估计其参数。

2. 杜森贝里的相对收入消费函数

（1）"示范性"假设消费函数模型。

杜森贝里（Duesenberry）的相对收入消费函数是对绝对收入假定的一种修正和补充。

首先，杜森贝里认为，消费者的消费支出不仅受其现期收入的影响，而且也受周围人的收入与消费的影响，即所谓消费的“不可逆性”。基于消费的“示范性”和“不可逆性”，尽管收入降低，人们也会动用储蓄（包括银行储蓄、证券投资等在内的广义储蓄）来尽量维持消费水平。其次，若周围人的消费水平较高，即使某个消费者的收入水平较低，也企图接近周围人的消费水平，于是他的边际消费倾向就会比较高。

由消费的“示范性”，个人的平均消费倾向不仅与收入有关，而且与个人所处群体的收入分布有关，在收入分布中处于低收入的个人，往往有较高的消费倾向，即：

$$\frac{C_i}{Y_i} = \alpha_0 + \alpha_1 \frac{\overline{Y}_i}{Y_i} \tag{3.3}$$

其中，$\overline{Y}_i$ 为该消费者所处群体的平均收入水平。从式（3.3）可以看出，当 α_0、α_1、$\overline{Y}_i$ 一定时，对于较低的 Y_i，其 C_i/Y_i 较高，这就是“示范性”作用。式（3.3）的计量形态可表示为：

$$C_i = \alpha_0 + \alpha_1 \overline{Y}_i + \mu_i,\ i=1,\ 2,\ \cdots,\ n \tag{3.4}$$

其中待估参数 $0<\alpha_0<1$，反映个人的边际消费倾向；$0<\alpha_1<1$，反映群体平均收入水平对个体消费的影响。该模型可以很方便地采用单方程计量经济学模型的估计方法估计其参数。但是，样本必须取自不同的群体，否则不能反映“示范性”对消费的影响。

（2）“不可逆性”假设消费函数模型。

绝对收入消费函数模型认为消费者的消费行为只因当前收入水平决定，与过去曾经发生的消费活动无关。这种消费行为假设也是不符合客观实际的。杜森贝里认为，消费者的消费支出水平不仅受当前收入的影响，也受自己历史上曾经实现的消费水平影响。例如，若历史上曾经达到较高的消费水平，即使当前的收入水平较低，也企图接近历史上曾经达到的消费水平。于是消费者当前的边际消费倾向就会比较高，这种现象称为消费的“不可逆性”。

由消费的“不可逆性”，当前的平均消费倾向不仅与收入有关，而且与曾经所达到的最高消费水平有关。当前收入低于曾经达到的最高收入时，往往有较高的消费倾向，即：

$$\frac{C_t}{Y_t} = \alpha_0 + \alpha_1 \frac{Y_0}{Y_t} \tag{3.5}$$

其中 Y_0 为该消费者曾经达到的最高收入水平。从式（3.5）可以看出，当 α_0、α_1、Y_0 一定时，对于较低的 Y_t，其 C_t/Y_t 较高，这就是“不可逆性”的作用。（3.5）式的计量形态可表示为：

$$C_t = \alpha_0 Y_t + \alpha_1 Y_0 + \mu_t \quad t=1,\ 2,\ \cdots,\ T \tag{3.6}$$

其中待估参数 $0<\alpha_0<1$，反映当前的边际消费倾向；$0<\alpha_1<1$，反映曾经达到的最高收入水平对当前消费的影响。一般情况下，收入具有随时间递增的趋势，所以可以用前一个时期的收入代替曾经达到的最高收入。于是模型（3.6）式可以改写为

$$C_t = \alpha_0 Y_t + \alpha_1 Y_{t-1} + \mu_t \quad t=1,\ 2,\ \cdots,\ T \tag{3.7}$$

如果忽略收入的两期滞后量的影响，则可以将（3.7）式再次化简为

$$C_t = \beta_0 + \beta_1 Y_t + \beta_2 C_{t-1} + \varepsilon_t \quad t=1,\ 2,\ \cdots,\ T \tag{3.8}$$

显然，式（3.7）和式（3.8）模型都可以很方便地采用单方程计量经济学模型的估计方法估计其参数。

3. 弗里德曼的持久收入消费函数

弗里德曼（Friedman）于 1957 年提出了消费的持久收入假说，它是对凯恩斯的绝对收入假设的修正和补充。弗里德曼将收入分为持久收入（可预料到的、长久的、稳定的收入，即一生中可得到的收入的平均值，如工薪、房租、利息等收入）和瞬时收入（非连续性、带有偶然性的收入），相应的消费也分为持久消费（有经常性质的消费支出）和瞬时消费（非经常性质的消费），即：

$$Y_t = Y_t^p + Y_t^t$$
$$C_t = C_t^p + C_t^t$$

其中，Y_t、Y_t^p、Y_t^t 分别为实际收入、持久收入和瞬时收入；C_t、C_t^p、C_t^t 分别为实际消费、持久消费和瞬时消费。持久消费由持久收入决定，瞬时消费由瞬时收入决定。于是持久收入消费函数模型的一种计量形态是：

$$C_t = \alpha_0 + \alpha_1 Y_t^p + \alpha_2 Y_t^t + \mu_t, \; t = 1, 2, \cdots, T \tag{3.9}$$

估计式（3.9）的参数的困难在于样本观测值的选取，因为能够得到的是实际收入，而不是持久收入和瞬时收入。弗里德曼建议，对于时间序列数据，t 时刻的持久收入可以表示为各期实际收入的加权和：

$$Y_t^p = \lambda Y_t + \lambda(1-\lambda)Y_{t-1} + \lambda(1-\lambda)^2 + \cdots \quad 0 < \lambda < 1$$

即：
$$Y_t^p - Y_{t-1}^p = \lambda(Y_t - Y_{t-1}^p)$$

假设 $C_t^p = \kappa Y_t^p$，将 $C_t = C_t^p + C_t^t$ 中的 C_t^t 归入随机干扰项，利用

$$Y_t^p = \lambda Y_t + (1-\lambda)Y_{t-1}^p$$

于是有：
$$C_t = C_t^p + \varepsilon_t = \kappa Y_t^p + \varepsilon_t = \kappa\lambda Y_t + \kappa(1-\lambda)Y_{t-1}^p + \varepsilon_t$$

即：
$$C_t = \kappa\lambda Y_t + (1-\lambda)C_{t-1} + \varepsilon_t \tag{3.10}$$

引入常数项后可以表示为与式（3.8）相同的统计形式。

4. 莫迪利亚尼生命周期消费函数

该理论是由莫迪利亚尼（Modigliani）、布伦伯格（Brumberg）和安杜（Ando）于 1954 年提出的，有时也称为持久财产假定。该理论同持久收入假定一样都考虑到了消费受跨时预算约束的影响，不同的是：生命周期假定认为，消费者是理性的，其只是根据效用最大化原则来使用一生的收入，安排其一生的消费，使一生中的收入等于一生的消费，它拉长了跨时预算约束的时间跨度，是终生跨时预算约束。消费者一生中各时期消费支出流量的现值要等于一生中各时期期望收入流量的现值，这种行为可称为“前瞻行为”。据于此，消费者的预算约束为：

$$\sum_{t=1}^{T} \frac{C_t}{(1+r)^{t-1}} = \sum_{t=1}^{T} \frac{Y_t}{(1+r)^{t-1}}$$

其中 r 为贴现率。在预算约束下，消费者总希望将自己一生的全部收入在消费支出中进行最优分配，使得效用 $U(C_1, C_2, \cdots, C_T)$ 达到最大。于是推导消费函数问题就变成下列拉格朗日函数的极值问题：

$$L(C_1, C_2, \cdots, C_T, \lambda) = U(C_1, C_2, \cdots, C_T) + \lambda\left[\sum_{t=1}^{T} \frac{Y_t}{(1+r)^{t-1}} - \sum_{t=1}^{T} \frac{C_t}{(1+r)^{t-1}}\right] \tag{3.11}$$

式（3.11）的极值条件为：

$$\begin{cases} \dfrac{\partial L}{\partial C_t} = \dfrac{\partial U}{\partial C_t} - \dfrac{\lambda}{(1+r)^{t-1}} = 0 \\ \dfrac{\partial L}{\partial \lambda} = \sum_{t=1}^{T} \dfrac{Y_t}{(1+r)^{t-1}} - \sum_{t=1}^{T} \dfrac{C_t}{(1+r)^{t-1}} = 0,\ t = 1, 2, \cdots, T \end{cases}$$

求解该方程组，即可得到最优消费的消费函数为：

$$C_t = c_t(Y_1, Y_2, \cdots, Y_T, r)$$

表明消费是各个时期的收入和贴现率的函数。一般近似地用下列函数描述生命周期消费函数模型：

$$C_t = \alpha_1 Y_t + \alpha_2 A_t + \mu_t,\ t = 1, 2, \cdots, T \tag{3.12}$$

其中 A_t 为 t 时刻的资产存量，待估参数 $0 < \alpha_1 < 1$，反映当前的边际消费倾向；$0 < \alpha_2 < 1$，反映消费者已经积累额财富对当前消费的影响。对式（3.12）的理论形式（即不出现随机干扰项）做如下变换：

$$\frac{C_t}{Y_t} = \alpha_1 + \alpha_2 \frac{A_t}{Y_t}$$

从中可以看出，已经积累的财富越多，其当前的消费倾向 $\frac{C_t}{Y_t}$ 越高。模型（3.12）可以很方便地采用单方程计量经济学模型的估计方法估计其参数。

【实验数据】

为探讨和验证上述四种消费函数模型，本书选取 1991 ~ 2008 年福建省城镇居民消费和收入数据（见表 3 - 3），借助 Eviews 6.0 分别对福建省城镇居民的消费数据进行拟合和分析。

表 3 - 3　　福建省城镇居民消费数据

年份	消费（C）（元/人/年）	人均可支配收入（Y）（元/人/年）	储蓄（S）（元/人）
1991	775	1 953	1 331.9
1992	923	2 351	1 769.4
1993	1 146	2 923	2 123.7
1994	1 564	3 935	3 246.0
1995	1 997	4 853	4 742.1
1996	2 265	5 574	6 695.3
1997	2 540	6 144	8 060.8
1998	2 548	6 486	9 558.4
1999	2 597	6 860	10 660.4
2000	2 788	7 432	10 835.1
2001	2 811	8 313	12 528.6
2002	2 915	9 189	15 073.8

续表

年份	消费（C）（元/人/年）	人均可支配收入（Y）（元/人/年）	储蓄（S）（元/人）
2003	3 052	10 000	18 016.4
2004	3 335	11 175	20 305.7
2005	3 730	12 321	23 873.5
2006	4 290	13 753	27 282.8
2007	4 808	15 505	28 366.9
2008	5 633	17 961	—

注：由于城镇居民储蓄额在历年《中国金融年鉴》中存在一定的差异，本报告以当年公布的数据为准。

资料来源：根据《福建统计年鉴》（2009 年）、《中国金融年鉴》（1992～2008 年）的相关数据计算而得。

【实验分析】

（一）变量的散点图分析

为进一步分析福建城镇居民消费支出、人均可支配收入、人均储蓄的相关性，需要对变量 C、Y、S 绘制散点图。在 Eviews 6.0 主菜单中选择“Quick”，在随后弹出的菜单中选“Graph”，在随之打开的序列表（Graph type）对话窗口中选择“Dot Plot”，点击“OK”，即可分别得到变量 C、变量 Y、变量 S 的散点图，如图 3－24～图 3－26 所示。

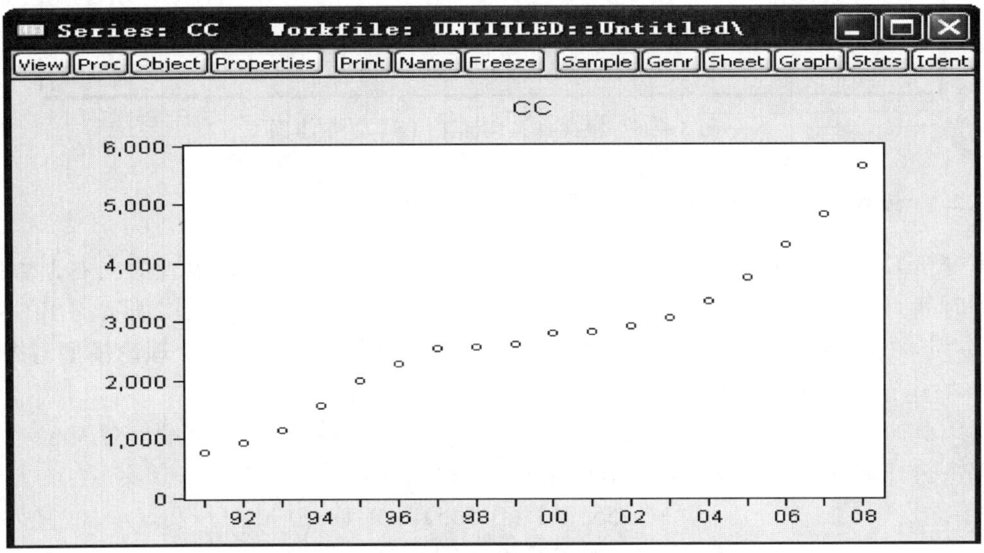

图 3－24　福建省人均消费支出（C）的散点图

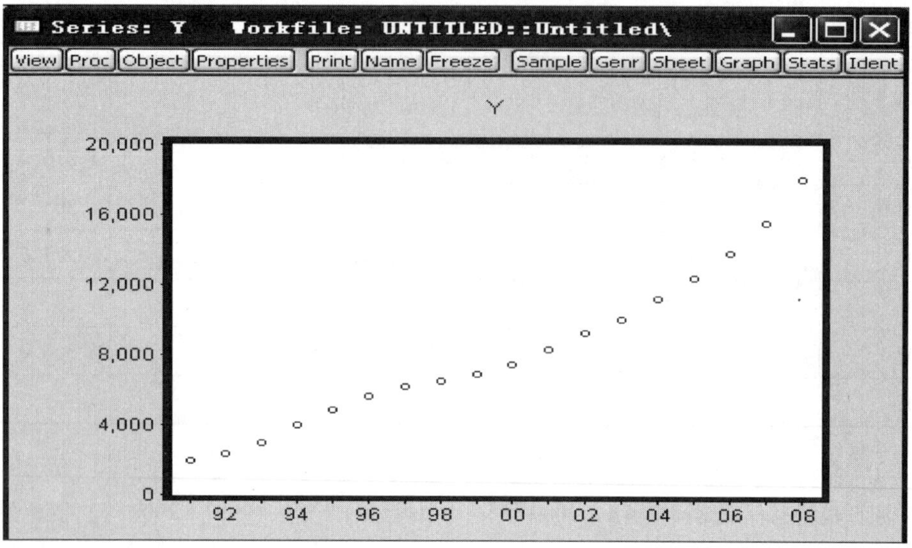

图 3－25 福建省人均可支配收入（Y）的散点图

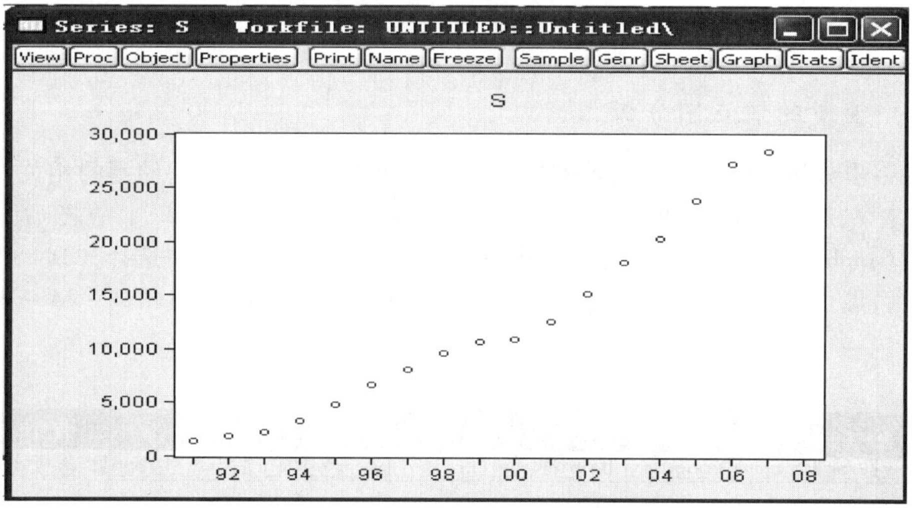

图 3－26 福建省人均储蓄（S）的散点图

（二）模型的检验与分析

由变量 C、Y、S 的散点图可知，三个变量的图形均较有规律，表现为向右上方倾斜。考虑到时间 $t(=1, 2, \cdots, 29)$ 的图形同样呈向右上方倾斜，所以人均消费支出 C 与 Y、S 具有一定的相关性。对此，需要借助 Eviews 6.0 软件和待估计的四个理论模型对 1991～2008 年福建省城镇居民消费与支出、储蓄的关系予以检验与分析。

采用莫迪利亚尼生命周期消费函数模型，以储蓄余额表示资产存量，对表 3－2 的相关数据进行计量分析，得到的分析结果如图 3－27 所示。

$$C_t = -55.743 + 0.545Y_t - 0.123S_t$$

$$(-0.26)\ (6.02)\ (-3.01)$$

$$R^2 = 97.99\% \quad F = 341.1 \quad D-W = 0.772$$

Equation: UNTITLED　Workfile: UNTITLED::...

View | Proc | Object | Print | Name | Freeze | Estimate | Forecast | Stats | Resids

Dependent Variable: CC
Method: Least Squares
Date: 08/24/10 Time: 15:10
Sample (adjusted): 1991 2007
Included observations: 17 after adjustments

	Coefficient	Std. Error	t-Statistic	Prob.
S	-0.122799	0.040731	-3.014863	0.0093
Y	0.544708	0.090458	6.021664	0.0000
C	-55.74292	210.6814	-0.264584	0.7952

R-squared	0.979891	Mean dependent var	2593.176
Adjusted R-squared	0.977018	S.D. dependent var	1110.844
S.E. of regression	168.4017	Akaike info criterion	13.24937
Sum squared resid	397027.8	Schwarz criterion	13.39640
Log likelihood	-109.6196	Hannan-Quinn criter.	13.26398
F-statistic	341.0997	Durbin-Watson stat	0.771933
Prob(F-statistic)	0.000000		

图 3 – 27　1991 ~ 2007 年福建省莫氏消费函数的估计结果

计量分析结果的拟合优度较好，t 值也比较显著。但是，模型参数估计量经济意义不合理，原因是 S 和 Y 之间存在严重的多重共线性，而且 D – W 仅为 0.772，显示出两者存在序列相关性，该模型不能应用。

采用杜森贝里的“不可逆”相对收入消费函数模型或弗里德曼的持久收入消费函数模型，对表 3 – 3 进行计量分析，得到的分析结果如图 3 – 28 所示。

Equation: UNTITLED　Workfile: UNTITLED::...

View | Proc | Object | Print | Name | Freeze | Estimate | Forecast | Stats | Resids

Dependent Variable: CC
Method: Least Squares
Date: 08/24/10 Time: 15:27
Sample (adjusted): 1992 2008
Included observations: 17 after adjustments

	Coefficient	Std. Error	t-Statistic	Prob.
Y	0.231453	0.162290	1.426170	0.1757
Y(-1)	0.047404	0.180751	0.262263	0.7969
C	548.7799	111.5199	4.920916	0.0002

R-squared	0.975333	Mean dependent var	2878.941
Adjusted R-squared	0.971810	S.D. dependent var	1232.125
S.E. of regression	206.8735	Akaike info criterion	13.66088
Sum squared resid	599153.3	Schwarz criterion	13.80792
Log likelihood	-113.1175	Hannan-Quinn criter.	13.67549
F-statistic	276.7852	Durbin-Watson stat	0.382291
Prob(F-statistic)	0.000000		

图 3 – 28　1991 ~ 2007 年福建省杜氏消费函数的估计结果

$$C_t = 548.78 + 0.231Y_t + 0.047Y_{t-1}$$
$$(4.92)\quad(1.43)\quad(0.26)$$
$$R^2 = 97.53\% \quad F = 276.79 \quad D - W = 0.382$$

计量结果显示，Y_t 和 Y_{t-1}的 t 都不显著，而且，Y_t 和 Y_{t-1}之间存在严重的共线性和自相关性（D－W 仅为 0.382）。该模型也不能应用。

采用凯恩斯的绝对收入消费函数模型，得到如下模型：

$$C_t = 485.88 + 0.279Y_t$$
$$(4.79)\quad(25.56)$$
$$R^2 = 97.61\% \quad F = 653.35 \quad D - W = 0.317$$

计量模型中显示变量间关系的结构参数估计量经济意义合理，统计检验的拟合优度和 t 值都较为理想。但是模型存在严重的序列相关性。通过广义差分法修正序列相关性，分析结果如图 3－29 所示。

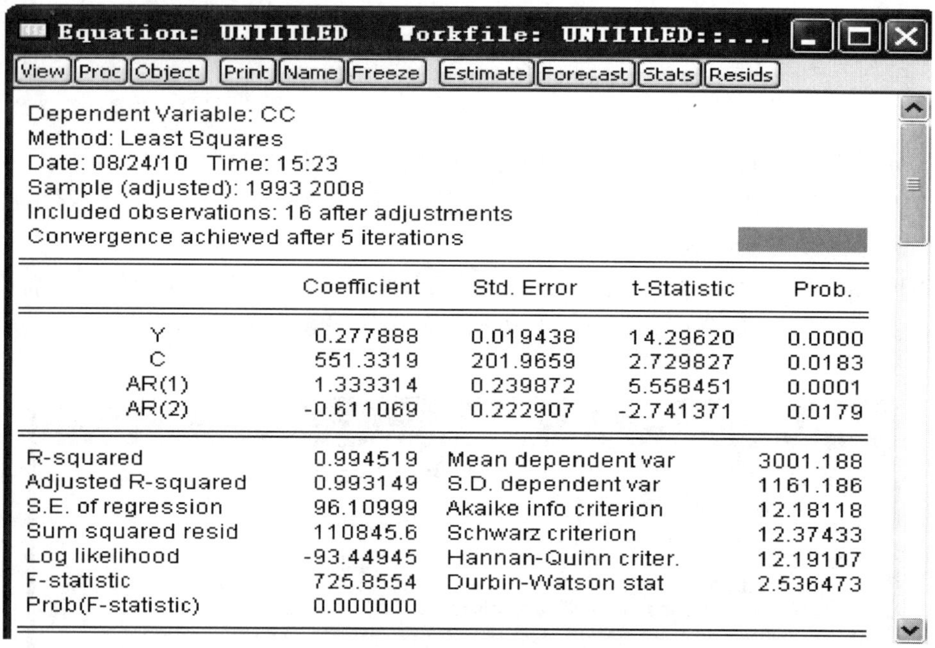

Dependent Variable: CC
Method: Least Squares
Date: 08/24/10 Time: 15:23
Sample (adjusted): 1993 2008
Included observations: 16 after adjustments
Convergence achieved after 5 iterations

	Coefficient	Std. Error	t-Statistic	Prob.
Y	0.277888	0.019438	14.29620	0.0000
C	551.3319	201.9659	2.729827	0.0183
AR(1)	1.333314	0.239872	5.558451	0.0001
AR(2)	-0.611069	0.222907	-2.741371	0.0179

R-squared	0.994519	Mean dependent var	3001.188
Adjusted R-squared	0.993149	S.D. dependent var	1161.186
S.E. of regression	96.10999	Akaike info criterion	12.18118
Sum squared resid	110845.6	Schwarz criterion	12.37433
Log likelihood	-93.44945	Hannan-Quinn criter.	12.19107
F-statistic	725.8554	Durbin-Watson stat	2.536473
Prob(F-statistic)	0.000000		

图 3－29　广义差分法修正后的估计结果

$$C_t = 551.332 + 0.279Y_t + 1.333AR(1) - 0.611AR(2)$$
$$(2.73)\quad(14.30)\qquad(5.56)\qquad(-2.74)$$
$$R^2 = 99.45\% \quad F = 725.86 \quad D - W = 2.54$$

显然，经过修正后的模型反映变量间关系的结构参数估计量经济意义合理，自相关性也得到消除。而且，由于该模型的分析数据是以时间序列数据为样本，一般不存在异方差性，统计检验全部通过。

通过采用绝对收入消费函数模型、相对收入消费函数模型、弗里德曼的持久收入消费函数模型和生命周期消费函数模型对 1991～2008 年福建省城镇居民消费行为进行检验，可以说明凯恩斯绝对收入消费函数能够较好地描述福建省城镇居民的消费行为。也就是说，福建省城镇居民的消费仍主要由收入决定，所以要刺激城镇居民的消费行为以拉动经济增长，政策倾向仍然是通过扩大社会保障范围、提高工资水平、降低税负等手段不断地提高福建省城镇居民的收入水平。

【实验讨论】

（1）从实验结论可知，决定福建省城镇居民消费支出的主要因素仍为绝对收入，应考虑如何提高居民可支配收入，增强居民消费信心。

（2）参照上述实验方法，检验和分析福建省农村居民消费函数。

（3）试构建恩格尔曲线模型分析某商品的性质。

（4）试构建总成本曲线模型，并分析各参数估计值应满足的条件。

第四章　时间序列分析

第一节　时间序列分析的理论基础

时间序列数据是一批按照时间先后排列的统计数据，也是经济分析中最常用的三大类数据之一。因此，对时间序列数据的分析是计量经济分析的主要内容之一。分析时间序列的目的基本有 5 个：对时间序列进行统计分析、研究时间序列本身的变化规律、用时间序列模型预测、对序列进行信号提取、以回归分析和 ARIMA 模型分析为基础。而时间序列分析的背后有一个隐含的假设，即这些数据是平稳的（stationary），否则，涉及的统计检验往往是缺少说服力的。但是，在现实生活中，获取的时间序列数据一般是非平稳的。如果仍然沿用一般的回归模型，则回归结果不再有意义。基于此，时间序列分析逐渐发展起来，并主要揭示时间序列数据自身的变化规律。

本章主要从平稳性检验、协整检验、误差修正模型、时间序列建模、条件异方差模型、实验拓展等几个方面来介绍时间序列分析。本章采用的计量经济学软件为 Eviews 10。

一、平稳性检验

（一）时间序列数据的平稳性

时间序列数据的平稳性问题是时间序列分析中首先遇到的问题。假定某个时间序列是由某一随机过程生成的，即假定时间序列 $\{X_t\}$（$t=1, 2, \cdots$）的每个数值都从一个概率分布中随机得到。如果满足 X_t 下列条件：

$$\mathrm{E}(X_t)=\mu，对于所有的 t$$

$$\mathrm{Var}(X_t)=\sigma^2，对于所有的 t$$

$$\mathrm{Cov}(X_t, X_{t-s})=\gamma_s，对于所有的 t 和 s$$

则称该时间序列是（宽）平稳的，而该随机过程是一个平稳随机过程。

如果一个时间序列是一个具有零均值同方差且不存在序列相关的随机过程，那么该时间序列被称为白噪声。

（二）单整、趋势平稳与差分平稳过程

1. 单整

如果序列 X_t 通过 d 次差分成为一个平稳序列，而这个序列差分 $d-1$ 次时却不平稳，

那么称序列 X_t 为 d 阶单整序列，记为 $I(d)$。特别地，如果序列 X_t 本身就是一个平稳序列，则为零阶单整序列，记为 $I(0)$。

现实生活中，只有少数的经济指标是平稳的，而大多数的经济指标是非平稳的。一般而言，对于一些存量数据，如以不变价格表示的资产总值、储蓄余额等经常表现为 2 阶单整；对于一些流量数据，如以不变价格表示的消费额、收入等经常表现为 1 阶单整；对于一些变化率，如利率、收益率等经常表现为 0 阶单整。

2. 趋势平稳与差分平稳过程

考虑时间序列的如下模型：

$$X_t = \beta_1 + \beta_2 t + \beta_3 X_{t-1} + \mu_t \tag{4.1}$$

其中 μ_t 为白噪声误差项，t 为时间趋势项。

如果 $\beta_2 = 0$，$\beta_3 = 1$，则我们得到：

$$X_t = \beta_1 + X_{t-1} + \mu_t \tag{4.2}$$

它是一个带漂移的随机游走过程。如果我们把它写成：

$$X_t - X_{t-1} = \Delta X_t = \beta_1 + \mu_t \tag{4.3}$$

这就意味着 X_t 将表现出一个带正的（$\beta_1 > 0$）或负的（$\beta_1 < 0$）趋势。这种趋势被称为随机趋势。

如果 $\beta_1 \neq 0$、$\beta_2 \neq 0$、$\beta_3 = 0$，则我们得到：

$$X_t = \beta_1 + \beta_2 t + \mu_t \tag{4.4}$$

这种趋势被称为确定性趋势。

如果 $\beta_1 \neq 0$、$\beta_2 \neq 0$、$\beta_3 = 1$，则我们得到：

$$X_t = \beta_1 + \beta_2 t + X_{t-1} + \mu_t \tag{4.5}$$

它是一个同时带有确定性和随机性两种趋势的随机过程。

如果时间序列 X_t 满足式（4.2），则随机性趋势可以通过差分的方式消除，变成平稳的随机过程。该时间序列 X_t 称为差分平稳过程；如果时间序列 X_t 满足式（4.5），则通过将 β_1、β_2 移到等号左边，变成平稳的随机过程。该时间序列称为趋势平稳过程。

（三）平稳性的单位根检验

单位根检验是平稳性检验的一种广受欢迎的方法。这里我们主要介绍 DF 检验和 ADF 检验。

1. DF 检验

对于一个随机模型：

$$X_t = \rho X_{t-1} + \mu_t \tag{4.6}$$

当 $\rho = 1$ 时，则称时间序列 X_t 有一个单位根，是非平稳的随机过程。因此，要判断某时间序列是否平稳，只需要判断它是否有单位根。也就说，我们只需要简单地将 X_t 对其滞后值 X_{t-1} 回归，并检验 ρ 在统计上是否显著地等于 1。这也是时间序列平稳性的单位根检验的基本原理。

出于理论上的原因，我们对式（4.6）做如下变化：

$$X_t - X_{t-1} = \rho X_{t-1} - X_{t-1} + \mu_t = (\rho - 1) X_{t-1} + \mu_t \tag{4.7}$$

进而可以写成：

$$\Delta X_t = \delta X_{t-1} + \mu_t \tag{4.8}$$

其中 $\delta = \rho - 1$。因此，检验式（4.6）中 ρ 在统计上是否显著地等于 1，就相当于检验式（4.8）中 δ 在统计上是否显著地等于 0。

然而，在判断 δ 在统计上是否显著地等于 0 时并不能采用 t 检验。因为即使在大样本下，δ 估计量的 t 值也不服从 t 分布，不是渐近正态分布。迪基和富勒于 1976 年提出，此时的 t 值服从 τ 统计量，其临界值也基于蒙特卡罗模拟得出。为了纪念两位发现者，τ 统计量或检验被称为迪基—富勒（DF）检验。

2. ADF 检验

在进行 DF 检验时，实际上假定了误差项是不相关的。但在实际检验中，误差项往往是相关的，会导致 DF 检验无效。迪基和富勒又对 DF 检验进行了扩充，称为增广迪基—富勒检验（ADF 检验）。ADF 检验是通过下面三个模型完成的：

模型 1：$\Delta X_t = \delta X_{t-1} + \sum_{i=1}^{m} \beta_i \Delta X_{t-i} + \mu_t$

模型 2：$\Delta X_t = \alpha + \delta X_{t-1} + \sum_{i=1}^{m} \beta_i \Delta X_{t-i} + \mu_t$

模型 3：$\Delta X_t = \alpha + \beta t + \delta X_{t-1} + \sum_{i=1}^{m} \beta_i \Delta X_{t-i} + \mu_t$

同样地，当 $\delta = 0$ 时，时间序列存在一个单位根。实验检验时，从模型 3 开始，然后是模型 2，最后是模型 1。只要其中一个模型的检验拒绝原假设，就可以认为时间序列是平稳的。

二、协整检验

前面我们已经指出，将一个非平稳的时间序列对另一个非平稳的时间序列进行回归可能导致谬误回归。但是经济理论指出，某些经济变量之间存在着长期均衡的关系。这种均衡关系意味着经济系统不存在破坏均衡的内在机制。因此，虽然许多经济变量是非平稳的，但只要它们是同阶单整的，它们的线性组合就可能是 $I(0)$。也就说，它们的回归将变得有意义。我们就说这些变量是协整的。

比如，考虑个人消费支出 Y_t 对个人消费收入 X_t 做如下回归：

$$Y_t = \beta_1 + \beta_2 X_t + \mu_t$$

把它改写成：

$$\mu_t = Y_t - \beta_1 - \beta_2 X_t$$

假设对 μ_t 做单位根分析，发现它是平稳的，这就表明个人消费支出 Y_t 与个人消费收入 X_t 是协整的。对协整的检验方法，我们主要介绍 Engle - Granger 检验。第一步，用普通最小二乘法估计回归方程，并得到残差序列。第二步，检验残差序列的平稳性。如果残差序列是平稳的，则变量之间存在长期均衡的协整关系；反之，不存在协整关系。

三、误差修正模型（ECM）

误差修正模型是一种具有特定形式的计量经济学模型。假设两个变量 X 和 Y 存在长期均衡关系。考虑如下模型：

$$Y_t = \beta_0 + \beta_1 X_t + \beta_2 X_{t-1} + \delta Y_{t-1} + \mu_t \tag{4.9}$$

对式（4.9）变形得到：

$$\begin{aligned}\Delta Y_t &= \beta_0 + \beta_1 \Delta X_t + (\beta_1 + \beta_2) X_{t-1} - (1-\delta) Y_{t-1} + \mu_t \\ &= \beta_1 \Delta X_t - (1-\delta)\left(Y_{t-1} - \frac{\beta_0}{1-\delta} - \frac{\beta_1 + \beta_2}{1-\delta} X_{t-1}\right) + \mu_t\end{aligned}$$

或

$$\Delta Y_t = \beta_1 \Delta X_t - \lambda (Y_{t-1} - \alpha_0 - \alpha_1 X_{t-1}) + \mu_t \tag{4.10}$$

其中，$\lambda = 1-\delta$，$\alpha_0 = \frac{\beta_0}{1-\delta}$，$\alpha_1 = \frac{\beta_1 + \beta_2}{1-\delta}$

可以看出，$Y_{t-1} - \alpha_0 - \alpha_1 X_{t-1}$是 $t-1$ 期的非均衡误差项。这表明 Y 的变化取决于 X 的变化以及 $t-1$ 期的非均衡误差项。也就是说，Y 对前期的非均衡程度做出了修正。式（4.10）称为误差修正模型。

进一步，式（4.10）可以写成：

$$\Delta Y_t = \beta_1 \Delta X_t - \lambda \cdot ecm_{t-1} + \mu_t \tag{4.11}$$

其中，ecm 表示误差修正项。若 ecm 为正，则使得 ΔY_t 减少；若 ecm 为负，则使得 ΔY_t 增大。这体现了误差修正项对 Y 的纠正机制。

对于误差修正模型的建立，一般采用 Engle - Granger(EG) 两步法。第一步，进行协整回归（普通最小二乘法），检验变量间的协整关系，估计协整向量（长期均衡关系参数）；第二步，若变量间存在协整关系，则以第一步协整回归求得的残差作为误差修正项加入误差修正模型中，并用普通最小二乘法估计相应参数。

四、条件异方差模型

自回归条件异方差模型（*ARCH*）最早由恩格尔提出，并由博勒斯莱文发展成为广义自回归条件异方差模型（*GARCH*）。这两类模型广泛应用于经济学的各个领域，尤其是金融时间序列分析中。

（一）*ARCH* 模型

ARCH 模型的主要思想是：扰动项 μ_t 的条件方差依赖于它的前期值 μ_{t-1} 的大小。具体地说，考虑具有 k 个解释变量的回归模型：

$$Y_t = \beta_0 + \beta_1 X_{1t} + \cdots + \beta_k X_{kt} + \mu_t$$

对 Y_t 取基于（$t-1$）时刻的信息的期望，即：

$$E_{t-1}(Y_t) = \beta_0 + \beta_1 X_{1t} + \cdots + \beta_k X_{kt}$$

假设在（$t-1$）时刻的所有信息的条件下，μ_t^2 服从 $AR(1)$ 过程：

$$\mu_t^2 = \alpha_0 + \alpha_1 \mu_{t-1}^2 + \varepsilon_t$$

其中，ε_t 为白噪声过程。这样，μ_t 的条件分布是：

$$\mu_t \sim N[0, (\alpha_0 + \alpha_1 \mu_{t-1}^2)]$$

也就是说，μ_t 是服从均值为 0，方差为 $\alpha_0 + \alpha_1 \mu_{t-1}^2$ 的条件正态分布。可以看出，μ_t 的方差是由两部分构成：一个常数项和前一时刻关于变化量的信息，即前一时刻的 μ_{t-1}^2 表示

（*ARCH* 项）。而且，由于 μ_t 的方差只依赖于前一时刻的 μ_{t-1}^2，所以称为 *ARCH*(1) 过程。

相应地，*ARCH*(*p*) 过程可以写为：

$$\sigma_t^2 = \alpha_0 + \alpha_1\mu_{t-1}^2 + \alpha_2\mu_{t-2}^2 + \cdots + \alpha_p\mu_{t-p}^2 \tag{4.12}$$

（二）*GARCH* 模型

ARCH 模型的实践难点就是：如果滞后阶数 p 较大，无约束的估计常常会违背 α_i 都是非负的限定条件，而事实上恰恰需要这个限定来保证条件方差 σ_t^2 永远是正数。考虑用一个或两个 σ_t^2 的滞后值代替许多 μ_t^2 的滞后值，这就是 *GARCH* 模型的基本思想。

标准的 *GARCH*(1，1) 模型为：

$$Y_t = X_t'\gamma + \mu_t$$

$$\sigma_t^2 = \varphi + \alpha\mu_{t-1}^2 + \beta\sigma_{t-1}^2$$

其中，$X_t = (X_{1t}, X_{2t}, \cdots, X_{kt})$ 为解释变量向量；$\gamma = (\gamma_1, \gamma_2, \cdots, \gamma_k)'$ 为系数向量。也就是说，条件方差有三个组成部分：常数项 φ、前一时刻的 μ_{t-1}^2（度量从前期得到的波动性的信息）和上一期的预测方差 σ_{t-1}^2。*GARCH*(1，1) 模型中的（1，1）是指阶数为 1 的自回归项（第一个 1）和阶数为 1 的移动平均项（第二个 1）。

第二节 协整检验

【实验数据】

本实验采用中国 1978 ~ 2016 年的统计数据考察中国出口贸易对经济增长的影响。表 4 - 1 中的数据均来自《中国统计年鉴》。其中，出口贸易用货物出口总额代替，表示为 EX；经济增长用国内生产总值代替，表示为 GDP；二者的单位都为亿元。表 4 - 1 也给出了原始数据的对数。

表 4 - 1　　中国出口贸易、国内生产总值及其对数　　单位：亿元

年份	GDP	EX	lnGDP	lnEX
1978	3 678.7	167.60	8.21	5.12
1979	4 100.5	211.70	8.32	5.36
1980	4 587.6	271.20	8.43	5.60
1981	4 935.8	367.60	8.50	5.91
1982	5 373.4	413.80	8.59	6.03
1983	6 020.9	438.30	8.70	6.08
1984	7 278.5	580.50	8.89	6.36
1985	9 098.9	808.86	9.12	6.70
1986	10 376.2	1 082.10	9.25	6.99

续表

年份	GDP	EX	lnGDP	lnEX
1987	12 174.6	1 470.00	9.41	7.29
1988	15 180.4	1 766.70	9.63	7.48
1989	17 179.7	1 956.00	9.75	7.58
1990	18 872.9	2 985.84	9.85	8.00
1991	22 005.6	3 827.10	10.00	8.25
1992	27 194.5	4 676.29	10.21	8.45
1993	35 673.2	5 284.81	10.48	8.57
1994	48 637.5	10 421.84	10.79	9.25
1995	61 339.9	12 451.81	11.02	9.43
1996	71 813.6	12 576.43	11.18	9.44
1997	79 715.0	15 160.68	11.29	9.63
1998	85 195.5	15 223.54	11.35	9.63
1999	90 564.4	16 159.77	11.41	9.69
2000	100 280.1	20 634.44	11.52	9.93
2001	110 863.1	22 024.44	11.62	10.00
2002	121 717.4	26 947.87	11.71	10.20
2003	137 422.0	36 287.89	11.83	10.50
2004	161 840.2	49 103.33	11.99	10.80
2005	187 318.9	62 648.09	12.14	11.05
2006	219 438.5	77 597.89	12.30	11.26
2007	270 232.3	93 627.14	12.51	11.45
2008	319 515.5	100 394.94	12.67	11.52
2009	349 081.4	82 029.69	12.76	11.31
2010	413 030.3	107 022.84	12.93	11.58
2011	489 300.6	123 240.56	13.10	11.72
2012	540 367.4	129 359.25	13.20	11.77
2013	595 244.4	137 131.43	13.30	11.83
2014	643 974.0	143 883.75	13.38	11.88
2015	689 052.1	141 166.83	13.44	11.86
2016	743 585.5	138 419.29	13.52	11.84
2017	827 121.7	153 311.19	13.63	11.94

【实验过程】

1. 导入实验数据

（1）将变量数据导入 Excel 表格，建立文件“实验数据 . xls”。

（2）新建工作文件。打开 Eviews 10 软件，在 File 下拉菜单 New 菜单项下选择 Workfile 项，新建工作文件（Workfile），出现 Workfile Create 对话框，如图 4 – 1 所示。在 Start date 中输入起始年份“1978”，End date 中输入截止年份“2017”。点击“确定”钮，出现 Workfile：UNTITLED 工作文件窗口，如图 4 – 2 所示。

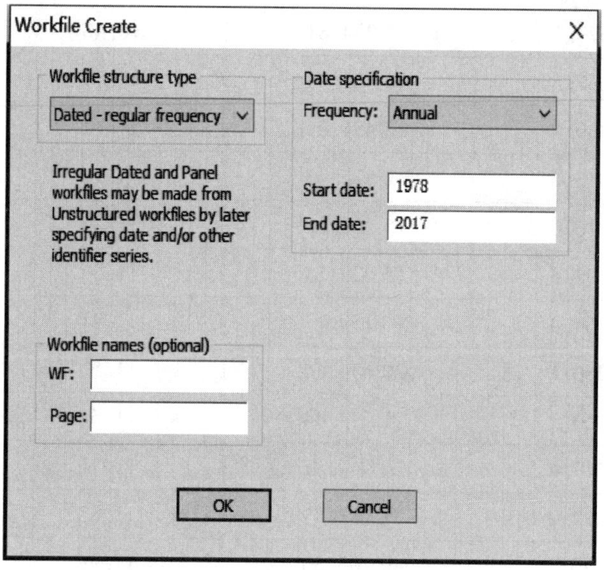

图 4 – 1　Workfile Create 对话框

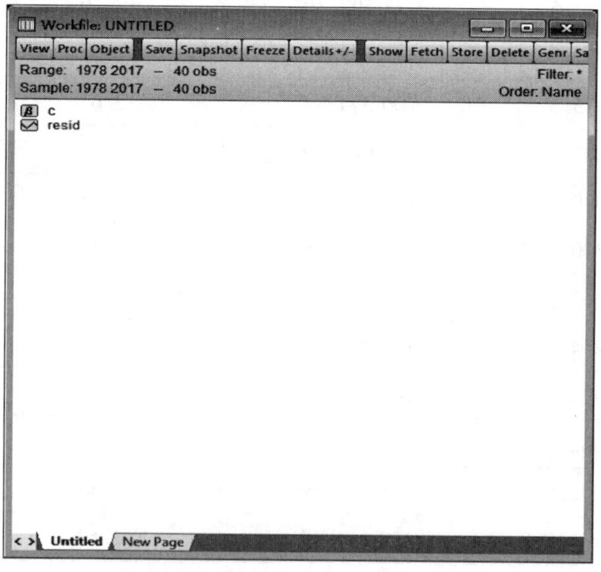

图 4 – 2　Workfile 工作文件窗口

（3）导入变量数据。在 Workfile：UNTITLED 工作文件窗口的空白处，点击鼠标右键，并选择 NewObject，如图 4－3 所示。在 Type of object 中选择“Series”，并在 Name for object 处输入变量名称“lnGDP”。点击“OK”钮，Workfile：UNTITLED 工作文件窗口中出现变量 lnGDP，如图 4－4 所示。最后，双击变量 lnGDP，弹出 Series：lnGDP 对话框。将 Excel 表格中的数据复制，并粘贴到 Series：lnGDP 中，如图 4－5 所示。同样的步骤，导入变量 lnEX。

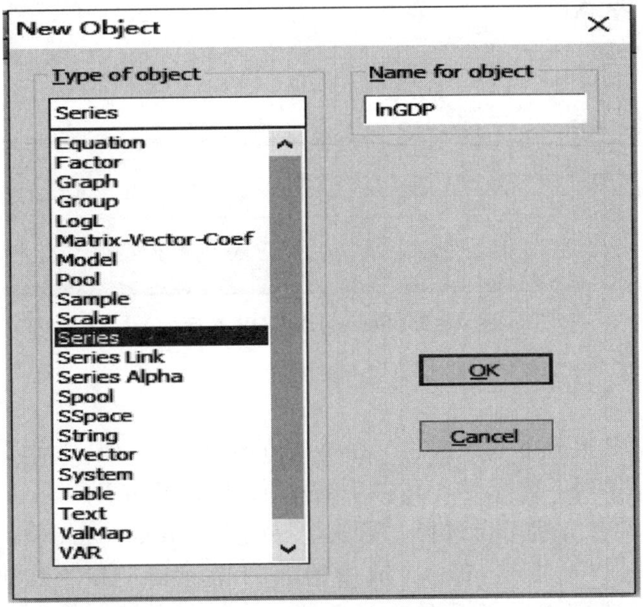

图 4－3 NewObject 对话框

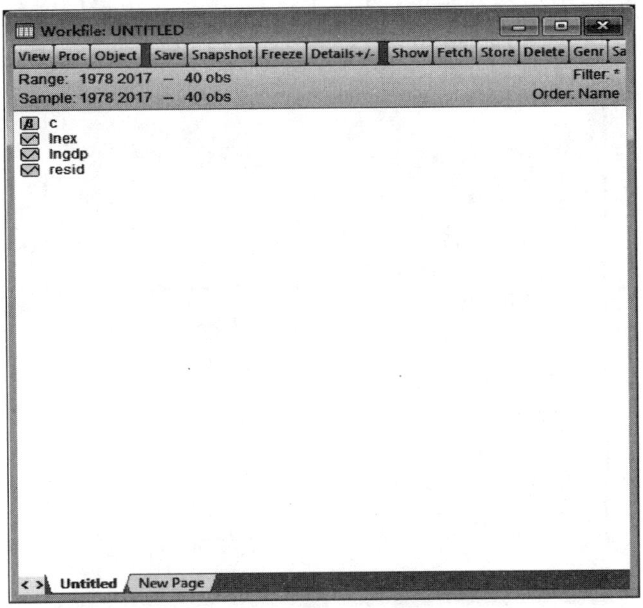

图 4－4 Workfile 工作文件窗口

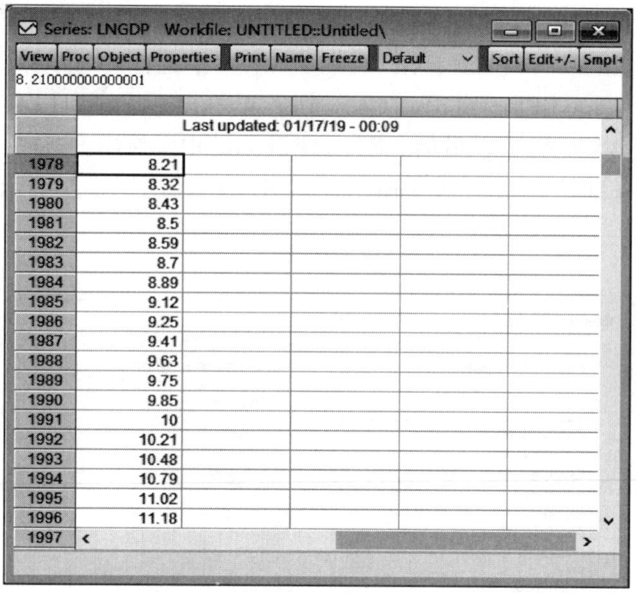

图 4-5 Series：lnGDP 对话框

2. 单位根检验

（1）对变量 lnGDP 进行单位根检验。在 Workfile：UNTITLED 工作文件窗口下，双击变量 lnGDP。在 View 菜单项下选择 Unit Root Test…项，出现 Unit Root Test 对话框，如图 4-6 所示。Test type 中有 6 种方法可供选择，默认选择的方法 Augmented Dickey-Fuller（ADF）检验为单位根检验法；Test for unit root in 中的 level 表示对变量直接进行 ADF 检验，1st difference 表示对变量进行 1 阶差分处理后再进行 ADF 检验，2nd difference 表示对变量进行 2 阶差分处理后再进行 ADF 检验。本实验选择 level 选项。Include in test equation 中，Intercept 表示在检验方程中包含截距项，Trend and intercept 表示同时包含趋势项和截距项，

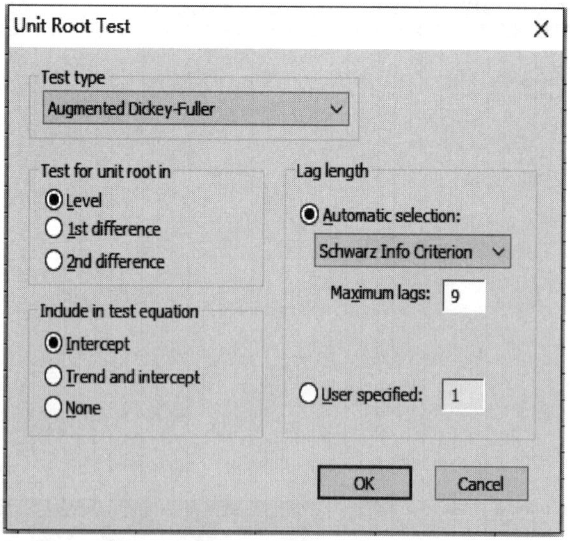

图 4-6 Unit Root Test 对话框

None 表示不包含趋势项和截距项。本实验中变量 lnGDP、变量 lnEX 都是经济方面的数据，含有一定的发展趋势，因此选择 Trend and intercept 项。Lag length 是变量的滞后期选择，共有 6 种选择方法，默认选择方法为 Schwarz Info Criterion（SIC）准则，即 SIC 的值最小时所选择的滞后期，检验所选取的滞后期不会超过最大滞后期（Maximum lags）（默认为 9）。点击“OK”钮，得到的结果即为变量 LGDP 的 ADF 检验结果，如图 4 –7 所示。

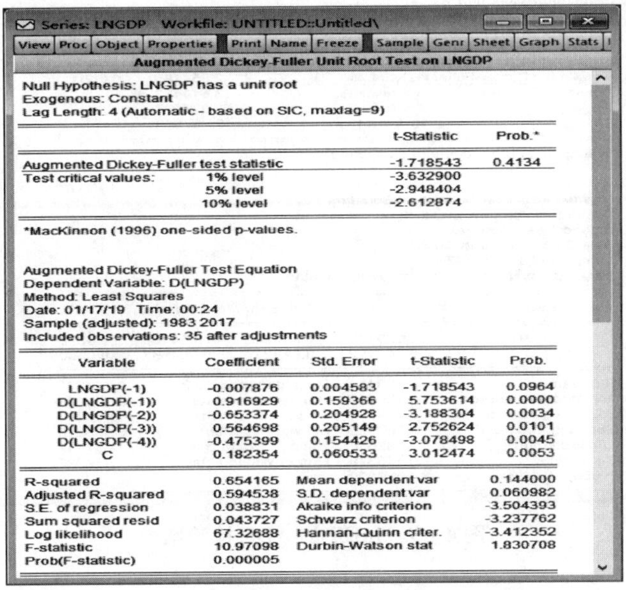
Series: LNGDP Workfile: UNTITLED::Untitled\
View | Proc | Object | Properties | Print | Name | Freeze | Sample | Genr | Sheet | Graph | Stats

Augmented Dickey-Fuller Unit Root Test on LNGDP

Null Hypothesis: LNGDP has a unit root
Exogenous: Constant
Lag Length: 4 (Automatic - based on SIC, maxlag=9)

		t-Statistic	Prob.*
Augmented Dickey-Fuller test statistic		-1.718543	0.4134
Test critical values:	1% level	-3.632900	
	5% level	-2.948404	
	10% level	-2.612874	

*MacKinnon (1996) one-sided p-values.

Augmented Dickey-Fuller Test Equation
Dependent Variable: D(LNGDP)
Method: Least Squares
Date: 01/17/19 Time: 00:24
Sample (adjusted): 1983 2017
Included observations: 35 after adjustments

Variable	Coefficient	Std. Error	t-Statistic	Prob.
LNGDP(-1)	-0.007876	0.004583	-1.718543	0.0964
D(LNGDP(-1))	0.916929	0.159366	5.753614	0.0000
D(LNGDP(-2))	-0.653374	0.204928	-3.188304	0.0034
D(LNGDP(-3))	0.564698	0.205149	2.752624	0.0101
D(LNGDP(-4))	-0.475399	0.154426	-3.078498	0.0045
C	0.182354	0.060533	3.012474	0.0053

R-squared	0.654165	Mean dependent var	0.144000
Adjusted R-squared	0.594538	S.D. dependent var	0.060982
S.E. of regression	0.038831	Akaike info criterion	-3.504393
Sum squared resid	0.043727	Schwarz criterion	-3.237762
Log likelihood	67.32688	Hannan-Quinn criter.	-3.412352
F-statistic	10.97098	Durbin-Watson stat	1.830708
Prob(F-statistic)	0.000005		

图 4 –7 lnGDP 的 ADF 检验结果

（2）对变量 lnGDP 的一阶差分进行单位根检验。返回到 Unit Root Test 对话框，并在 Test for unit root in 处，选择 1st difference。点击“OK”钮，得到检验结果，如图 4 –8 所示。

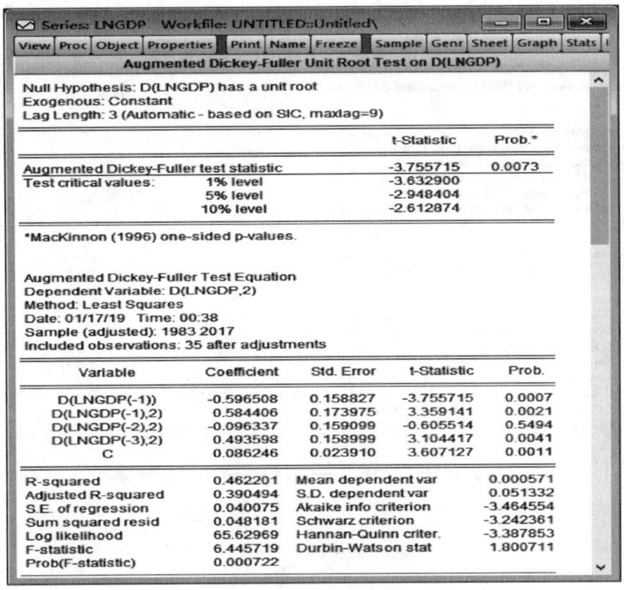
Series: LNGDP Workfile: UNTITLED::Untitled\
View | Proc | Object | Properties | Print | Name | Freeze | Sample | Genr | Sheet | Graph | Stats

Augmented Dickey-Fuller Unit Root Test on D(LNGDP)

Null Hypothesis: D(LNGDP) has a unit root
Exogenous: Constant
Lag Length: 3 (Automatic - based on SIC, maxlag=9)

		t-Statistic	Prob.*
Augmented Dickey-Fuller test statistic		-3.755715	0.0073
Test critical values:	1% level	-3.632900	
	5% level	-2.948404	
	10% level	-2.612874	

*MacKinnon (1996) one-sided p-values.

Augmented Dickey-Fuller Test Equation
Dependent Variable: D(LNGDP,2)
Method: Least Squares
Date: 01/17/19 Time: 00:38
Sample (adjusted): 1983 2017
Included observations: 35 after adjustments

Variable	Coefficient	Std. Error	t-Statistic	Prob.
D(LNGDP(-1))	-0.596508	0.158827	-3.755715	0.0007
D(LNGDP(-1),2)	0.584406	0.173975	3.359141	0.0021
D(LNGDP(-2),2)	-0.096337	0.159099	-0.605514	0.5494
D(LNGDP(-3),2)	0.493598	0.158999	3.104417	0.0041
C	0.086246	0.023910	3.607127	0.0011

R-squared	0.462201	Mean dependent var	0.000571
Adjusted R-squared	0.390494	S.D. dependent var	0.051332
S.E. of regression	0.040075	Akaike info criterion	-3.464554
Sum squared resid	0.048181	Schwarz criterion	-3.242361
Log likelihood	65.62969	Hannan-Quinn criter.	-3.387853
F-statistic	6.445719	Durbin-Watson stat	1.800711
Prob(F-statistic)	0.000722		

图 4 –8 lnGDP 一阶差分的检验结果

（3）对变量 lnEX 及其一阶差分进行单位根检验。操作步骤同上。检验结果如图 4－9、图 4－10 所示。

Series: LNEX Workfile: UNTITLED::Untitled\

View | Proc | Object | Properties | Print | Name | Freeze | Sample | Genr | Sheet | Graph | Stats

Augmented Dickey-Fuller Unit Root Test on LNEX

Null Hypothesis: LNEX has a unit root
Exogenous: Constant
Lag Length: 0 (Automatic - based on SIC, maxlag=9)

		t-Statistic	Prob.*
Augmented Dickey-Fuller test statistic		-2.854185	0.0601
Test critical values:	1% level	-3.610453	
	5% level	-2.938987	
	10% level	-2.607932	

*MacKinnon (1996) one-sided p-values.

Augmented Dickey-Fuller Test Equation
Dependent Variable: D(LNEX)
Method: Least Squares
Date: 01/17/19 Time: 00:42
Sample (adjusted): 1979 2017
Included observations: 39 after adjustments

Variable	Coefficient	Std. Error	t-Statistic	Prob.
LNEX(-1)	-0.029175	0.010222	-2.854185	0.0070
C	0.442192	0.096242	4.594567	0.0000

R-squared	0.180444	Mean dependent var	0.174872
Adjusted R-squared	0.158293	S.D. dependent var	0.150768
S.E. of regression	0.138321	Akaike info criterion	-1.068556
Sum squared resid	0.707912	Schwarz criterion	-0.983245
Log likelihood	22.83684	Hannan-Quinn criter.	-1.037947
F-statistic	8.146370	Durbin-Watson stat	1.907282
Prob(F-statistic)	0.007029		

图 4－9 lnEX 的 ADF 检验结果

Series: LNEX Workfile: UNTITLED::Untitled\

View | Proc | Object | Properties | Print | Name | Freeze | Sample | Genr | Sheet | Graph | Stats

Augmented Dickey-Fuller Unit Root Test on D(LNEX)

Null Hypothesis: D(LNEX) has a unit root
Exogenous: Constant
Lag Length: 0 (Automatic - based on SIC, maxlag=9)

		t-Statistic	Prob.*
Augmented Dickey-Fuller test statistic		-4.941472	0.0003
Test critical values:	1% level	-3.615588	
	5% level	-2.941145	
	10% level	-2.609066	

*MacKinnon (1996) one-sided p-values.

Augmented Dickey-Fuller Test Equation
Dependent Variable: D(LNEX,2)
Method: Least Squares
Date: 01/17/19 Time: 00:46
Sample (adjusted): 1980 2017
Included observations: 38 after adjustments

Variable	Coefficient	Std. Error	t-Statistic	Prob.
D(LNEX(-1))	-0.809120	0.163741	-4.941472	0.0000
C	0.139402	0.037998	3.668680	0.0008

R-squared	0.404153	Mean dependent var	-0.003684
Adjusted R-squared	0.387601	S.D. dependent var	0.193815
S.E. of regression	0.151672	Akaike info criterion	-0.882996
Sum squared resid	0.828159	Schwarz criterion	-0.796807
Log likelihood	18.77693	Hannan-Quinn criter.	-0.852331
F-statistic	24.41815	Durbin-Watson stat	1.997219
Prob(F-statistic)	0.000018		

图 4－10 lnEX 一阶差分的检验结果

3. 协整检验

（1）对 lnGDP、lnEX 进行最小二乘法回归分析。选择 Quick 的下拉菜单 Estimate Equation…项，出现 Equation Estimation 对话框，在 Equation specification 中输入“LGDP c LEX”，如图 4－11 所示。Method 的默认选项为 LS－Least Squares（NLS and ARMA），为最小二乘法。点击“确定”钮，得到回归结果，如图 4－12 所示。

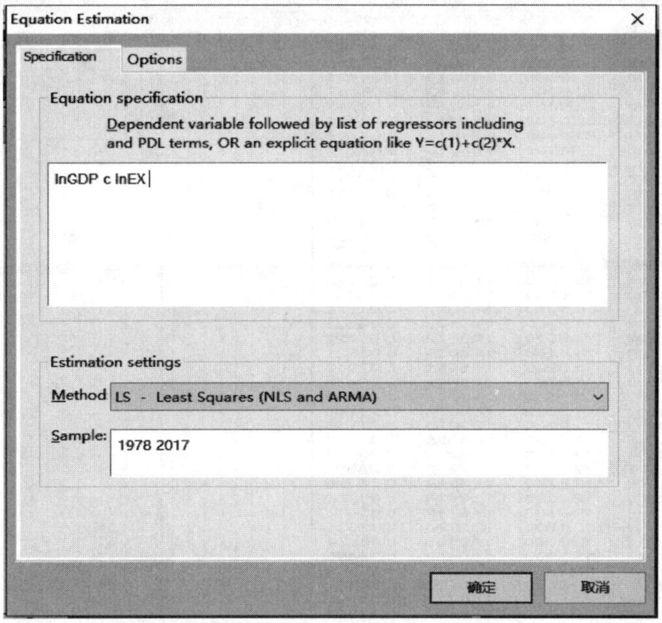

图 4－11　Equation Estimation 对话框

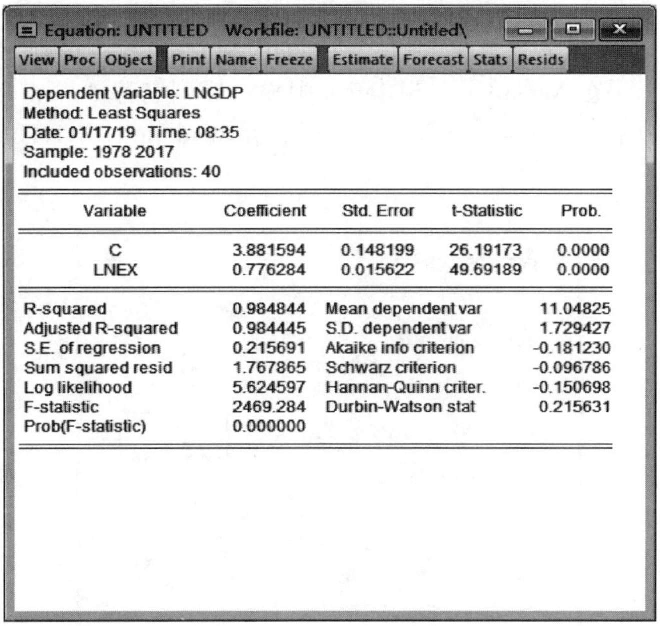

Dependent Variable: LNGDP
Method: Least Squares
Date: 01/17/19 Time: 08:35
Sample: 1978 2017
Included observations: 40

Variable	Coefficient	Std. Error	t-Statistic	Prob.
C	3.881594	0.148199	26.19173	0.0000
LNEX	0.776284	0.015622	49.69189	0.0000

R-squared	0.984844	Mean dependent var	11.04825
Adjusted R-squared	0.984445	S.D. dependent var	1.729427
S.E. of regression	0.215691	Akaike info criterion	-0.181230
Sum squared resid	1.767865	Schwarz criterion	-0.096786
Log likelihood	5.624597	Hannan-Quinn criter.	-0.150698
F-statistic	2469.284	Durbin-Watson stat	0.215631
Prob(F-statistic)	0.000000		

图 4－12　OLS 回归结果

（2）点击 View，选择下拉菜单 Actual，Fitted，Residual 中 Actual，Fitted，Residual

Table 项，得到结果如图 4 - 13 所示。可看到残差序列 e 的具体变动情况。Residual Plot 中的实线为 0 值线。

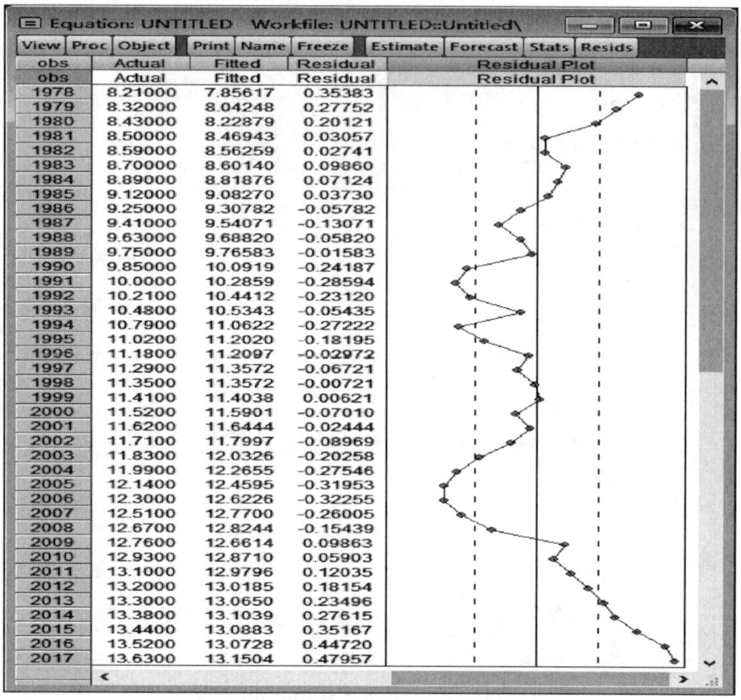

obs	Actual	Fitted	Residual
1978	8.21000	7.85617	0.35383
1979	8.32000	8.04248	0.27752
1980	8.43000	8.22879	0.20121
1981	8.50000	8.46943	0.03057
1982	8.59000	8.56259	0.02741
1983	8.70000	8.60140	0.09860
1984	8.89000	8.81876	0.07124
1985	9.12000	9.08270	0.03730
1986	9.25000	9.30782	-0.05782
1987	9.41000	9.54071	-0.13071
1988	9.63000	9.68820	-0.05820
1989	9.75000	9.76583	-0.01583
1990	9.85000	10.0919	-0.24187
1991	10.0000	10.2859	-0.28594
1992	10.2100	10.4412	-0.23120
1993	10.4800	10.5343	-0.05435
1994	10.7900	11.0622	-0.27222
1995	11.0200	11.2020	-0.18195
1996	11.1800	11.2097	-0.02972
1997	11.2900	11.3572	-0.06721
1998	11.3500	11.3572	-0.00721
1999	11.4100	11.4038	0.00621
2000	11.5200	11.5901	-0.07010
2001	11.6200	11.6444	-0.02444
2002	11.7100	11.7997	-0.08969
2003	11.8300	12.0326	-0.20258
2004	11.9900	12.2655	-0.27546
2005	12.1400	12.4595	-0.31953
2006	12.3000	12.6226	-0.32255
2007	12.5100	12.7700	-0.26005
2008	12.6700	12.8244	-0.15439
2009	12.7600	12.6614	0.09863
2010	12.9300	12.8710	0.05903
2011	13.1000	12.9796	0.12035
2012	13.2000	13.0185	0.18154
2013	13.3000	13.0650	0.23496
2014	13.3800	13.1039	0.27615
2015	13.4400	13.0883	0.35167
2016	13.5200	13.0728	0.44720
2017	13.6300	13.1504	0.47957

图 4 - 13　残差的变动情况

（3）点击 Proc，选择下列菜单 Make Residuals Series…项，得到 Make Residuals 对话框，如图 4 - 14 所示。在 Name for resid series 中输入序列名称“e”，点击“OK”钮，即出现残差序列 e 的表格，如图 4 - 15 所示。同时，在 Workfile：UNTITLED 工作文件窗口中出现序列 e。

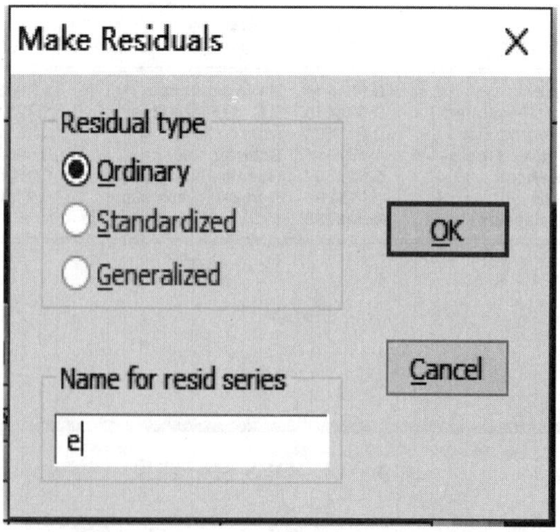

图 4 - 14　Make Residuals 对话框

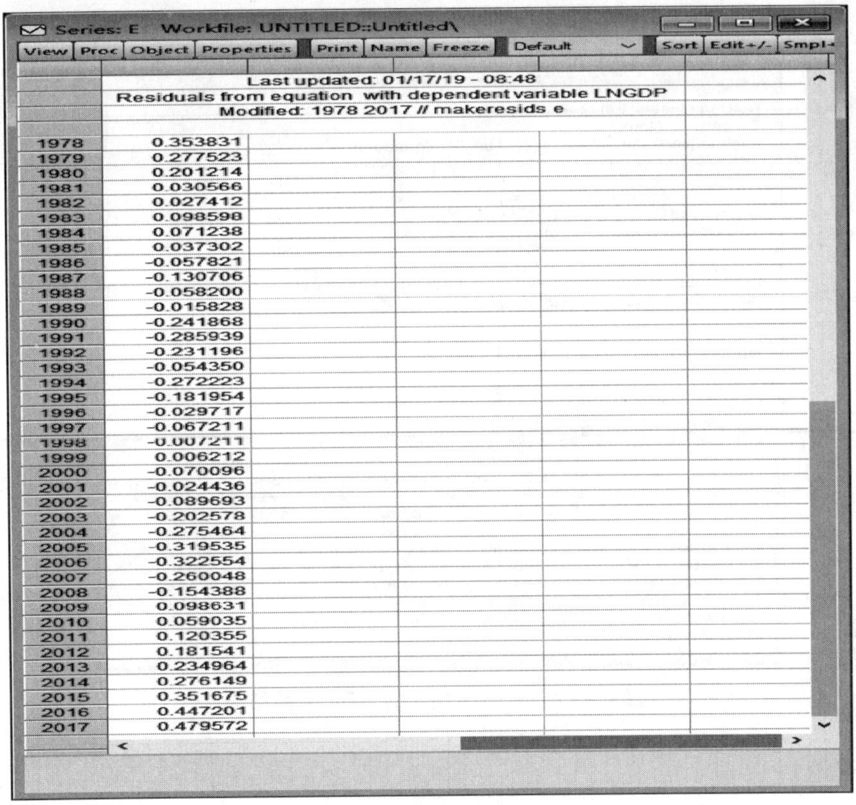

图 4 – 15　残差序列 e 的值

（4）对残差序列 e 进行单位根检验。检验步骤同上。但不同的是，e 不包含截距项和趋势项。因此，在 Include in test equation 处选择 None，如图 4 – 16 所示，检验结果如图 4 – 17 所示。

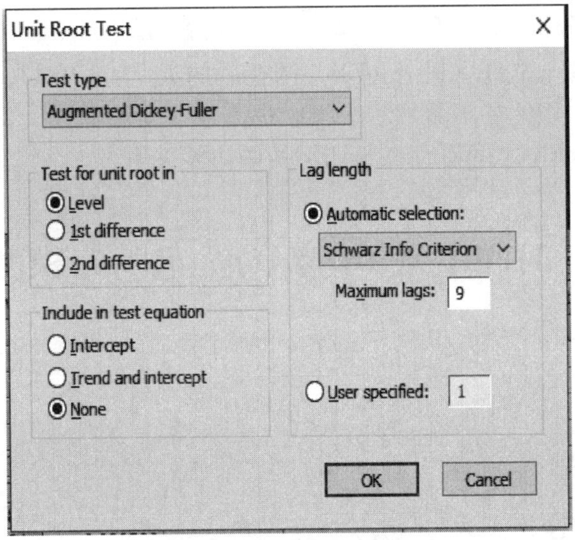

图 4 – 16　Unit Root Test 对话框

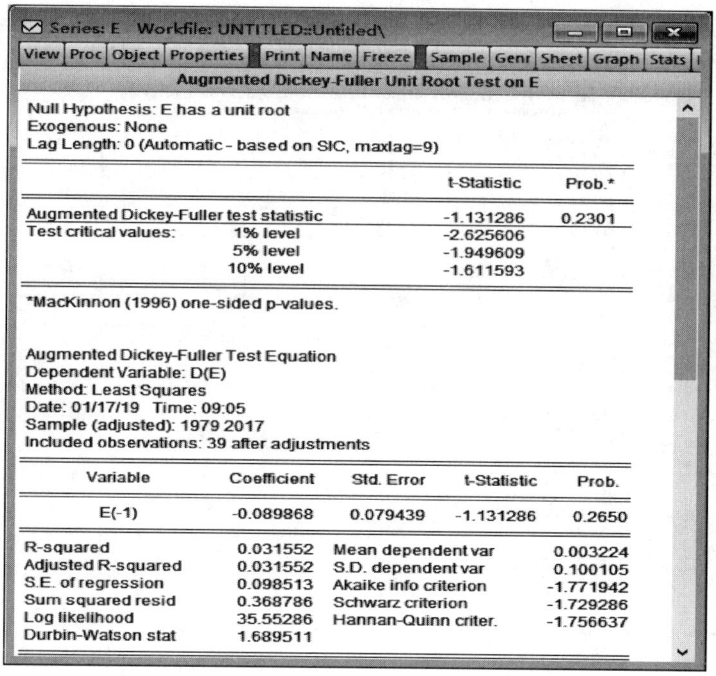

Null Hypothesis: E has a unit root
Exogenous: None
Lag Length: 0 (Automatic - based on SIC, maxlag=9)

		t-Statistic	Prob.*
Augmented Dickey-Fuller test statistic		-1.131286	0.2301
Test critical values:	1% level	-2.625606	
	5% level	-1.949609	
	10% level	-1.611593	

*MacKinnon (1996) one-sided p-values.

Augmented Dickey-Fuller Test Equation
Dependent Variable: D(E)
Method: Least Squares
Date: 01/17/19 Time: 09:05
Sample (adjusted): 1979 2017
Included observations: 39 after adjustments

Variable	Coefficient	Std. Error	t-Statistic	Prob.
E(-1)	-0.089868	0.079439	-1.131286	0.2650

R-squared	0.031552	Mean dependent var	0.003224
Adjusted R-squared	0.031552	S.D. dependent var	0.100105
S.E. of regression	0.098513	Akaike info criterion	-1.771942
Sum squared resid	0.368786	Schwarz criterion	-1.729286
Log likelihood	35.55286	Hannan-Quinn criter.	-1.756637
Durbin-Watson stat	1.689511		

图 4－17 残差序列 e 的 ADF 检验结果

【实验结论】

1. 单位根检验结果分析

（1）变量 lnGDP。对于原始数据，即使在 10% 的显著性水平下，也需要接受原假设，即具有单位根；对于一阶差分，在 5% 的显著性水平下，拒绝原假设，即不存在单位根。

（2）变量 lnEX。对于原始数据，即使在 10% 的显著性水平下，也需要接受原假设，即具有单位根；对于一阶差分，即使在 1% 的显著性水平下，也可以拒绝原假设，即不存在单位根。

2. 协整检验结果分析

回归方程为 lnGDP = 3.88 + 0.78lnEX，调整后的 R^2 为 0.9844，回归效果较好。但对于残差序列 e，即使在 10% 的显著性水平下，也需要接受原假设，即残差序列 e 是不平稳的。因此，lnGDP 和 lnEX 之间不存在长期均衡的协整关系。

第三节　时间序列 *ARIMA*(*p*，*d*，*q*）模型的构建

【实验说明】

（一）*ARMA* 模型

1. 自回归模型 *AR*(*p*)

p 阶自回归模型记作 $AR(p)$，满足下面的方程：

$$\mu_t = c + \phi_1\mu_{t-1} + \phi_2\mu_{t-2} + \cdots + \phi_p\mu_{t-p} + \varepsilon_t$$

其中，参数 c 为常数；ϕ_1，ϕ_2，…，ϕ_p 为自回归模型系数；p 为自回归模型阶数；ε_t 均值为0，方差为 σ^2 的白噪声序列。

2. 移动平均模型 *MA*(*q*)

q 阶移动平均模型记作 $MA(q)$，满足下面的方程：

$$\mu_t = \varepsilon_t + \theta_1\varepsilon_{t-1} + \theta_2\varepsilon_{t-2} + \cdots + \theta_q\varepsilon_{t-q}$$

其中，θ_1，θ_2，…，θ_p 为移动平均模型系数；q 为移动平均模型阶数；ε_t 均值为0，方差为 σ^2 的白噪声序列。

3. *ARMA*(*p*，*q*）模型

$$\mu_t = c + \phi_1\mu_{t-1} + \phi_2\mu_{t-2} + \cdots + \phi_p\mu_{t-p} + \varepsilon_t + \theta_1\varepsilon_{t-1} + \theta_2\varepsilon_{t-2} + \cdots + \theta_q\varepsilon_{t-q}$$

当 $p=0$ 时，$ARMA(0, q) = MA(q)$；当 $q=0$ 时，$ARMA(p, 0) = AR(p)$。

（二）*ARMA* 模型的平稳性

1. *AR*(*p*）模型的平稳性条件

对于 $AR(p)$ 模型

$$\mu_t = c + \phi_1\mu_{t-1} + \phi_2\mu_{t-2} + \cdots + \phi_p\mu_{t-p} + \varepsilon_t \tag{4.13}$$

设 L 为滞后算子，则有 $L\mu_t = \mu_{t-1}$，$L^p\mu_t = \mu_{t-p}$。那么式（4.12）可以改写为：

$$(1 - \phi_1 L - \phi_2 L^2 - \cdots - \phi_p L^p)\mu_t = c + \varepsilon_t$$

若设 $\Phi(L) = 1 - \phi_1 L - \phi_2 L^2 - \cdots - \phi_p L^p$，则相应的多项式方程为：

$$\Phi(z) = 1 - \phi_1 z - \phi_2 z^2 - \cdots - \phi_p z^p = 0$$

如果该多项式方程的所有根都在单位圆之外，则 $AR(p)$ 模型是平稳的。

2. *MA*(*q*）模型的平稳性条件

对于 $MA(q)$ 模型

$$\mu_t = \varepsilon_t + \theta_1\varepsilon_{t-1} + \theta_2\varepsilon_{t-2} + \cdots + \theta_q\varepsilon_{t-q}$$

其中 ε_t 是一个白噪声序列。于是

$$E(\mu_t) = E(\varepsilon_t) + \theta_1 E(\varepsilon_{t-1}) + \theta_2 E(\varepsilon_{t-2}) + \cdots + \theta_q E(\varepsilon_{t-q}) = 0$$

$$\gamma_0 = Var(\mu_t) = (1 + \theta_1^2 + \theta_2^2 + \cdots + \theta_q^2)\sigma^2$$

$$\gamma_1 = Cov(\mu_t, \mu_{t-1}) = (\theta_1 + \theta_1\theta_2 + \cdots + \theta_{q-1}\theta_q)\sigma^2$$

……

$$\gamma_{q-1} = Cov(\mu_t, \mu_{t-q+1}) = (\theta_{q-1} + \theta_1\theta_q)\sigma^2$$

$$\gamma_q = Cov(\mu_t, \mu_{t-q}) = \theta_q\sigma^2$$

当滞后期大于 q 时，μ_t 的自协方差系数为0。因此，有限阶 $MA(q)$ 模型总是平稳的。

3. *ARMA*(*p*，*q*）模型的平稳性

对于 $ARMA(p, q)$ 模型

$$\mu_t = c + \phi_1\mu_{t-1} + \phi_2\mu_{t-2} + \cdots + \phi_p\mu_{t-p} + \varepsilon_t + \theta_1\varepsilon_{t-1} + \theta_2\varepsilon_{t-2} + \cdots + \theta_q\varepsilon_{t-q}$$

由于 $MA(q)$ 模型总是平稳的，因此，$ARMA(p, q)$ 模型的平稳性取决于 $AR(p)$ 部分的平稳性。当 $AR(p)$ 部分平稳时，$ARMA(p, q)$ 模型是平稳的；否则，$ARMA(p, q)$ 模型是不平稳的。

因此，将 $ARMA(p, q)$ 模型以滞后算子多项式的形式表示：

$$(1-\phi_1 L-\phi_2 L^2-\cdots-\phi_p L^p)\mu_t=c+(1+\theta_1 L+\theta_2 L^2+\cdots+\theta_q L^q)\varepsilon_t$$

则相应的多项式方程为：

$$\Phi(z)=1-\phi_1 z-\phi_2 z^2-\cdots-\phi_p z^p=0$$

如果该多项式方程的所有根都在单位圆之外，则 $AR(p)$ 部分是平稳的，即 $ARMA(p, q)$ 模型是平稳的。

（三）ARMA 模型的识别

ARMA 模型的识别就是对一个平稳的时间序列，构造合适的模型，即判断该时间序列是遵循 AR 过程，还是遵循 MA 过程或 ARMA 过程。识别的方法主要是自相关函数和偏自相关函数。

1. AR(p) 模型的识别

$AR(p)$ 过程的自相关系数：

$$r_k=g_1\lambda_1^k+g_2\lambda_2^k+\cdots+g_p\lambda_p^k$$

其中，λ_1，λ_2，…，λ_p 为 $AR(p)$ 模型的特征多项式

$$\lambda^p-\phi_1\lambda^{p-1}-\phi_2\lambda^{p-2}-\cdots-\phi_p=0$$

的 p 个特征根，g_1，g_2，…，g_p 为任意给定的 p 个常数。由此可知，$AR(p)$ 过程的自相关系数会由于 g_1，g_2，…，g_p 及 k 取值的不同，呈现出不同的衰减形式，可能是指数式的衰减，也可能是符号交替的震荡式的衰减。因此，可以通过自相关系数获得一些有关 $AR(p)$ 模型的信息。但是，这些信息并不能帮助我们完全确定 $AR(p)$ 模型的阶数 p。还需要进一步考虑它的偏自相关系数。

对于一个 $AR(p)$ 模型

$$\mu_t=c+\phi_1\mu_{t-1}+\phi_2\mu_{t-2}+\cdots+\phi_p\mu_{t-p}+\varepsilon_t$$

两边同时乘以 μ_{t-k}，再对方程两边取期望值并除以序列 μ_t 的方差得到如下关于系数 ϕ_1，ϕ_2，…，ϕ_p 的线性方程组：

$$\begin{cases}\phi_1+\phi_2 r_1+\cdots+\phi_p r_{p-1}=r_1\\ \phi_1 r_1+\phi_2+\cdots+\phi_p r_{p-2}=r_2\\ \vdots\\ \phi_1 r_{p-1}+\phi_2 r_{p-2}+\cdots+\phi_p=r_p\end{cases}$$

对方程组求解，每个方程组的最后一个解就是相应的偏相关系数 $\varphi_{1,1}$，$\varphi_{2,2}$，…，$\varphi_{k,k}$，…。而且，$\varphi_{k,k}$ 的最高阶数为 p 就是 $AR(p)$ 模型的偏自相关系数是 p 阶截尾的。因此，可以通过识别 $AR(p)$ 模型的偏自相关系数的阶数 p，进而确定模型的正确形式。

2. MA(q) 模型的识别

对于 $MA(q)$ 模型

$$\mu_t=\varepsilon_t+\theta_1\varepsilon_{t-1}+\theta_2\varepsilon_{t-2}+\cdots+\theta_q\varepsilon_{t-q}$$

的自协方差系数为

$$\gamma_k=E(\mu_t\mu_{t-k})=\begin{cases}\sigma^2(1+\theta_1^2+\theta_2^2+\cdots+\theta_q^2) & \text{当 } k=0\\ \sigma^2(-\theta_k+\theta_1\theta_{k+1}+\cdots+\theta_{q-k}\theta_q) & \text{当 } 1\leqslant k\leqslant q\\ 0 & \text{当 } k>q\end{cases}$$

相应的自相关函数为

$$\rho_k = \frac{r_k}{r_0} = \begin{cases} 1 & \text{当 } k=0 \\ \dfrac{-\theta_k + \theta_1\theta_{k+1} + \cdots + \theta_{q-k}\theta_q}{1 + \theta_1^2 + \theta_2^2 + \cdots + \theta_q^2} & \text{当 } 1 \leqslant k \leqslant q \\ 0 & \text{当 } k > q \end{cases}$$

可见，当 $k>q$ 时，μ_t 与 μ_{t-k} 不相关，即存在截尾现象。因此，可以根据自相关函数是否从某一点开始一直为 0 来判断 $MA(q)$ 模型的阶数。

3. *ARMA*(*p*，*q*) 模型的识别

$ARMA(p, q)$ 模型的自相关函数可以看作是 $AR(p)$ 模型的自相关函数和 $MA(q)$ 模型的自相关函数的混合物。当 $p=0$ 时，它具有截尾性质；当 $q=0$ 时，它具有拖尾性质；当 p、q 都不为 0 时，它具有拖尾性质。

从识别上看，$ARMA(p, q)$ 模型的偏自相关函数可能在 p 阶滞后前有几项明显的尖柱，但从 p 阶滞后项开始逐渐趋向于零；而它的自相关函数则是在 q 阶滞后前有几项明显的尖柱，从 q 阶滞后项开始逐渐趋向于零。

表 4-2 列出了 $ARMA(p, q)$ 模型的自相关函数和偏自相关函数的变动特征。

表 4-2　*ARMA*(*p*，*q*) 模型的自相关函数和偏自相关函数的变动特征

模型	自相关函数	偏自相关函数
白噪声	$\rho_k=0$	$\rho_k=0$
$AR(p)$	衰减趋于零（几何型或震荡型）	p 阶后截尾
$MA(q)$	q 阶后截尾	衰减趋于零（几何型或震荡型）
$ARMA(p, q)$	q 阶后衰减趋于零（几何型或震荡型）	p 阶后衰减趋于零（几何型或震荡型）

（四）*ARIMA* 模型

以上所讨论的时间序列模型都是建立在时间序列是平稳的基础上。如果一个时间序列需要经过 d 次差分，变成平稳的，然后才能建立 $ARMA(p, q)$ 模型，那么这种模型称为 $ARIMA(p, d, q)$ 模型。其中，d 表示时间序列成为平稳序列之前必须差分的次数。

$ARIMA(p, d, q)$ 模型的构建遵循博克斯—詹金斯的建模思想：

（1）对原始序列进行平稳性检验。如果序列不满足平稳性，可以通过差分变换。差分的次数即为阶数 d；

（2）通过计算能够描述序列特征的一些统计量（如自相关系数和偏自相关系数），来确定模型的阶数 p 和 q；

（3）估计模型的未知参数，并检验参数的显著性，以及模型本身的合理性；

（4）进行诊断分析，以证实所得模型确实与观察到的数据特征相符。

【实验数据】

本实验采用的数据为中国 1990 年 1 月～2018 年 12 月的通货膨胀率（如表 4-3 所

示）。通货膨胀率等于居民消费价格指数（上年同月 = 100）减去 100，用 inflation 表示。数据来自新浪财经中国宏观经济数据。

表 4-3　　中国 1990 年 1 月 ~ 2018 年 12 月的通货膨胀率

月份	通货膨胀率	月份	通货膨胀率	月份	通货膨胀率	月份	通货膨胀率
1990 年 1 月	4.3	1997 年 4 月	3.2	2004 年 7 月	5.3	2011 年 10 月	5.50
1990 年 2 月	4.4	1997 年 5 月	2.8	2004 年 8 月	5.3	2011 年 11 月	4.20
1990 年 3 月	3.4	1997 年 6 月	2.8	2004 年 9 月	5.2	2011 年 12 月	4.10
1990 年 4 月	3.2	1997 年 7 月	2.7	2004 年 10 月	4.3	2012 年 1 月	4.55
1990 年 5 月	2.7	1997 年 8 月	1.9	2004 年 11 月	2.8	2012 年 2 月	3.16
1990 年 6 月	1.1	1997 年 9 月	1.8	2004 年 12 月	2.4	2012 年 3 月	3.59
1990 年 7 月	1.1	1997 年 10 月	1.5	2005 年 1 月	1.9	2012 年 4 月	3.37
1990 年 8 月	2.5	1997 年 11 月	1.1	2005 年 2 月	3.9	2012 年 5 月	3.00
1990 年 9 月	2.9	1997 年 12 月	0.4	2005 年 3 月	2.7	2012 年 6 月	2.15
1990 年 10 月	3.1	1998 年 1 月	0.3	2005 年 4 月	1.8	2012 年 7 月	1.78
1990 年 11 月	3.7	1998 年 2 月	-0.1	2005 年 5 月	1.8	2012 年 8 月	2.05
1990 年 12 月	4.3	1998 年 3 月	0.7	2005 年 6 月	1.6	2012 年 9 月	1.91
1991 年 1 月	2.2	1998 年 4 月	-0.3	2005 年 7 月	1.8	2012 年 10 月	1.72
1991 年 2 月	1.0	1998 年 5 月	-1.0	2005 年 8 月	1.3	2012 年 11 月	2.04
1991 年 3 月	1.6	1998 年 6 月	-1.3	2005 年 9 月	0.9	2012 年 12 月	2.52
1991 年 4 月	1.3	1998 年 7 月	-1.4	2005 年 10 月	1.2	2013 年 1 月	2.03
1991 年 5 月	3.6	1998 年 8 月	-1.4	2005 年 11 月	1.3	2013 年 2 月	3.22
1991 年 6 月	4.4	1998 年 9 月	-1.5	2005 年 12 月	1.6	2013 年 3 月	2.07
1991 年 7 月	4.7	1998 年 10 月	-1.1	2006 年 1 月	1.9	2013 年 4 月	2.39
1991 年 8 月	4.9	1998 年 11 月	-1.2	2006 年 2 月	0.9	2013 年 5 月	2.10
1991 年 9 月	4.5	1998 年 12 月	-1.0	2006 年 3 月	0.8	2013 年 6 月	2.67
1991 年 10 月	4.8	1999 年 1 月	-1.2	2006 年 4 月	1.2	2013 年 7 月	2.67
1991 年 11 月	4.4	1999 年 2 月	-1.3	2006 年 5 月	1.4	2013 年 8 月	2.57
1991 年 12 月	4.5	1999 年 3 月	-1.8	2006 年 6 月	1.5	2013 年 9 月	3.05
1992 年 1 月	5.5	1999 年 4 月	-2.2	2006 年 7 月	1.0	2013 年 10 月	3.21
1992 年 2 月	5.3	1999 年 5 月	-2.2	2006 年 8 月	1.3	2013 年 11 月	3.02
1992 年 3 月	5.3	1999 年 6 月	-2.1	2006 年 9 月	1.5	2013 年 12 月	2.65
1992 年 4 月	7.1	1999 年 7 月	-1.4	2006 年 10 月	1.4	2014 年 1 月	2.49
1992 年 5 月	4.7	1999 年 8 月	-1.3	2006 年 11 月	1.9	2014 年 2 月	1.95
1992 年 6 月	4.8	1999 年 9 月	-0.8	2006 年 12 月	2.8	2014 年 3 月	2.38

续表

月份	通货膨胀率	月份	通货膨胀率	月份	通货膨胀率	月份	通货膨胀率
1992 年 7 月	5.2	1999 年 10 月	-0.6	2007 年 1 月	2.2	2014 年 4 月	1.80
1992 年 8 月	5.8	1999 年 11 月	-0.9	2007 年 2 月	2.7	2014 年 5 月	2.48
1992 年 9 月	7.5	1999 年 12 月	-1.0	2007 年 3 月	3.3	2014 年 6 月	2.34
1992 年 10 月	7.9	2000 年 1 月	-0.2	2007 年 4 月	3.0	2014 年 7 月	2.29
1992 年 11 月	8.2	2000 年 2 月	0.7	2007 年 5 月	3.4	2014 年 8 月	1.99
1992 年 12 月	8.8	2000 年 3 月	-0.2	2007 年 6 月	4.4	2014 年 9 月	1.63
1993 年 1 月	10.3	2000 年 4 月	-0.3	2007 年 7 月	5.6	2014 年 10 月	1.60
1993 年 2 月	10.5	2000 年 5 月	0.1	2007 年 8 月	6.5	2014 年 11 月	1.44
1993 年 3 月	12.2	2000 年 6 月	0.5	2007 年 9 月	6.2	2014 年 12 月	2.62
1993 年 4 月	12.6	2000 年 7 月	0.5	2007 年 10 月	6.5	2015 年 1 月	0.76
1993 年 5 月	14.0	2000 年 8 月	0.3	2007 年 11 月	6.9	2015 年 2 月	1.43
1993 年 6 月	15.1	2000 年 9 月	0	2007 年 12 月	6.5	2015 年 3 月	1.38
1993 年 7 月	16.2	2000 年 10 月	0	2008 年 1 月	7.1	2015 年 4 月	1.51
1993 年 8 月	16.0	2000 年 11 月	1.3	2008 年 2 月	8.7	2015 年 5 月	1.23
1993 年 9 月	15.7	2000 年 12 月	1.5	2008 年 3 月	8.3	2015 年 6 月	1.39
1993 年 10 月	15.9	2001 年 1 月	1.2	2008 年 4 月	8.5	2015 年 7 月	1.65
1993 年 11 月	16.7	2001 年 2 月	0	2008 年 5 月	7.7	2015 年 8 月	1.96
1993 年 12 月	18.8	2001 年 3 月	0.8	2008 年 6 月	7.1	2015 年 9 月	1.60
1994 年 1 月	21.1	2001 年 4 月	1.6	2008 年 7 月	6.3	2015 年 10 月	1.27
1994 年 2 月	23.2	2001 年 5 月	1.7	2008 年 8 月	4.9	2015 年 11 月	1.49
1994 年 3 月	22.4	2001 年 6 月	1.4	2008 年 9 月	4.6	2015 年 12 月	1.64
1994 年 4 月	21.7	2001 年 7 月	1.5	2008 年 10 月	4.0	2016 年 1 月	1.80
1994 年 5 月	21.3	2001 年 8 月	1.0	2008 年 11 月	2.4	2016 年 2 月	2.30
1994 年 6 月	22.6	2001 年 9 月	-0.1	2008 年 12 月	1.2	2016 年 3 月	2.30
1994 年 7 月	24.0	2001 年 10 月	0.2	2009 年 1 月	1.0	2016 年 4 月	2.33
1994 年 8 月	25.8	2001 年 11 月	-0.3	2009 年 2 月	-1.6	2016 年 5 月	2.04
1994 年 9 月	27.3	2001 年 12 月	-0.3	2009 年 3 月	-1.2	2016 年 6 月	1.88
1994 年 10 月	27.7	2002 年 1 月	-1.0	2009 年 4 月	-1.5	2016 年 7 月	1.77
1994 年 11 月	27.5	2002 年 2 月	0	2009 年 5 月	-1.4	2016 年 8 月	1.34
1994 年 12 月	25.5	2002 年 3 月	-0.8	2009 年 6 月	-1.7	2016 年 9 月	1.90
1995 年 1 月	24.1	2002 年 4 月	-1.3	2009 年 7 月	-1.8	2016 年 10 月	2.10
1995 年 2 月	22.4	2002 年 5 月	-1.1	2009 年 8 月	-1.2	2016 年 11 月	2.25

续表

月份	通货膨胀率	月份	通货膨胀率	月份	通货膨胀率	月份	通货膨胀率
1995 年 3 月	21.3	2002 年 6 月	-0.8	2009 年 9 月	-0.8	2016 年 12 月	2.08
1995 年 4 月	20.7	2002 年 7 月	-0.9	2009 年 10 月	-0.5	2017 年 1 月	2.55
1995 年 5 月	20.3	2002 年 8 月	-0.7	2009 年 11 月	0.6	2017 年 2 月	0.80
1995 年 6 月	18.2	2002 年 9 月	-0.7	2009 年 12 月	1.9	2017 年 3 月	0.92
1995 年 7 月	16.7	2002 年 10 月	-0.8	2010 年 1 月	1.5	2017 年 4 月	1.17
1995 年 8 月	14.5	2002 年 11 月	-0.7	2010 年 2 月	2.7	2017 年 5 月	1.52
1995 年 9 月	13.2	2002 年 12 月	-0.4	2010 年 3 月	2.4	2017 年 6 月	1.50
1995 年 10 月	12.1	2003 年 1 月	0.4	2010 年 4 月	2.8	2017 年 7 月	1.40
1995 年 11 月	11.2	2003 年 2 月	0.2	2010 年 5 月	3.1	2017 年 8 月	1.77
1995 年 12 月	10.1	2003 年 3 月	0.9	2010 年 6 月	2.9	2017 年 9 月	1.60
1996 年 1 月	9.0	2003 年 4 月	1.0	2010 年 7 月	3.3	2017 年 10 月	1.87
1996 年 2 月	9.3	2003 年 5 月	0.7	2010 年 8 月	3.5	2017 年 11 月	1.73
1996 年 3 月	9.8	2003 年 6 月	0.3	2010 年 9 月	3.6	2017 年 12 月	2.00
1996 年 4 月	9.7	2003 年 7 月	0.5	2010 年 10 月	4.4	2018 年 1 月	1.47
1996 年 5 月	8.9	2003 年 8 月	0.9	2010 年 11 月	5.1	2018 年 2 月	2.90
1996 年 6 月	8.6	2003 年 9 月	1.1	2010 年 12 月	4.6	2018 年 3 月	2.06
1996 年 7 月	8.3	2003 年 10 月	1.8	2011 年 1 月	4.9	2018 年 4 月	1.80
1996 年 8 月	8.1	2003 年 11 月	3.0	2011 年 2 月	4.9	2018 年 5 月	1.75
1996 年 9 月	7.4	2003 年 12 月	3.2	2011 年 3 月	5.4	2018 年 6 月	1.85
1996 年 10 月	7.0	2004 年 1 月	3.2	2011 年 4 月	5.3	2018 年 7 月	2.10
1996 年 11 月	6.9	2004 年 2 月	2.1	2011 年 5 月	5.5	2018 年 8 月	2.30
1996 年 12 月	7.0	2004 年 3 月	3.0	2011 年 6 月	6.4	2018 年 9 月	2.50
1997 年 1 月	5.9	2004 年 4 月	3.8	2011 年 7 月	6.5	2018 年 10 月	2.54
1997 年 2 月	5.6	2004 年 5 月	4.4	2011 年 8 月	6.2	2018 年 11 月	2.18
1997 年 3 月	4.0	2004 年 6 月	5.0	2011 年 9 月	6.1	2018 年 12 月	1.90

【实验过程】

1. 导入实验数据

步骤同上。但需要注意的是，本实验采用的是月度数据，在 Workfile Create 对话框中，Date specification 处的 Frequency 由默认 Annual 改为 Monthly，如图 4 - 18 所示。然后，在

Start date 中输入起始月份"1990M1"，End date 中输入截止月份"2018M12"。

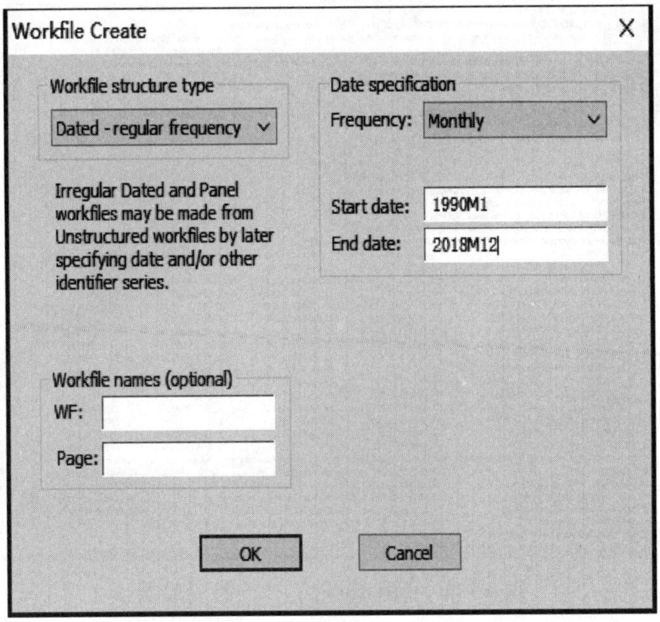

图 4 – 18 **Workfile Create 对话框**

2. 单位根检验

步骤同上。这里由于通货膨胀率不包含截距项和趋势项。因此，在 Include in test equation 处选择 None，如图 4 – 19 所示，检验结果如图 4 – 20 所示。

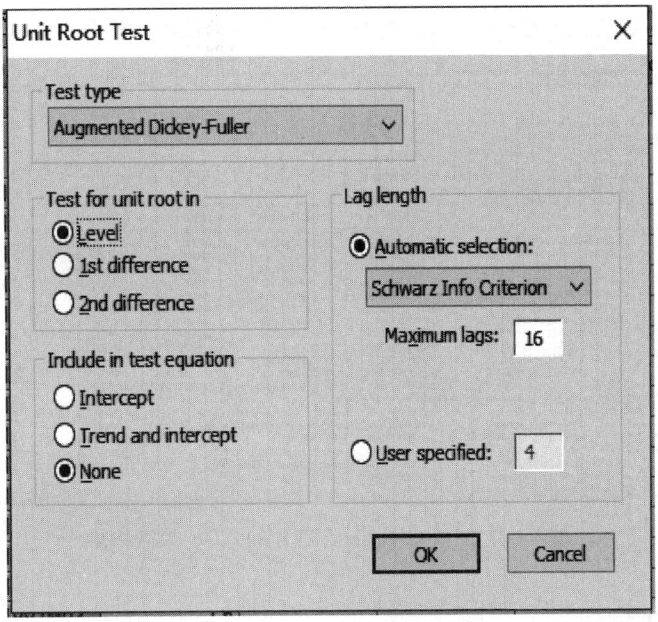

图 4 – 19 **UnitRootTest 对话框**

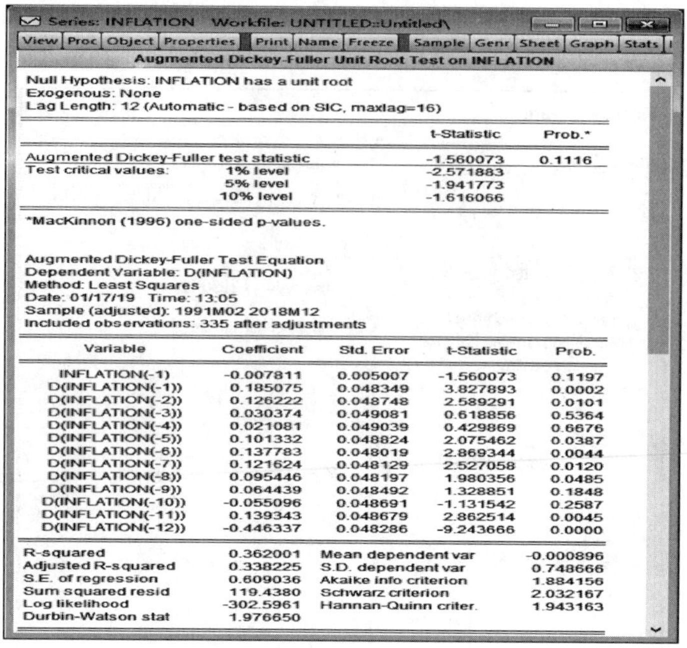
Series: INFLATION Workfile: UNTITLED::Untitled\
View | Proc | Object | Properties | Print | Name | Freeze | Sample | Genr | Sheet | Graph | Stats

Augmented Dickey-Fuller Unit Root Test on INFLATION

Null Hypothesis: INFLATION has a unit root
Exogenous: None
Lag Length: 12 (Automatic - based on SIC, maxlag=16)

		t-Statistic	Prob.*
Augmented Dickey-Fuller test statistic		-1.560073	0.1116
Test critical values:	1% level	-2.571883	
	5% level	-1.941773	
	10% level	-1.616066	

*MacKinnon (1996) one-sided p-values.

Augmented Dickey-Fuller Test Equation
Dependent Variable: D(INFLATION)
Method: Least Squares
Date: 01/17/19 Time: 13:05
Sample (adjusted): 1991M02 2018M12
Included observations: 335 after adjustments

Variable	Coefficient	Std. Error	t-Statistic	Prob.
INFLATION(-1)	-0.007811	0.005007	-1.560073	0.1197
D(INFLATION(-1))	0.185075	0.048349	3.827893	0.0002
D(INFLATION(-2))	0.126222	0.048748	2.589291	0.0101
D(INFLATION(-3))	0.030374	0.049081	0.618856	0.5364
D(INFLATION(-4))	0.021081	0.049039	0.429869	0.6676
D(INFLATION(-5))	0.101332	0.048824	2.075462	0.0387
D(INFLATION(-6))	0.137783	0.048019	2.869344	0.0044
D(INFLATION(-7))	0.121624	0.048129	2.527058	0.0120
D(INFLATION(-8))	0.095446	0.048197	1.980356	0.0485
D(INFLATION(-9))	0.064439	0.048492	1.328851	0.1848
D(INFLATION(-10))	-0.055096	0.048691	-1.131542	0.2587
D(INFLATION(-11))	0.139343	0.048679	2.862514	0.0045
D(INFLATION(-12))	-0.446337	0.048286	-9.243666	0.0000

R-squared	0.362001	Mean dependent var	-0.000896
Adjusted R-squared	0.338225	S.D. dependent var	0.748666
S.E. of regression	0.609036	Akaike info criterion	1.884156
Sum squared resid	119.4380	Schwarz criterion	2.032167
Log likelihood	-302.5961	Hannan-Quinn criter.	1.943163
Durbin-Watson stat	1.976650		

图 4－20　inflation 的 ADF 检验结果

进一步，对 inflation 的一阶差分做单位根检验，检验结果如图 4－21 所示。

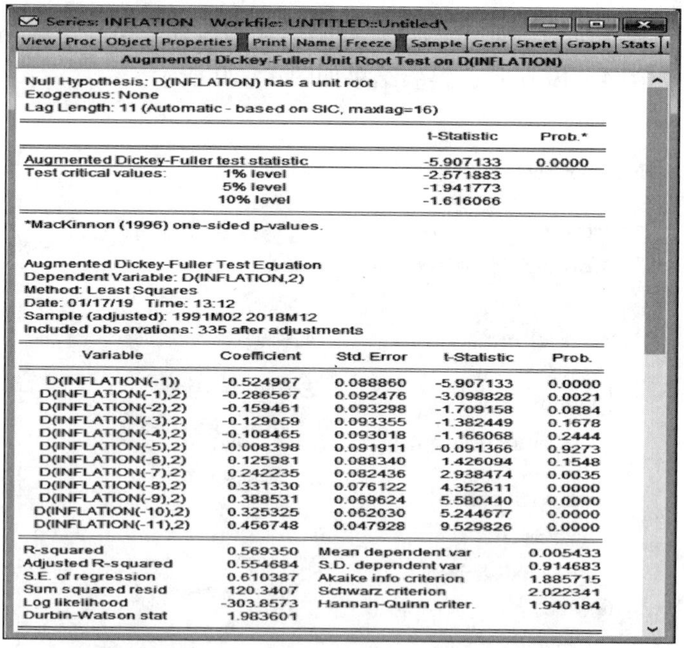
Series: INFLATION Workfile: UNTITLED::Untitled\
View | Proc | Object | Properties | Print | Name | Freeze | Sample | Genr | Sheet | Graph | Stats

Augmented Dickey-Fuller Unit Root Test on D(INFLATION)

Null Hypothesis: D(INFLATION) has a unit root
Exogenous: None
Lag Length: 11 (Automatic - based on SIC, maxlag=16)

		t-Statistic	Prob.*
Augmented Dickey-Fuller test statistic		-5.907133	0.0000
Test critical values:	1% level	-2.571883	
	5% level	-1.941773	
	10% level	-1.616066	

*MacKinnon (1996) one-sided p-values.

Augmented Dickey-Fuller Test Equation
Dependent Variable: D(INFLATION,2)
Method: Least Squares
Date: 01/17/19 Time: 13:12
Sample (adjusted): 1991M02 2018M12
Included observations: 335 after adjustments

Variable	Coefficient	Std. Error	t-Statistic	Prob.
D(INFLATION(-1))	-0.524907	0.088860	-5.907133	0.0000
D(INFLATION(-1),2)	-0.286567	0.092476	-3.098828	0.0021
D(INFLATION(-2),2)	-0.159461	0.093298	-1.709158	0.0884
D(INFLATION(-3),2)	-0.129059	0.093355	-1.382449	0.1678
D(INFLATION(-4),2)	-0.108465	0.093018	-1.166068	0.2444
D(INFLATION(-5),2)	-0.008398	0.091911	-0.091366	0.9273
D(INFLATION(-6),2)	0.125981	0.088340	1.426094	0.1548
D(INFLATION(-7),2)	0.242235	0.082436	2.938474	0.0035
D(INFLATION(-8),2)	0.331330	0.076122	4.352611	0.0000
D(INFLATION(-9),2)	0.388531	0.069624	5.580440	0.0000
D(INFLATION(-10),2)	0.325325	0.062030	5.244677	0.0000
D(INFLATION(-11),2)	0.456748	0.047928	9.529826	0.0000

R-squared	0.569350	Mean dependent var	0.005433
Adjusted R-squared	0.554684	S.D. dependent var	0.914683
S.E. of regression	0.610387	Akaike info criterion	1.885715
Sum squared resid	120.3407	Schwarz criterion	2.022341
Log likelihood	-303.8573	Hannan-Quinn criter.	1.940184
Durbin-Watson stat	1.983601		

图 4－21　inflation 一阶差分的 ADF 检验结果

3. 建立 *ARIMA* 模型

（1）求自相关系数和偏自相关系数。在 Workfile：UNTITLED 工作文件窗口下，双击变量 inflation。在 View 菜单项下选择 Correlogram…项，出现 Correlogram Specification 对话框，如图 4－22 所示。点击“OK”，得到 inflation 的相关图，如图 4－23 所示。

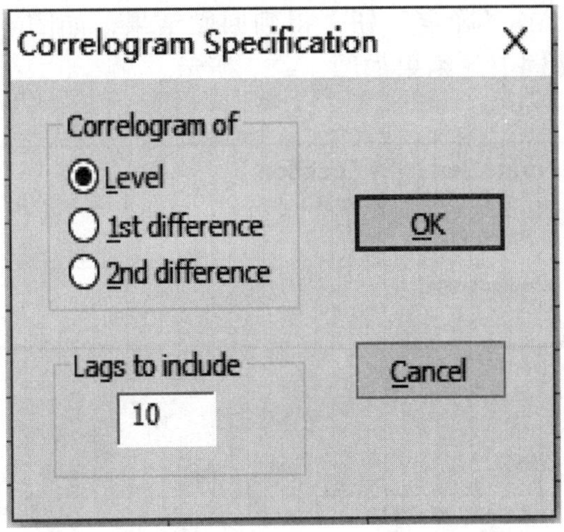

图 4－22　Correlogram Specification 对话框

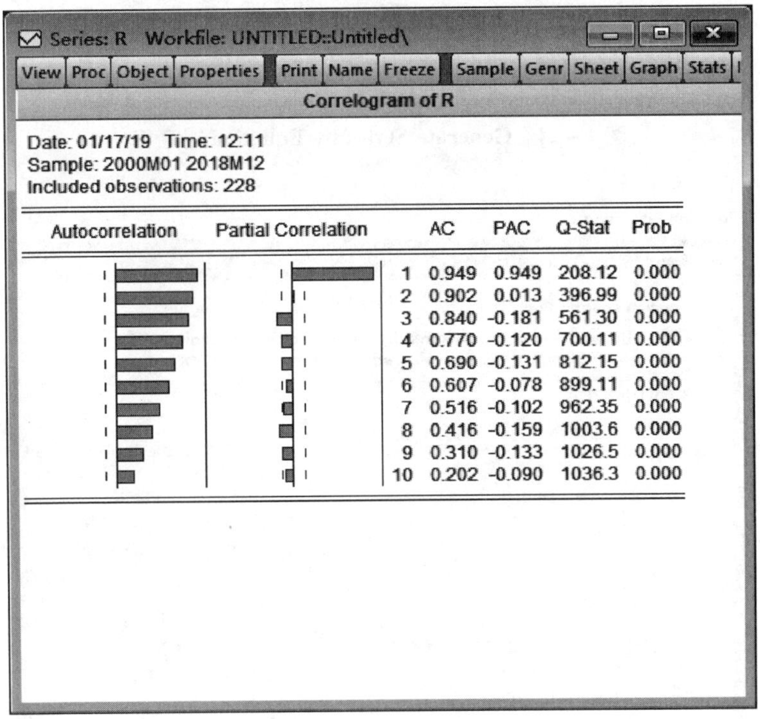

	AC	PAC	Q-Stat	Prob
1	0.949	0.949	208.12	0.000
2	0.902	0.013	396.99	0.000
3	0.840	-0.181	561.30	0.000
4	0.770	-0.120	700.11	0.000
5	0.690	-0.131	812.15	0.000
6	0.607	-0.078	899.11	0.000
7	0.516	-0.102	962.35	0.000
8	0.416	-0.159	1003.6	0.000
9	0.310	-0.133	1026.5	0.000
10	0.202	-0.090	1036.3	0.000

图 4－23　inflation 的相关图

（2）通过以上结果可以看出，应该建立 $ARIMA(1, 1, 1)$ 模型：

$$\Delta inflation_t = \alpha \Delta inflation_{t-1} + \varepsilon_t + \beta \varepsilon_{t-1}$$

在 Workfile：UNTITLED 工作文件窗口下，点击 Genr，弹出 Generate Series by Equation

对话框，如图 4 – 24 所示。在 Enterequation 处，输入“x = d(inflation)”。其中，x 代表 inflation 的一阶差分序列。在主菜单点击 Quick，并选择 Estimate Equation…，弹出 Equation Estimation 对话框，在 Equation specification 中输入“x AR(1) MA(1)”，如图 4 – 25 所示。默认采用最小二乘法。点击“确定”钮，得到回归结果，如图 4 – 26 所示。生成残差序列，并得到相关图。步骤同上。结果如图 4 – 27 所示。

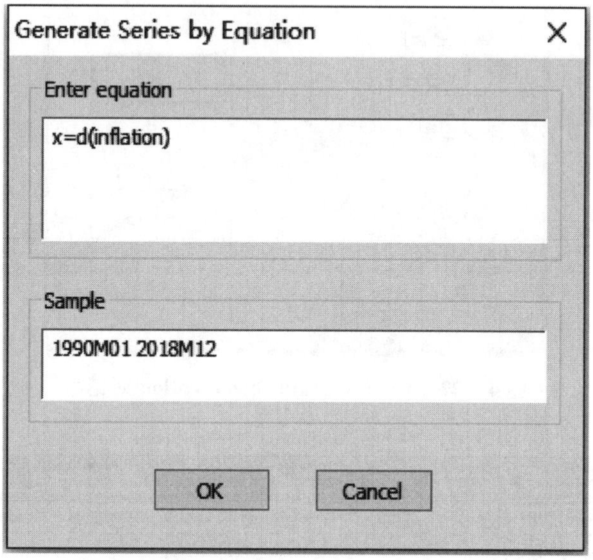

图 4 – 24　Generate Series by Equation 对话框

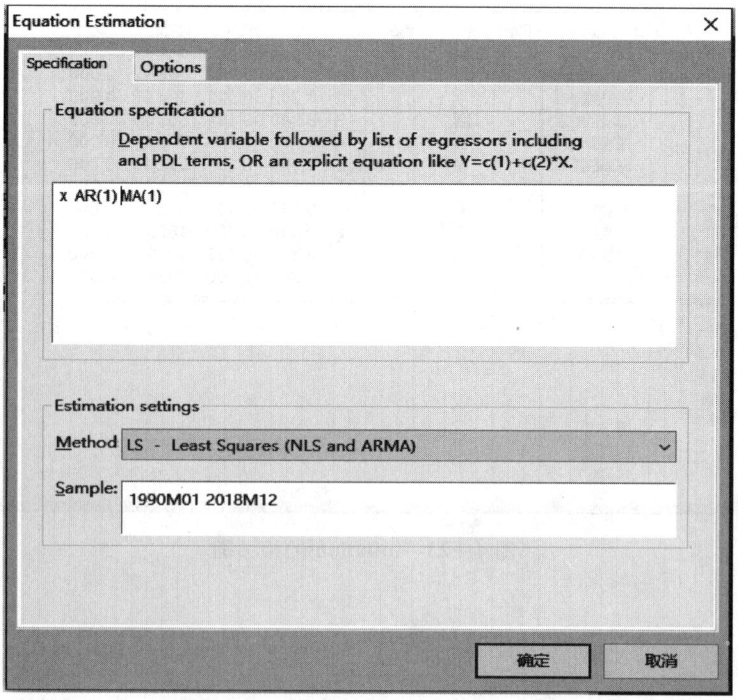

图 4 – 25　Equation Estimation 对话框

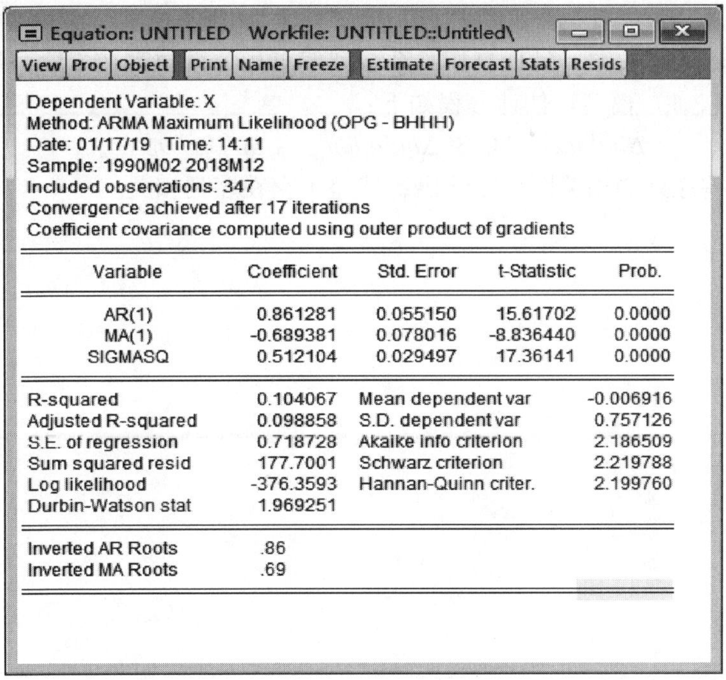

Equation: UNTITLED　Workfile: UNTITLED::Untitled\

View | Proc | Object | Print | Name | Freeze | Estimate | Forecast | Stats | Resids

Dependent Variable: X
Method: ARMA Maximum Likelihood (OPG - BHHH)
Date: 01/17/19　Time: 14:11
Sample: 1990M02 2018M12
Included observations: 347
Convergence achieved after 17 iterations
Coefficient covariance computed using outer product of gradients

Variable	Coefficient	Std. Error	t-Statistic	Prob.
AR(1)	0.861281	0.055150	15.61702	0.0000
MA(1)	-0.689381	0.078016	-8.836440	0.0000
SIGMASQ	0.512104	0.029497	17.36141	0.0000

R-squared	0.104067	Mean dependent var	-0.006916
Adjusted R-squared	0.098858	S.D. dependent var	0.757126
S.E. of regression	0.718728	Akaike info criterion	2.186509
Sum squared resid	177.7001	Schwarz criterion	2.219788
Log likelihood	-376.3593	Hannan-Quinn criter.	2.199760
Durbin-Watson stat	1.969251		

Inverted AR Roots	.86
Inverted MA Roots	.69

图 4 – 26　*ARIMA*(1，1，1) 模型的回归结果

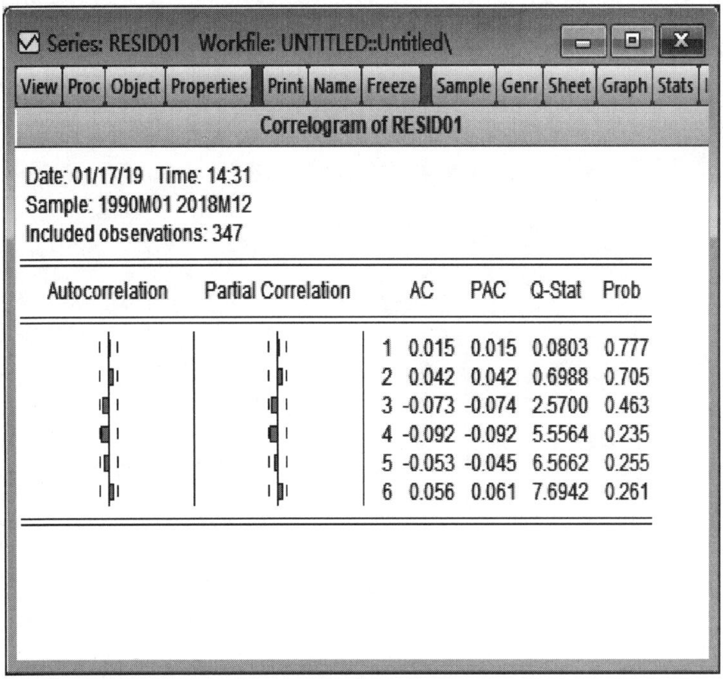

Series: RESID01　Workfile: UNTITLED::Untitled\

View | Proc | Object | Properties | Print | Name | Freeze | Sample | Genr | Sheet | Graph | Stats

Correlogram of RESID01

Date: 01/17/19　Time: 14:31
Sample: 1990M01 2018M12
Included observations: 347

Autocorrelation	Partial Correlation		AC	PAC	Q-Stat	Prob
		1	0.015	0.015	0.0803	0.777
		2	0.042	0.042	0.6988	0.705
		3	-0.073	-0.074	2.5700	0.463
		4	-0.092	-0.092	5.5564	0.235
		5	-0.053	-0.045	6.5662	0.255
		6	0.056	0.061	7.6942	0.261

图 4 – 27　残差序列的相关图

【实验结论】

根据单位根检验结果可知，通货膨胀存在单位根，并不能直接建立 *ARMA* 模型。但在

经过一阶差分以后，数据变得平稳。因此，应该建立 *ARIMA* 模型。而且，阶数 $d=1$。

观察通货膨胀的相关图，发现自相关系数和偏自相关系数都在 1 阶截尾。因此，应该建立 *ARIMA*(1，1，1) 模型。估计方程如下：

$$\Delta inflation_t = 0.86\Delta inflation_{t-1} + \hat{\varepsilon}_t - 0.69\beta\,\hat{\varepsilon}_{t-1}$$

最后，从残差序列的相关图可以看出，残差不存在序列相关。

第五章　向量自回归分析

传统的经济计量方法是以经济理论为基础来描述变量关系的模型。但是，经济理论通常并不足以对变量之间的动态联系提供一个严密的说明，而且内生变量既可以出现在方程的左端又可以出现在方程的右端使得估计和推断变得更加复杂。为了解决这些问题而出现了一种用非结构性方法来建立各个变量之间关系的模型，而向量自回归模型（vector autoregression，VAR）就是典型的非结构化多方程模型。此外，向量自回归模型往往与脉冲响应分析、方差分解分析和 Granger 因果关系检验结合起来使用，因此在下文中将依次进行介绍。

第一节　VAR 模型

【实验说明】

向量自回归（VAR）模型最早由美国学者西姆斯（1980）在 1980 年提出，这种方法是用模型中所有当期变量对所有变量的若干滞后变量进行回归，用来估计联合内生变量的动态关系，而不带有任何事先约束条件。它是基于数据统计性质而非经济理论的一种新的建模方法，具有良好的特殊的动态结构性质，其迅速取代了传统的联立方程模型在很多研究领域（尤其在经济预测方面）得到广泛应用。VAR 模型对于相互联系的时间序列变量系统是有效的预测模型，同时它也被频繁地用于分析不同类型的随机扰动项对系统变量的动态影响。

VAR 模型把系统中每一个内生变量作为系统中所有内生变量的滞后值的函数来构造模型，从而将单变量自回归模型推广到由多元时间序列变量组成的“向量”自回归模型。VAR 模型的标准形式是 $X_t = A_t + BX_{t-p} + e_t$，其中 X_t 是内生变量向量，A_t 是外生变量（如截距项、时间趋势项等），e_t 是误差向量。这些误差向量之间相关，但是与它们自身的滞后值不相关，与内生变量 X_t 和外生变量 A_t 也不相关。在 VAR 模型内，每个方程的最佳估计为普通最小二乘估计。

【实验内容】

本实验主要研究经济增长与对外贸易的相互作用关系。

自古典经济学以来，对外贸易与经济增长之间的关系问题一直是经济学界研究和争论的一个焦点。在开放经济条件下，一国的经济增长不仅与资本、劳动、技术水平等要素有关，而且在很大程度上也受到对外经济的影响，主要是进出口的对外贸易。改革开放以来，我国经济取得了举世瞩目的成就，GDP 由 1978 年的 3 678.7 亿元增加到 2017 年的 827 121.7 亿元（当年价），增长了约 224 倍。与此同时，我国的对外贸易也飞速发展，出口总额由 1978 年的 167.6 亿元增加到 2017 年的 153 311.19 亿元（当年价），增长了近 914 倍；进口总额由 1978 年的 187.4 亿元增加到 2017 年的 124 789.81 亿元（当年价），增长了 665 倍，远远高于同期 GDP 的增长速度。①

为了分析对外贸易与经济增长的相关作用关系，这里简单构造出口总额、进口总额与 GDP 之间的 VAR 模型。构建的模型如下：

$$X_t = A_t + BX_{t-p} + e_t$$

其中，X 表示内生变量向量，包括取对数后的 GDP、出口总额和进口总额三个变量，分别用 LGDP、LEX、LIM 表示。这主要是考虑到对时间序列数据进行对数化后并不改变数据的特征，而且可以消除数据中可能的异方差和避免因数据变化带来的剧烈波动，因此实际分析时均对各变量取自然对数值。此外，A_t 是外生变量（如截距项、时间趋势项等），e_t 是误差向量。

【实验数据】

所有变量的数据为 1978～2017 年的数据，均来自各年的《中国统计年鉴》。各变量的原始数据和对数化后的数据如表 5－1 所示。

表 5－1　　各变量数据

变量	GDP	EX	IM	LGDP	LEX	LIM
1978	3 678.7	167.6	187.4	8.21	5.12	5.23
1979	4 100.5	211.7	242.9	8.32	5.36	5.49
……	……	……	……	……	……	……
2000	100 280.0	20 634.4	18 638.8	11.52	9.93	9.83
2001	110 863.0	22 024.4	20 159.2	11.62	10.00	9.91
2002	121 717.0	26 947.9	24 430.3	11.71	10.20	10.10
……	……	……	……	……	……	……
2017	827 122.0	153 311.0	124 790.0	13.63	11.94	11.73

【实验过程】

（一）VAR 模型的构建

Eviews 操作：点击 Quick 下拉菜单 Estimate VAR…项，出现 VAR Specification（VAR

① 数据来自《中国统计年鉴》。

设定）对话框（见图5－1），VAR Type 中可以选择 Standard VAR 模型（标准 VAR 模型）、Vector Error Correct 模型（VEC 模型，即向量误差修正模型）和 Bayesian VAR 模型（贝叶斯 VAR 模型），这里选择 Standard VAR 模型；Endogenous Variables 框中输入内生变量“LGDP LEX LIM”，Lag Intervals for Endogenous（内生变量的滞后期）框中填入“1 2”，Exogenous Variables 框中默认的外生变量为截距项 c，点击“OK”钮，得到结果（见图5－2）。可见，变量 LGDP、变量 LEX、变量 LIM 的 VAR 模型回归效果很好，调整后的 R^2 分别达到0.999、0.997 和0.995。点击 View 下列菜单 Representations 项，出现模型的表达式（见图5－3），可简化为：

$$LGDP = 1.51 * LGDP(-1) - 0.59 * LGDP(-2) + 0.04 * LEX(-1) + 0.07 * LEX(-2) - 0.01 * LIM(-1) - 0.04 * LIM(-2) + 0.44$$

$$LEX = -0.46 * LGDP(-1) + 0.27 * LGDP(-2) + 0.36 * LEX(-1) + 0.32 * LEX(-2) + 0.70 * LIM(-1) - 0.24 * LIM(-2) + 1.10$$

$$LIM = -0.17 * LGDP(-1) + 0.02 * LGDP(-2) - 0.24 * LEX(-1) + 0.61 * LEX(-2) + 1.37 * LIM(-1) - 0.67 * LIM(-2) + 1.10$$

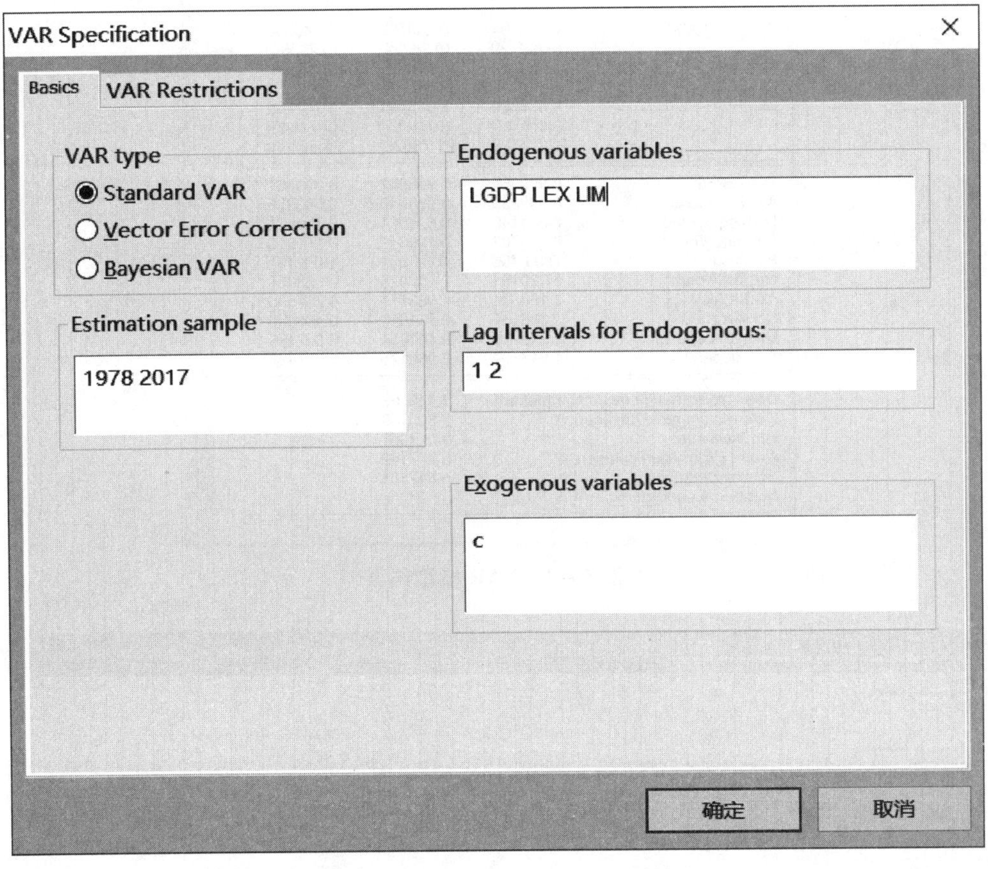

图5－1 VAR Specification 对话框

Var: UNTITLED Workfile: UNTITLED::Untitled\

View | Proc | Object | Print | Name | Freeze | Estimate | Forecast | Stats | Impulse | Resids

Vector Autoregression Estimates

Vector Autoregression Estimates
Date: 01/02/19 Time: 17:26
Sample (adjusted): 1980 2017
Included observations: 38 after adjustments
Standard errors in ( ) & t-statistics in [ ]

	LGDP	LEX	LIM
LGDP(-1)	1.506694	-0.464442	-0.170138
	(0.20218)	(0.57355)	(0.67160)
	[7.45211]	[-0.80976]	[-0.25333]
LGDP(-2)	-0.589050	0.268703	0.023600
	(0.17698)	(0.50204)	(0.58786)
	[-3.32843]	[0.53522]	[0.04015]
LEX(-1)	0.036608	0.357925	-0.238801
	(0.09392)	(0.26643)	(0.31197)
	[0.38979]	[1.34343]	[-0.76546]
LEX(-2)	0.065472	0.322888	0.611925
	(0.08542)	(0.24232)	(0.28375)
	[0.76645]	[1.33246]	[2.15658]
LIM(-1)	-0.008906	0.702931	1.369216
	(0.08831)	(0.25051)	(0.29333)
	[-0.10086]	[2.80605]	[4.66788]
LIM(-2)	-0.035594	-0.240593	-0.670808
	(0.08539)	(0.24224)	(0.28364)
	[-0.41684]	[-0.99322]	[-2.36496]
C	0.436859	1.095296	1.101205
	(0.21627)	(0.61352)	(0.71840)
	[2.01994]	[1.78526]	[1.53286]
R-squared	0.999354	0.996682	0.994961
Adj. R-squared	0.999230	0.996040	0.993985
Sum sq. resids	0.064749	0.521064	0.714431
S.E. equation	0.045702	0.129648	0.151810
F-statistic	7998.756	1551.904	1020.131
Log likelihood	67.20191	27.58025	21.58357
Akaike AIC	-3.168521	-1.083171	-0.767556
Schwarz SC	-2.866861	-0.781510	-0.465896
Mean dependent	11.19476	9.441854	9.367179
S.D. dependent	1.646504	2.060125	1.957488

Determinant resid covariance (dof adj.)	1.44E-07
Determinant resid covariance	7.80E-08
Log likelihood	149.1957
Akaike information criterion	-6.747142
Schwarz criterion	-5.842161
Number of coefficients	21

图 5-2 VAR 模型结果

```
Var: UNTITLED   Workfile: UNTITLED::Untitled\
View Proc Object Print Name Freeze Estimate Forecast Stats Impulse Resids
Estimation Proc:
===============================
LS 1 2 LGDP LEX LIM

VAR Model:
===============================
LGDP = C(1,1)*LGDP(-1) + C(1,2)*LGDP(-2) + C(1,3)*LEX(-1) + C(1,4)*LEX(-2) + C(1,5)*LIM(-1) + C(1,6)*LIM(-2) + C(1,7)

LEX = C(2,1)*LGDP(-1) + C(2,2)*LGDP(-2) + C(2,3)*LEX(-1) + C(2,4)*LEX(-2) + C(2,5)*LIM(-1) + C(2,6)*LIM(-2) + C(2,7)

LIM = C(3,1)*LGDP(-1) + C(3,2)*LGDP(-2) + C(3,3)*LEX(-1) + C(3,4)*LEX(-2) + C(3,5)*LIM(-1) + C(3,6)*LIM(-2) + C(3,7)

VAR Model - Substituted Coefficients:
===============================
LGDP = 1.50669364858*LGDP(-1) - 0.589049960818*LGDP(-2) + 0.0366084543918*LEX(-1) + 0.0654715683887*LEX(-2) - 0.00890608944551*LIM(-1) - 0.0355942415606*LIM(-2) + 0.436858587008

LEX =  - 0.464441813022*LGDP(-1) + 0.268703010718*LGDP(-2) + 0.357925442893*LEX(-1) + 0.322887661906*LEX(-2) + 0.702930545324*LIM(-1) - 0.240593126323*LIM(-2) + 1.09529588946

LIM =  - 0.170138109114*LGDP(-1) + 0.0236003596087*LGDP(-2) - 0.238801450969*LEX(-1) + 0.611924857239*LEX(-2) + 1.36921591816*LIM(-1) - 0.670808393799*LIM(-2) + 1.10120518101
```

图 5-3 VAR 模型表达式

需要注意的是：构建 VAR 模型的一个重要问题就是滞后阶数的确定。在选择滞后阶数 p 时，一方面要使滞后数足够大，以便能够完整反映所构造模型的动态特征。另一方面，滞后阶数越大，需要估计的参数就越多，模型的自由度就下降。这也是 VAR 模型的一个缺陷，因为在实际运用中，通常不得不限制滞后项的个数，使它少于反映模型动态特征性所应有的理想数目。一般来说，确定最优滞后阶数的方法有：LR（似然比）检验、AIC 信息准则和 SC 准则，其中 AIC 信息准则和 SC 准则运用比较广泛，这里也采用这种方法。

通过不断试验滞后阶数，发现滞后期取 2 阶的时候，AIC 和 SC 值最小，因此本实验中滞后阶数 p 为 2。在 Lag Intervals for Endogenous（内生变量的滞后期）框中输入滞后阶数时，要注意滞后阶数应成对出现，如 11、12、1122。

（二）VAR 模型稳定性分析

VAR 模型稳定性分析，即做 AR 根的图/表分析。VAR 模型共有 kp 个根，其中 k 是内生变量的个数，p 是最大滞后阶数。如果被估计的 VAR 模型所有根的模的倒数小于 1，即位于单位圆内，则其是稳定的，满足脉冲分析及方差分解所需条件之一。如果模型不稳定，某些结果将不是有效的。

Eviews 操作：点击 View 下拉菜单 Lag Structure 项再选择 AR Roots Table，则出现图 5－4，表示所有根的模的倒数值；如果选择 AR Roots Graph，则出现图 5－5。由图 5－5 可知，所有根的模的倒数值均小于 1 且位于单位圆内，说明 VAR 模型是稳定的。

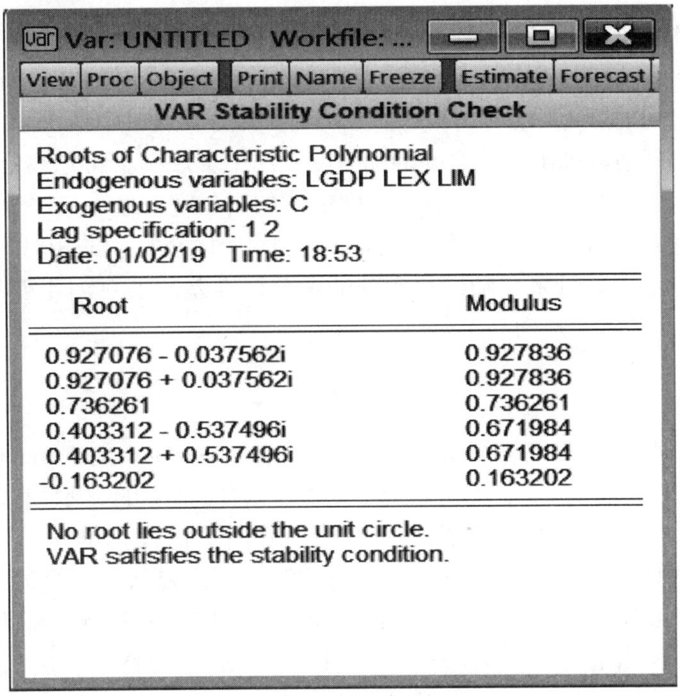
Var: UNTITLED Workfile: ...

View | Proc | Object | Print | Name | Freeze | Estimate | Forecast

VAR Stability Condition Check

Roots of Characteristic Polynomial
Endogenous variables: LGDP LEX LIM
Exogenous variables: C
Lag specification: 1 2
Date: 01/02/19 Time: 18:53

Root	Modulus
0.927076 - 0.037562i	0.927836
0.927076 + 0.037562i	0.927836
0.736261	0.736261
0.403312 - 0.537496i	0.671984
0.403312 + 0.537496i	0.671984
-0.163202	0.163202

No root lies outside the unit circle.
VAR satisfies the stability condition.

图 5－4　AR Roots Table

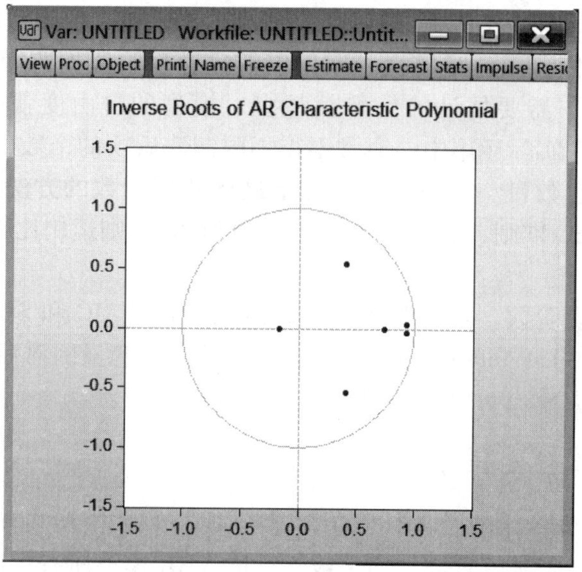

图 5 – 5 AR Roots Graph

第二节 脉冲响应函数

【实验说明】

VAR 模型一般与脉冲响应函数（impulse response function）、方差分解（variance decomposition）结合起来使用，以研究模型内变量的动态特性。脉冲响应函数可以较好地描述模型内各向量之间的影响轨迹，有效衡量来自随机扰动项一个标准差冲击对内生变量未来取值的影响，直观地刻画出变量之间的动态交互作用及效应。而方差分解是通过分析每一个结构冲击对内生变量变化（通常用方差来度量）的贡献度，进一步评价不同结构冲击的重要性。它给出的是对 VAR 模型中的变量产生影响的每个随机扰动的相对重要性的信息。

脉冲响应函数用于衡量来自随即扰动项的一个标准差冲击对内生变量当前和未来取值的影响。

【实验过程】

Eviews 操作：点击 View 下拉菜单 Impulse Response…项，出现 Impulse Response 对话框（见图 5 – 6）。Display Format 中可选择 3 种脉冲响应结果的显示模式，Table 为表格显示，表示显示响应函数的系数值（输出结果中括号内是估计标准误）；Multiple Graphs 为组图显示（默认选择）；Combined Graphs 为合成图显示，表示将来自同一新息的脉冲响应函数图合并显示。Response Standard Errors 中是关于计算响应函数标准误的选项，包括 None（不计算），Analytic（渐近解析法）和 Monte Carlo（蒙特卡罗法），默认选择为 Analytic。Display Information 中分别填入脉冲（Impulses）和响应（Responses）的变量信息，默认均为“LGDP LEX LIM”。响应函数的追踪期数（Periods）默认为 10。其余选择默认值，点击“OK”按钮运行程序，得到结果如图 5 – 7 所示。将脉冲响应结果的显示模式改成 Combined Graphs 显示（见图 5 −8），则输出结果如图 5 −9 所示。还可将脉冲响应结果的显示模式改成 Table 显示（见图 5 −10 和图 5 −11）。

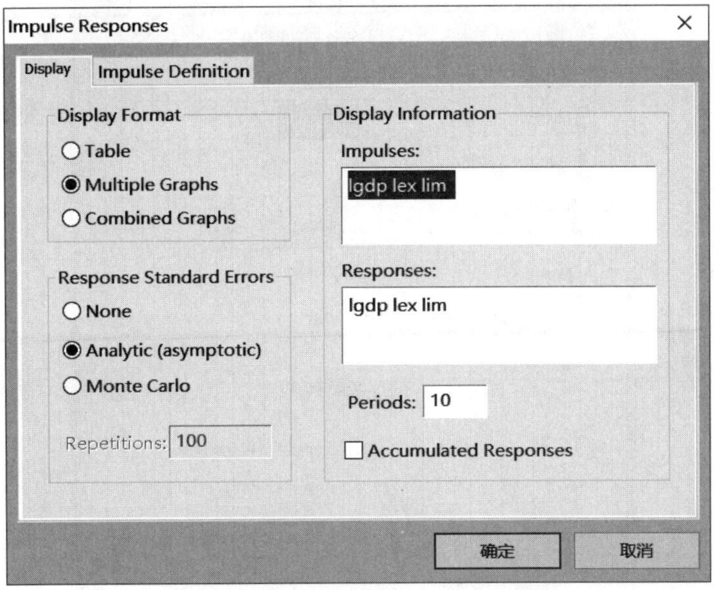

图 5 −6　Impulse Response 对话框 1

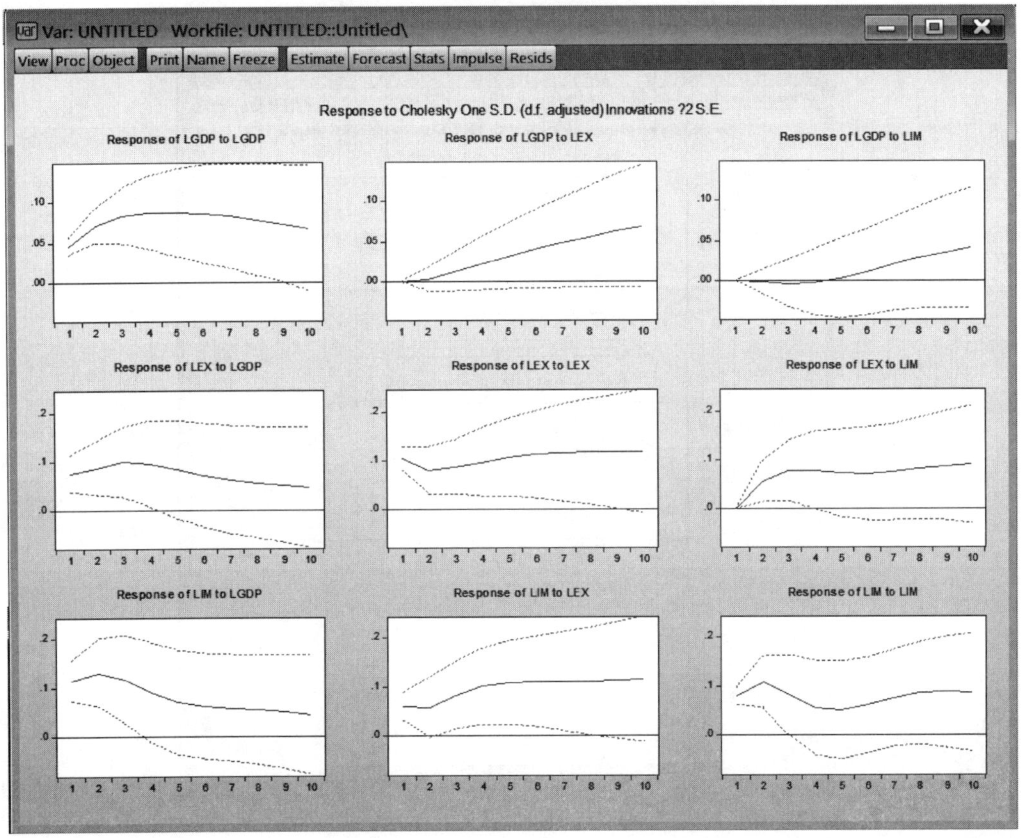

图 5 −7　Impulse Response 结果 1

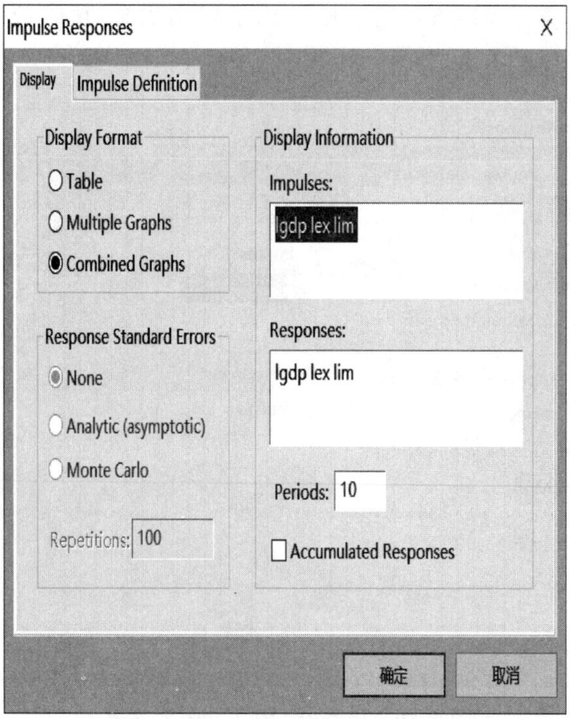

图 5-8 Impulse Response 对话框 2

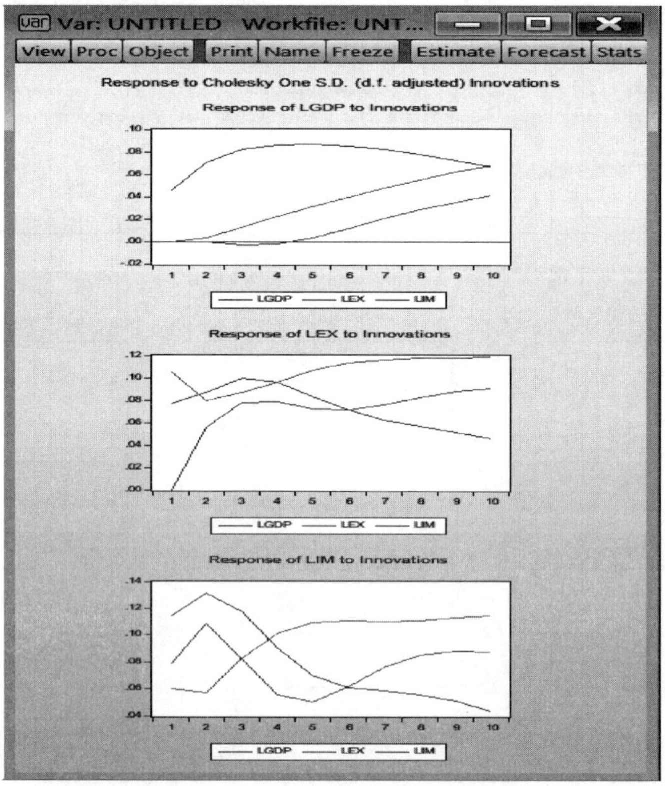

图 5-9 Impulse Response 结果 2

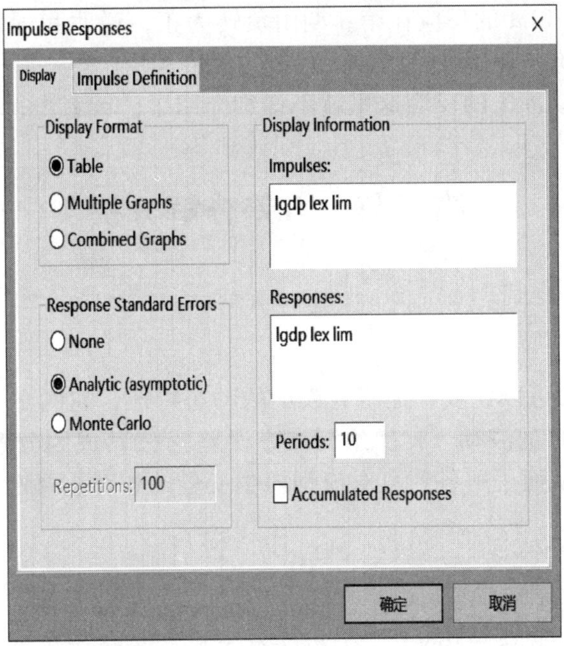

图 5－10　**Impulse Response** 对话框 3

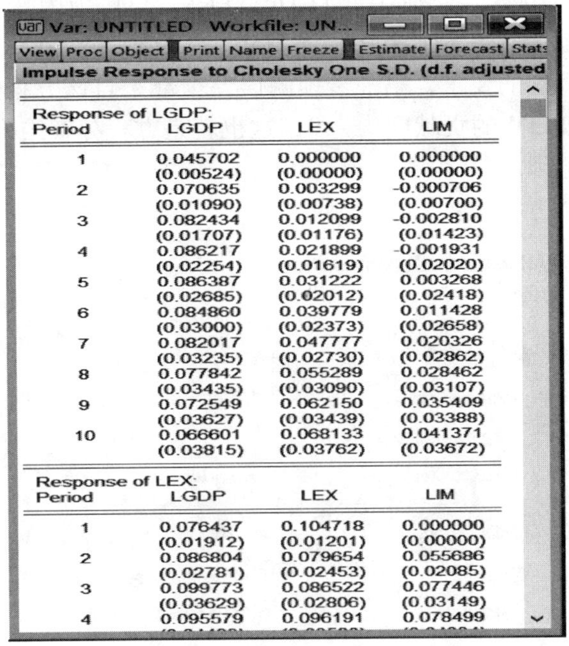

Response of LGDP:

Period	LGDP	LEX	LIM
1	0.045702	0.000000	0.000000
	(0.00524)	(0.00000)	(0.00000)
2	0.070635	0.003299	-0.000706
	(0.01090)	(0.00738)	(0.00700)
3	0.082434	0.012099	-0.002810
	(0.01707)	(0.01176)	(0.01423)
4	0.086217	0.021899	-0.001931
	(0.02254)	(0.01619)	(0.02020)
5	0.086387	0.031222	0.003268
	(0.02685)	(0.02012)	(0.02418)
6	0.084860	0.039779	0.011428
	(0.03000)	(0.02373)	(0.02658)
7	0.082017	0.047777	0.020326
	(0.03235)	(0.02730)	(0.02862)
8	0.077842	0.055289	0.028462
	(0.03435)	(0.03090)	(0.03107)
9	0.072549	0.062150	0.035409
	(0.03627)	(0.03439)	(0.03388)
10	0.066601	0.068133	0.041371
	(0.03815)	(0.03762)	(0.03672)

Response of LEX:

Period	LGDP	LEX	LIM
1	0.076437	0.104718	0.000000
	(0.01912)	(0.01201)	(0.00000)
2	0.086804	0.079654	0.055686
	(0.02781)	(0.02453)	(0.02085)
3	0.099773	0.086522	0.077446
	(0.03629)	(0.02806)	(0.03149)
4	0.095579	0.096191	0.078499

图 5－11　**Impulse Response** 结果 3

由以上脉冲响应函数可以看出：LGDP 在受到自身的一个标准差扰动冲击后，在第 1 期就作出了 0.046 个单位的正面反应（即 GDP 增长），在第 6 期达到峰值（0.085 个单位），总的来看，呈缓慢的变化状态，但均为正面冲击。而 LGDP 对 LEX 和 LIM 给的冲击在第 1 期均未产生反应，但第 2 期开始则分别产生了正面和负面的反应，并呈逐渐上升的态势，其中，LGDP 对 LIM 的反应在第 5 期由负转为正，说明我国的经济增长有一定的自我累积效应，而出口和进口都对经济增长有正的促进作用。

LEX 和 LIM 对扰动冲击的反应这里就不详细介绍了，读者自行分析。

第三节　方差分解分析

【实验说明】

方差分解分析方法可以比较好地研究模型的动态特征，它的主要思想是：把系统中每个内生变量（共 m 个）的波动（k 步预测均方误差）按其成因分解为与各方程新息相关联的 m 个组成部分，从而了解各新息对模型内生变量的相对重要性。

【实验过程】

Eviews 操作：点击 View 下拉菜单 Variance Decomposition…项，出现 VAR Variance Decompositions 对话框（见图 5 - 12），不需修改各参数，直接点击“OK”即得到结果（见图 5 - 13）。图 5 - 12 包括 5 列，第 1 列是预测期，第 2 列 S. E. 为各个变量在各期的预测标准误。后 3 列均是百分数，分别代表 LGDP、LEX、LIM 为因变量的方程新息（冲击）对各期预测误差的贡献度，每行结果之和为 100。由于本实验中 LGDP 是模型中出现的第一个内生变量，根据算法的要求，第一步预测误差全部来自该方程的新息，即 LGDP 的贡献度为 100%，LEX 和 LIM 的贡献度均为 0，这也就是方程分解结果随 VAR 模型中方程顺序设定不同而改变的原因。

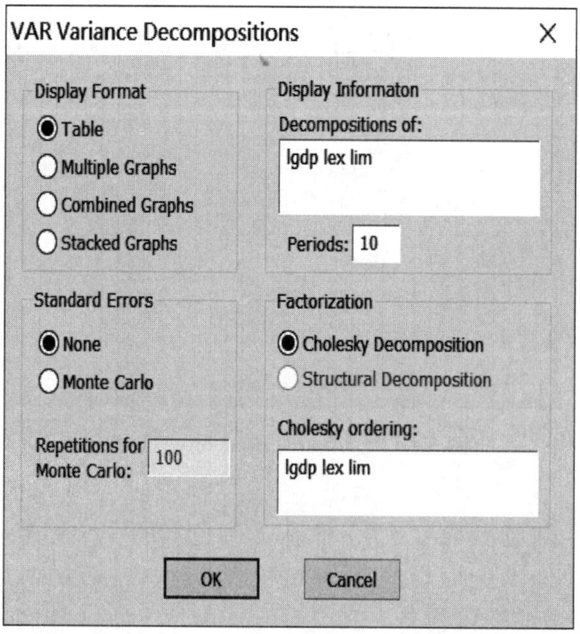

图 5 - 12　VAR Variance Decompositions 对话框

Var: UNTITLED　Workfile: UNTITLED::U...

View | Proc | Object | Print | Name | Freeze | Estimate | Forecast | Stats | Impulse

Variance Decomposition using Cholesky (d.f. adjusted) Factors

Variance Decomposition of LGDP:

Period	S.E.	LGDP	LEX	LIM
1	0.045702	100.0000	0.000000	0.000000
2	0.084199	99.83944	0.153539	0.007022
3	0.118487	98.82003	1.120169	0.059800
4	0.148175	97.04419	2.900596	0.055212
5	0.174367	94.62415	5.300854	0.074994
6	0.198288	91.48638	8.123483	0.390140
7	0.220773	87.60128	11.23633	1.162397
8	0.242213	83.10783	14.54564	2.346524
9	0.262768	78.23706	17.95327	3.809676
10	0.282553	73.21986	21.34151	5.438632

Variance Decomposition of LEX:

Period	S.E.	LGDP	LEX	LIM
1	0.129648	34.75973	65.24027	0.000000
2	0.183818	39.59115	51.23154	9.177307
3	0.239223	40.77076	43.32997	15.89926
4	0.285968	39.70214	41.63657	18.66129
5	0.324596	37.43766	43.06037	19.50197
6	0.358157	34.71021	45.31982	19.96998
7	0.389070	31.99122	47.31167	20.69711
8	0.418487	29.47655	48.76533	21.75812
9	0.446587	27.21326	49.82339	22.96335
10	0.473131	25.19366	50.69103	24.11531

Variance Decomposition of LIM:

Period	S.E.	LGDP	LEX	LIM
1	0.151810	57.14986	15.61876	27.23138
2	0.235088	54.93458	12.42095	32.64447
3	0.287516	53.46673	16.53532	29.99794
4	0.322545	50.27923	22.88883	26.83193
5	0.351205	46.36910	28.95564	24.67526
6	0.378231	42.59509	33.49754	23.90736
7	0.405463	39.15217	36.53343	24.31440
8	0.432544	36.07329	38.68355	25.24316
9	0.458373	33.34439	40.49930	26.15631
10	0.482392	30.92596	42.18313	26.89091

Cholesky Ordering: LGDP LEX LIM

图 5-13　方差分解结果

由输出结果可知，从第 8 期开始，方差分解的结果基本稳定，LGDP 对自身的贡献度达到65.88%，而 LEX 和 LIM 对 LGDP 的贡献度分别为21.34%和12.79%。同样的还可以分析 3 个变量分别对 LEX 和 LIM 的贡献度。通过分析发现：LGDP 对 3 个变量的贡献度均比较大，占绝对优势，它在稳定后对自身的贡献率达到60%以上，具有较强的自我累积效应，LEX 和 LIM 对它的贡献率都不高，而它对 LEX 和 LIM 的贡献率也达到50%以上，对进出口贸易有较大的带动作用。

第四节　Granger 因果关系检验

【实验说明】

VAR 模型的另一个重要应用就是分析经济时间序列变量之间的因果关系，即 Granger 因果关系检验。它是由格兰杰（1969）提出，西姆斯（1972）推广的如何检验变量之间因果关系的方法。

在分析过程中，经济时间序列变量之间经常会出现伪相关问题，即经济意义上几乎没有联系的变量却可能计算出较大的相关系数，例如曾经有人做过分析发现路旁小树的年增长率与国民收入的年增长率有较强的正相关，这是毫无意义的相关关系。Granger 因果关系检验就是为了避免出现伪相关问题，判断一个变量的变化是否是引起另一个变量变化的原因。当然，通过 Granger 因果关系检验的变量之间具有 Granger 因果关系，和我们通常意义上理解的因与果的关系是有区别的。Granger 因果关系只是说某一个变量的前期变化能有效地解释另一个变量的变化，所以称其为“格兰杰原因”。如果需要判断变量之间是否真正存在因果关系，则需要根据理论、经验和模型来判定。

Granger 因果关系检验实质上是检验一个变量的滞后变量是否可以引入到其他变量过程中，一个变量如果受到其他变量的滞后影响，则称它们具有 Granger 因果关系。它采用的方法是先估计当前的 y 值被其自身滞后期取值所能解释的程度，然后验证通过引入序列 x 的滞后值是否可以提高 y 的被解释程度，如果是，就称序列 x 是 y 的 Granger 原因，此时 x 的滞后期系数具有统计显著性。

在一个二元 p 阶的 VAR 模型（记为 VAR(p)）中：

$$\begin{bmatrix} y_t \\ x_t \end{bmatrix} = \begin{bmatrix} a_{10} \\ a_{20} \end{bmatrix} + \begin{bmatrix} a_{11}^{(1)} & a_{12}^{(1)} \\ a_{21}^{(1)} & a_{22}^{(1)} \end{bmatrix} \begin{bmatrix} y_{t-1} \\ x_{t-1} \end{bmatrix} + \begin{bmatrix} a_{11}^{(2)} & a_{12}^{(2)} \\ a_{21}^{(2)} & a_{22}^{(2)} \end{bmatrix} \begin{bmatrix} y_{t-2} \\ x_{t-2} \end{bmatrix} + \cdots + \begin{bmatrix} a_{11}^{(p)} & a_{12}^{(p)} \\ a_{21}^{(p)} & a_{22}^{(p)} \end{bmatrix} \begin{bmatrix} y_{t-p} \\ x_{t-p} \end{bmatrix} + \begin{bmatrix} \varepsilon_{1t} \\ \varepsilon_{2t} \end{bmatrix}$$

当且仅当系数矩阵中的系数 $a_{12}^{(q)}$ 全部为 0 时，变量 x 不能 Granger 引起 y。判断 Granger 原因的直接方法是利用 F 统计量和相伴概率来检验下述联合检验：

H_0：$a_{12}^{(q)} = 0$，$q = 1, 2, \cdots, p$

H_1：至少存在一个 q 使得 $a_{12}^{(q)} \neq 0$

需要注意的是，做 Granger 因果关系检验的变量应该是平稳的，如果单位根检验发现两个变量是不稳定的，那么，不能直接进行 Granger 因果检验，所以，很多人对不平稳的变量进行 Granger 因果检验，这是错误的。如果变量是不平稳的，则需要对变量进行协整检验，如果它们具有协整关系才能进行 Granger 因果关系检验。

【实验内容】

研究经济增长与对外贸易的 Granger 因果关系。

【实验数据】

变量 LGDP、LEX、LIM 的数据同实验 1 的数据，见表 5－1。通过对这 3 个变量进行协整检验（由于篇幅所限，检验过程略），可以发现它们之间存在一个协整关系，能够进行 Granger 因果关系检验。

【实验过程】

在 Eviews 中直接利用 VAR 对象做 Granger 因果关系检验比较麻烦，采用群统计比较方便。

Eviews 操作：在 Quick 下拉菜单 Group Statistics 菜单项下选择 Granger Causality Test 项，出现 Series List 对话框，输入变量“LGDP LEX LIM”（见图 5－14）。点击“OK”后出现 Lag Specification 对话框，在设定滞后阶数的对话框中输入阶数“p”，即 VAR 模型的滞后阶数，在本实验中取 2（见图 5－15）。点击“OK”出现检验结果，如图 5－16 所示。

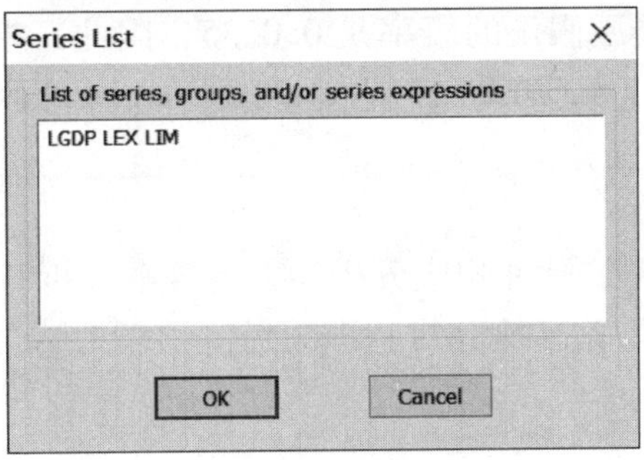

图 5－14 Series List 对话框

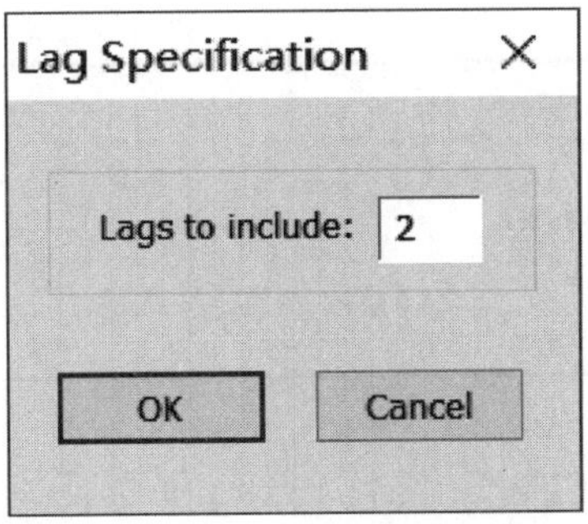

图 5－15 Lag Specification 对话框

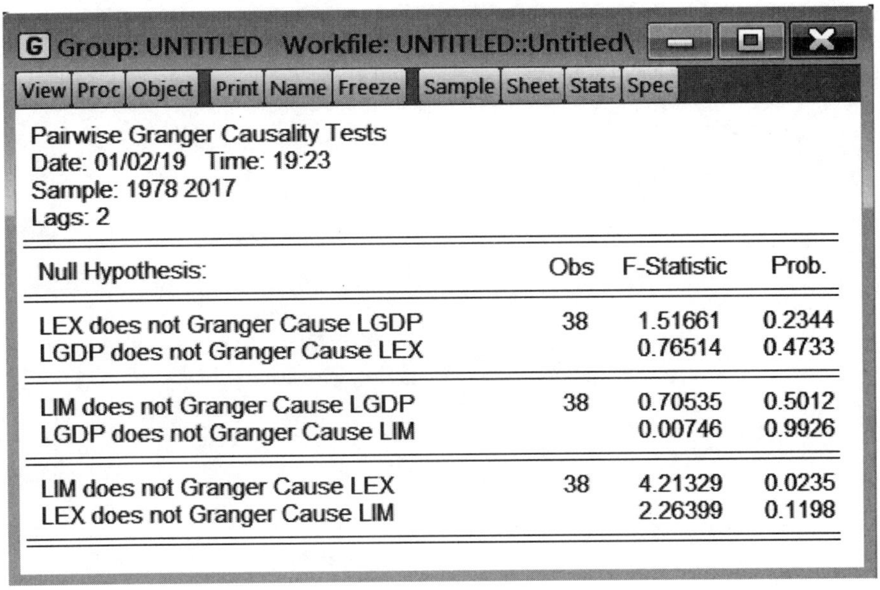

G Group: UNTITLED Workfile: UNTITLED::Untitled\

View Proc Object Print Name Freeze Sample Sheet Stats Spec

Pairwise Granger Causality Tests
Date: 01/02/19 Time: 19:23
Sample: 1978 2017
Lags: 2

Null Hypothesis:	Obs	F-Statistic	Prob.
LEX does not Granger Cause LGDP	38	1.51661	0.2344
LGDP does not Granger Cause LEX		0.76514	0.4733
LIM does not Granger Cause LGDP	38	0.70535	0.5012
LGDP does not Granger Cause LIM		0.00746	0.9926
LIM does not Granger Cause LEX	38	4.21329	0.0235
LEX does not Granger Cause LIM		2.26399	0.1198

图 5－16 Granger 因果检验结果

检验结果显示：对于 LEX 不是 LGDP 的 Granger 原因的原假设，拒绝它犯第一类错误的概率（即接受原假设的概率）是 0.2344，因此，接收原假设，即认为 LEX 不是 LGDP 的 Granger 原因。同时，可以发现 LGDP 也不是 LEX 的 Granger 原因。类似的，LIM 不是 LGDP 的 Granger 原因，同时 LGDP 也不是 LIM 的 Granger 原因。而对于 LIM 不是 LEX 的

Granger 原因的原假设，接受原假设的概率是 0.0235，因此，拒绝原假设，即认为 LIM 是 LEX 的 Granger 原因，但可以发现 LEX 不是 LIM 的 Granger 原因。

【实验拓展】

(1) 如何根据 VAR 模型、脉冲响应分析和方差分解分析对具体的经济问题进行分析。

(2) 如何将 Granger 因果关系检验与基本的经济学模型结合起来使用。

第六章　面板数据分析

第一节　面板数据模型

【实验说明】

面板数据（panel date），又叫平行数据、合并数据，在 Eviews 中被称为时序与横截面混合数据（pooled time series and cross-section data），是指对不同时刻的横截面个体作连续观测所得到的多维数据。面板数据综合了时间序列和截面数据两方面的信息，在时间序列上取多个截面，在这些截面上同时选取样本观测值构成样本数据。面板数据模型是一类利用面板数据分析变量间相互关系并预测其变化趋势的计量经济模型。模型能够同时反映研究对象在时间和横截面单元两个方向上的变化规律及不同时间、不同单元的特性，具有可以有效控制样本个体在时间和空间上的异质性、避免多重共线性问题、估计更有效、描述实体的动态变化、正确理解变量之间的关系等优点，因此，它被广泛应用于计量经济学、社会学等领域，具有很好的应用前景，也是近几十年来计量经济学理论方法的重要发展之一。

从理论上讲，一般的线性面板数据模型可表示为：

$$Y_{it}=\alpha_{it}+\beta_{it}X_{it}+u_{it}(i=1,\ 2,\ \cdots,\ N;\ t=1,\ 2,\ \cdots,\ T)$$

其中，Y_{it} 为被解释变量，X_{it} 为解释变量，$X_{it}=(X_{1it},\ X_{2it},\ \cdots,\ X_{kit})$，$K$ 为外生变量个数，α_{it}、β_{it} 为估计参数，$\beta_{it}=(\beta_{1it},\ \beta_{2it},\ \cdots,\ \beta_{kit})$，$u_{it}$ 为随机扰动项，满足经典计量经济模型的基本假设 $u_{it}\sim IIDN(0,\ \sigma_{\mu}^{2})$，$T$ 为时期数，N 为横截面个数。

根据模型中参数的假设不同，面板数据模型分为不同的类型：

（1）固定系数模型：模型的截距和斜率在不同个体上都相同，即 $\alpha_i=\alpha_j$；$\beta_i=\beta_j$，i，$j=1,\ 2,\ \cdots,\ N$。

（2）变截距模型：模型的斜率是常数，截距项随个体的不同而改变，即 $\alpha_i\neq\alpha_j$；$\beta_i=\beta_j$；$i\neq j$；i，$j=1,\ 2,\ \cdots,\ N$。

（3）变斜率模型：模型的截距是常数，斜率随个体的不同而改变，即 $\alpha_i=\alpha_j$；$\beta_i\neq\beta_j$；$i\neq j$；i，$j=1,\ 2,\ \cdots,\ N$。

（4）变系数模型：模型中的截距项和斜率随个体的不同而改变，即 $\alpha_i\neq\alpha_j$；$\beta_i\neq\beta_j$；$i\neq j$；i，$j=1,\ 2,\ \cdots,\ N$。

Eviews 中面板数据的混合模型是固定系数模型，而固定效应模型和随机效应模型都是变截距模型。混合模型假定所有地区都是同质的，不考虑各地之间的差异性，其特点是无论对任何个体和截面，回归系数 α 和 β 都是相同的且具有不能解决内生性问题的缺点，同时未有效发挥数据的面板优势。而固定效应模型和随机效应模型则考虑到了不同地区之间的差异，区别在于前者假定这种差异是固定不变的，通过一系列的常数来衡量，后者则假定差异服从某一随机分布，通过随机变量来衡量。因此，我们必须首先判断模型的具体形式。

Eviews 10.0 提供了 Hausman 检验，其原假设为：个体效应与回归变量无关（个体随机效应模型）；备择假设为：个体效应与回归变量相关（个体固定效应模型）来确定模型的形式。在进行检验时，如果对应的概率 P 值小于 0.1，则表示在 10% 显著性水平内拒绝原假设（即拒绝模型为随机效应模型，应该选择固定效应模型），否则接受原假设。

【实验内容】

基于 STIRPAT 模型的人口城镇化和土地城镇化对中国环境压力的影响分析。

STIRPAT(Stochastic Impacts by Regression on Population, Affluence and Technology) 模型最早由迪茨和罗莎（Dietz and Rosa, 1994）提出，用于分析人口、富裕程度、技术等因素对环境影响的作用程度。STIRPAT 模型的形式为 $I = aP^bA^cT^de$，其中，I 为环境压力，a 为常数项，P 为人口，A 为富裕程度，T 为技术，b、c、d 为 P、A 和 T 的指数项，e 为误差项。将模型两边取对数后，可得 $\ln I = a + b(\ln P) + c(\ln A) + d(\ln T) + \ln e$，这样就将随机形式的模型转化为线性回归形式的模型，可用线性回归方法进行分析。此时，系数 b、c、d 分别表示其他影响因素维持不变时，该影响因素（P 或 A 或 T）变化 1% 所引起的环境压力的变化百分比，这与经济学中的弹性分析方法类似。同时，约克（York），罗莎和迪茨（2003）指出，这个模型容许增加其他控制因素来分析它们对环境压力的影响，但是增加的变量需要与 $I = aP^bA^cT^de$ 指定的乘法形式具有概念上的一致性。

为了深入分析人口城镇化和土地城镇化对中国环境压力的影响因素，基于前人的研究，除了常规的 P 变量、A 变量和 T 变量外，这里还分析了工业化水平、对外贸易依存度、人口城镇化水平、土地城镇化水平等变量对环境压力的影响，则模型进一步可变化为：

$$\begin{aligned}\ln I_{it} = a &+ b_1(\ln P_{it}) + b_2(\ln PGRP_{it}) + b_3(\ln EnI_{it}) + b_4(\ln Ind_{it}) + b_5(\ln FTD_{it}) \\ &+ b_6(\ln PUr_{it}) + b_7(\ln LUr_{it}) + \ln e_i\end{aligned}$$

其中，$\ln I$ 为因变量，表示中国的环境压力，是消耗不同类型的能源排放出的 C、SO_X、NO_X、颗粒物、挥发性有机物对环境造成的压力，具体转化方式参考王立猛、何康林（2006）；自变量有 $\ln P$、$\ln PGRP$、$\ln EnI$、$\ln Ind$、$\ln FTD$、$\ln PUr$、$\ln LUr$，分别表示取对数后的总人口、富裕程度、技术水平（用能源强度来衡量）、工业化水平（用工业增加值占 GDP 比重来衡量）、对外贸易依存度（用进出口总额占地区生产总值比重来衡量）、人口城镇化水平（用城镇人口占总人口比重来衡量）、土地城镇化水平（用建成区面积占区域面积比重来衡量）。

【实验数据】

实验数据为中国 30 个省份（不包括西藏和港澳台地区）的各变量的数据，时间跨度为 2005～2014 年。变量的原始数据及其对数形式如表 6－1 所示。

表 6－1　　**各变量数据**

地区	地区拼音	年份	ln*I*	ln*P*	ln*PGRP*	ln*ENI*	ln*IND*	ln*FTD*	ln*PUR*	ln*LUR*
北京	BEIJING	2005	8. 45	7. 34	10. 72	1. 98	3. 20	4. 99	4. 43	1. 99
北京	BEIJING	2006	8. 52	7. 38	10. 77	1. 93	3. 11	5. 04	4. 43	2. 33
北京	BEIJING	2007	8. 58	7. 42	10. 91	1. 86	3. 05	5. 00	4. 44	2. 36
北京	BEIJING	2008	8. 59	7. 48	10. 94	1. 78	2. 95	5. 13	4. 44	2. 38
北京	BEIJING	2009	8. 62	7. 53	10. 99	1. 72	2. 94	4. 79	4. 44	2. 40
北京	BEIJING	2010	8. 68	7. 58	11. 04	1. 68	2. 97	4. 97	4. 45	2. 31
北京	BEIJING	2011	8. 69	7. 61	11. 07	1. 61	2. 93	5. 04	4. 46	2. 31
北京	BEIJING	2012	8. 71	7. 63	11. 12	1. 56	2. 91	4. 97	4. 46	2. 34
北京	BEIJING	2013	8. 74	7. 66	11. 17	1. 51	2. 89	4. 90	4. 46	2. 37
北京	BEIJING	2014	8. 75	7. 67	11. 22	1. 45	2. 87	4. 78	4. 46	2. 43
……	……	……	……	……	……			……	……	……
新疆	XINJIANG	2013	9. 34	7. 72	10. 19	3. 12	3. 55	3. 01	3. 80	4. 19
新疆	XINJIANG	2014	9. 43	7. 74	10. 27	3. 12	3. 53	2. 91	3. 83	4. 19

【实验过程】

（1）将变量数据导入 Excel 表格，建立文件“面板数据 . xls”。

（2）新建工作文件。打开 Eviews 10. 0 软件，在 File 下拉菜单 New 菜单项下选择 Workfile 项，新建工作文件（Workfile），出现 Workfile Create 对话框（见图 6－1）。在 Workfile structure type 中选择默认项 Dated-regular frequency，在 Start date 中输入起始年份“2005”，End date 中输入截止年份“2014”，点击“OK”钮，出现 Workfile：UNTITLED 工作文件窗口，如图 6－2 所示。

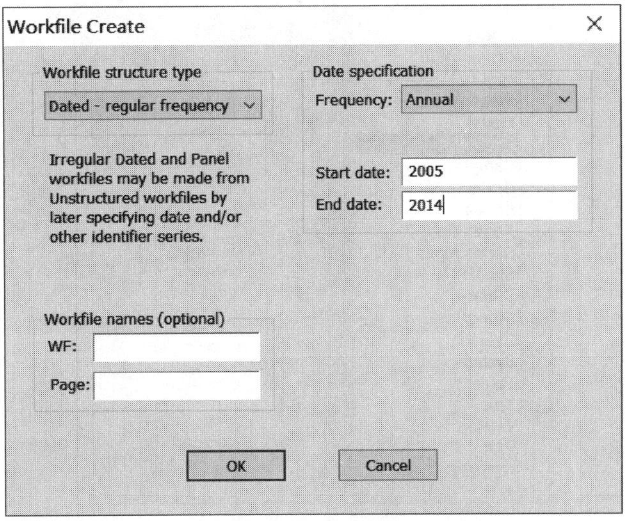

图 6－1　Workfile Create 对话框

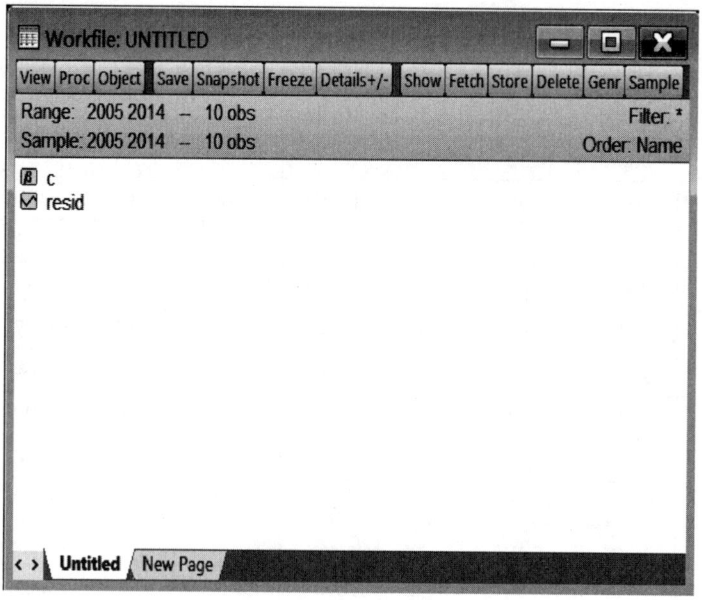

图 6-2 Workfile 工作文件窗口 1

（3）变量数据的输入。点击工作文件窗口上方的 Object 菜单中的 New Object…选项，弹出 New Object 对话框，鼠标点击 Pool 选择 Type of object，Name of object 中输入 Object 的名字“Panel”，如图 6-3 所示。点击“OK”钮，得到 Pool：Panel 对话框，在空白处输入各样本的名字，如图 6-4 所示。点击 Pool：Panel 对话框右上方的 Sheet 按钮，得到 Series List 对话框，按照“变量名称_?”的格式输入变量名，本例中输入“lni_? lnp_? lnpgrp_?

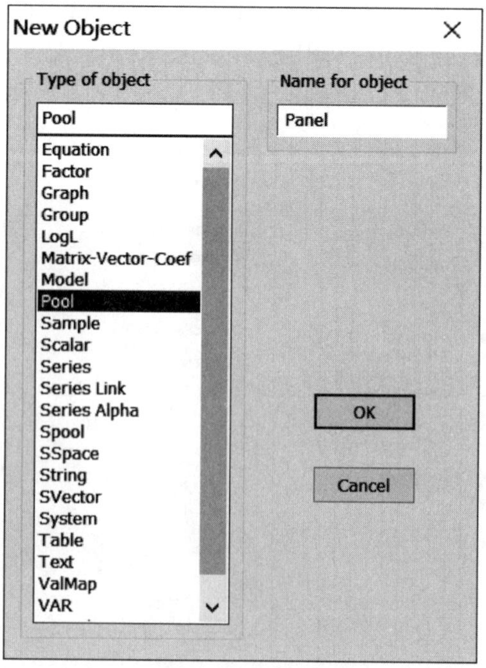

图 6-3 New Object 对话框

lneni_? lnind_? lnftd_? lnpur_? lnlur_?”（见图 6 – 5）。点击“OK”钮，得到数据输入窗口，将“面板数据 . xls”中的数据粘贴过来，则得到图 6 – 6。工作文件窗口变为图 6 – 7。

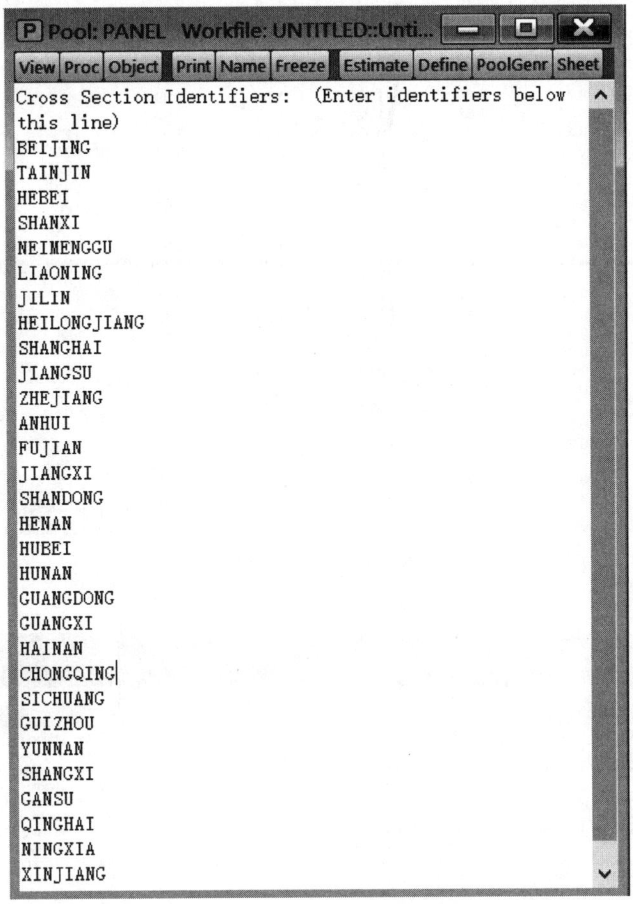

图 6 – 4　Pool：Panel 对话框

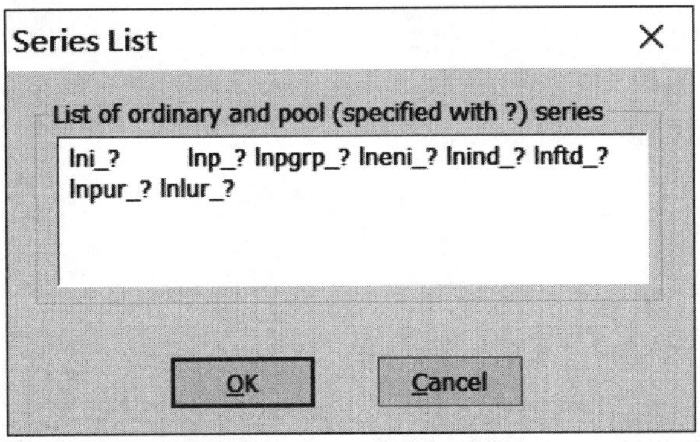

图 6 – 5　Series List 对话框

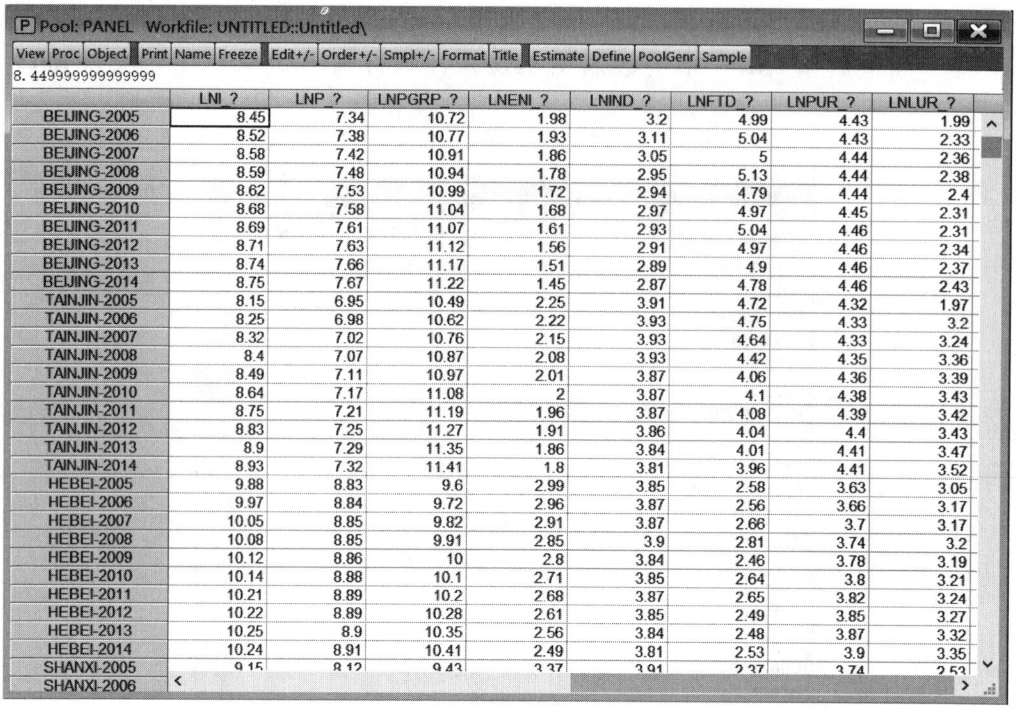

	LNI_?	LNP_?	LNPGRP_?	LNENI_?	LNIND_?	LNFTD_?	LNPUR_?	LNLUR_?
BEIJING-2005	8.45	7.34	10.72	1.98	3.2	4.99	4.43	1.99
BEIJING-2006	8.52	7.38	10.77	1.93	3.11	5.04	4.43	2.33
BEIJING-2007	8.58	7.42	10.91	1.86	3.05	5	4.44	2.36
BEIJING-2008	8.59	7.48	10.94	1.78	2.95	5.13	4.44	2.38
BEIJING-2009	8.62	7.53	10.99	1.72	2.94	4.79	4.44	2.4
BEIJING-2010	8.68	7.58	11.04	1.68	2.97	4.97	4.45	2.31
BEIJING-2011	8.69	7.61	11.07	1.61	2.93	5.04	4.46	2.31
BEIJING-2012	8.71	7.63	11.12	1.56	2.91	4.97	4.46	2.34
BEIJING-2013	8.74	7.66	11.17	1.51	2.89	4.9	4.46	2.37
BEIJING-2014	8.75	7.67	11.22	1.45	2.87	4.78	4.46	2.43
TAINJIN-2005	8.15	6.95	10.49	2.25	3.91	4.72	4.32	1.97
TAINJIN-2006	8.25	6.98	10.62	2.22	3.93	4.75	4.33	3.2
TAINJIN-2007	8.32	7.02	10.76	2.15	3.93	4.64	4.33	3.24
TAINJIN-2008	8.4	7.07	10.87	2.08	3.93	4.42	4.35	3.36
TAINJIN-2009	8.49	7.11	10.97	2.01	3.87	4.06	4.36	3.39
TAINJIN-2010	8.64	7.17	11.08	2	3.87	4.1	4.38	3.43
TAINJIN-2011	8.75	7.21	11.19	1.96	3.87	4.08	4.39	3.42
TAINJIN-2012	8.83	7.25	11.27	1.91	3.86	4.04	4.4	3.43
TAINJIN-2013	8.9	7.29	11.35	1.86	3.84	4.01	4.41	3.47
TAINJIN-2014	8.93	7.32	11.41	1.8	3.81	3.96	4.41	3.52
HEBEI-2005	9.88	8.83	9.6	2.99	3.85	2.58	3.63	3.05
HEBEI-2006	9.97	8.84	9.72	2.96	3.87	2.56	3.66	3.17
HEBEI-2007	10.05	8.85	9.82	2.91	3.87	2.66	3.7	3.17
HEBEI-2008	10.08	8.85	9.91	2.85	3.9	2.81	3.74	3.2
HEBEI-2009	10.12	8.86	10	2.8	3.84	2.46	3.78	3.19
HEBEI-2010	10.14	8.88	10.1	2.71	3.85	2.64	3.8	3.21
HEBEI-2011	10.21	8.89	10.2	2.68	3.87	2.65	3.82	3.24
HEBEI-2012	10.22	8.89	10.28	2.61	3.85	2.49	3.85	3.27
HEBEI-2013	10.25	8.9	10.35	2.56	3.84	2.48	3.87	3.32
HEBEI-2014	10.24	8.91	10.41	2.49	3.81	2.53	3.9	3.35
SHANXI-2005	9.15	8.12	9.43	3.37	3.91	2.37	3.74	2.53
SHANXI-2006								

图 6-6 数据输入窗口

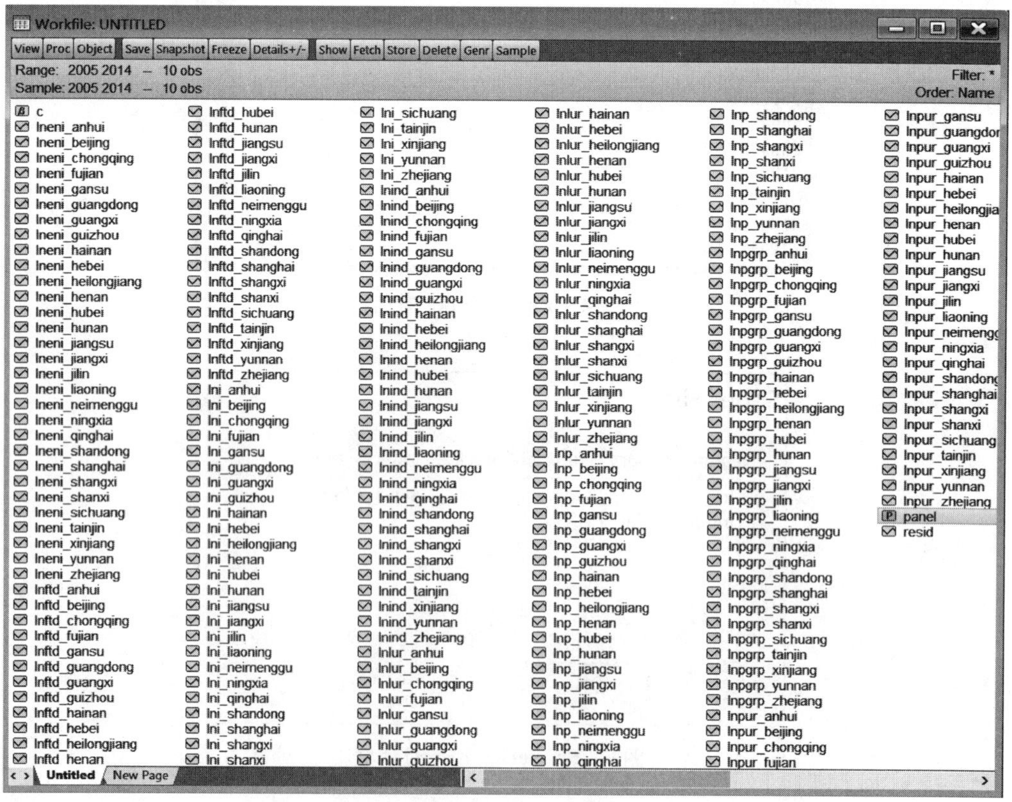

图 6-7 Workfile 工作文件窗口 2

第二节　单位根检验和协整检验

【实验过程】

基于上述输入的数据，点击数据输入窗口上面的 view 按钮，得到 Unit Root Test 对话框（见图 6－8），在 Poolseries 中输入需要进行单位根检验的变量“lni_?”；Test type 中有 7 种方法可供选择，默认选择方法 Summary，意味着它将综合显示各种单位根检验方法的结果；Test for unit root in 中的 level 表示对变量直接进行 ADF 检验，1st difference 表示对变量进行 1 阶差分处理后再进行 ADF 检验，2nd difference 表示对变量进行 2 阶差分处理后再进行 ADF 检验，本实验选择 level 选项。Include in test equation 中，Intercept 表示在检验方程中包含截距项，Trend and intercept 表示同时包含趋势项和截距项，None 表示不包含趋势项和截距项。本实验中选择默认的 Individual intercept 项。Lag length 是变量的滞后期选择，共有 7 种选择方法，默认选择方法为 Schwarz Info Criterion（SIC）准则，即 SIC 的值最小时所选择的滞后期，检验所选取的滞后期不会超过最大滞后期（Maximum lags）（默认为 *，表示基于样本数量的最大滞后期，由样本数量自行决定）。其他选择为默认选项即可。点击“OK”钮，得到的结果即为变量 LnI 的单位根检验结果，如图 6－9 所示。由结果可知，发现有 3 种检验方法均拒绝变量 LnI 有单位根的原假设，因此变量 LnI 不存在单位根，是平稳的。其他变量也采用同样的方法进行单位根检验，不再一一列出。

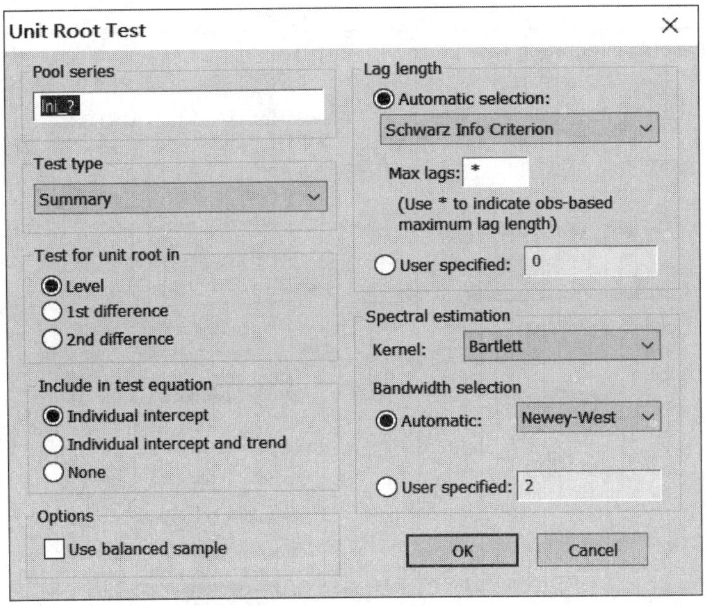

图 6－8　单位根检验对话框

通过对每个变量进行单位根检验，发现每个变量都是平稳的，因此可以直接构建面板数据模型，而不需要进行协整检验。但为了演示协整检验的过程，我们仍然对变量进行协整关系检验。

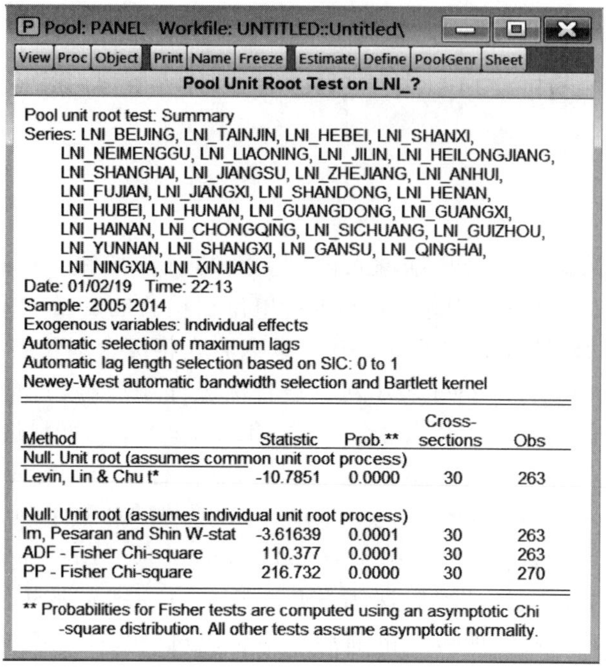

图 6-9 单位根检验结果

Eviews 操作：在工作窗口双击“Panel”，点击 View 选择 Cointegration Test…，出现 Panel Cointegration Test 对话框（见图 6-10）。在 Variables 中输入所有变量“lni_? lnp_?

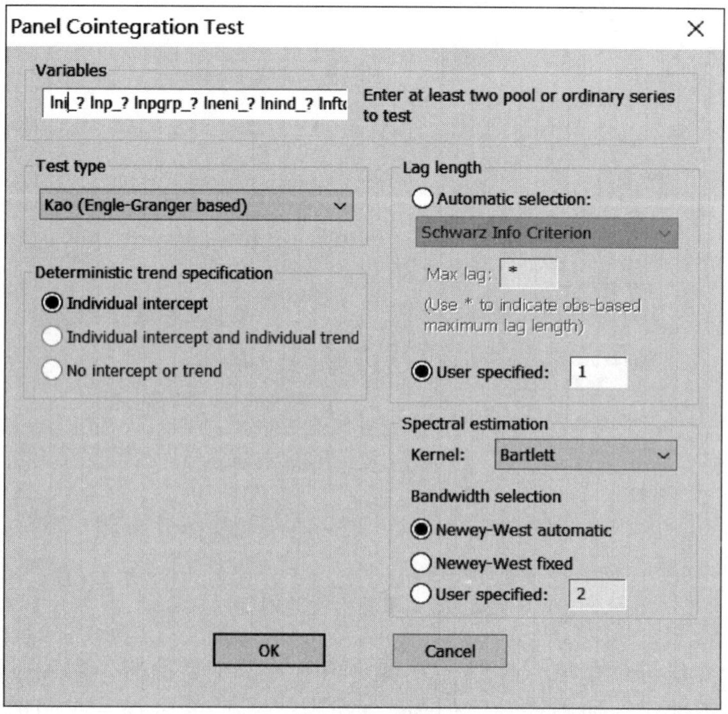

图 6-10 协整检验对话框

lnpgrp_? lneni_? lnind_? lnftd_? lnpur_? lnlur_?”；Testtype 中包含了 3 种协整检验的方法，分别是 Pedroni（Engle – Granger based）、Kao（Engle – Granger based）、Fisher（combined Johansen），我们选择一种可以得到协整结果的方法即可。本实验选择 Kao（Engle – Granger based），其他选项为默认选择。点击“OK”按钮，输出结果如图 6 – 11 所示。

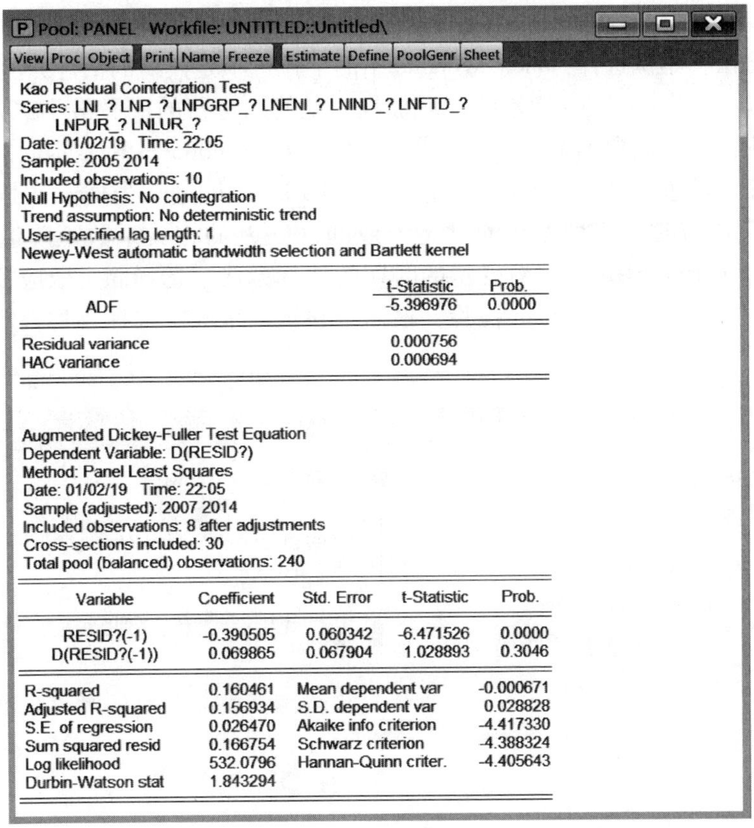
Pool: PANEL　Workfile: UNTITLED::Untitled\

View | Proc | Object | Print | Name | Freeze | Estimate | Define | PoolGenr | Sheet

Kao Residual Cointegration Test
Series: LNI_? LNP_? LNPGRP_? LNENI_? LNIND_? LNFTD_? LNPUR_? LNLUR_?
Date: 01/02/19　Time: 22:05
Sample: 2005 2014
Included observations: 10
Null Hypothesis: No cointegration
Trend assumption: No deterministic trend
User-specified lag length: 1
Newey-West automatic bandwidth selection and Bartlett kernel

	t-Statistic	Prob.
ADF	-5.396976	0.0000
Residual variance	0.000756	
HAC variance	0.000694	

Augmented Dickey-Fuller Test Equation
Dependent Variable: D(RESID?)
Method: Panel Least Squares
Date: 01/02/19　Time: 22:05
Sample (adjusted): 2007 2014
Included observations: 8 after adjustments
Cross-sections included: 30
Total pool (balanced) observations: 240

Variable	Coefficient	Std. Error	t-Statistic	Prob.
RESID?(-1)	-0.390505	0.060342	-6.471526	0.0000
D(RESID?(-1))	0.069865	0.067904	1.028893	0.3046

R-squared	0.160461	Mean dependent var	-0.000671
Adjusted R-squared	0.156934	S.D. dependent var	0.028828
S.E. of regression	0.026470	Akaike info criterion	-4.417330
Sum squared resid	0.166754	Schwarz criterion	-4.388324
Log likelihood	532.0796	Hannan-Quinn criter.	-4.405643
Durbin-Watson stat	1.843294		

图 6 – 11　协整检验结果

由结果可知，拒绝了没有协整关系的原假设，即这些变量具有协整关系，可以进一步建立面板数据模型。

第三节　模 型 估 计

【实验过程】

基于上述检验，发现可以对这些变量建立模型进一步分析。因此，点击数据输入窗口上面的 Estimate 按钮，得到 Pool Estimation 对话框（见图 6 – 12），在 Dependent variable 中输入被解释变量“lni_?”；本例建立变截距模型，因此在 Regressors and AR( ) terms 中的 Common coefficients（共同系数）中输入变量“lnp_? lnpgrp_? lneni_? lnind_? lnftd_? lnpur_? lnlur_?”。如果是建立变斜率模型，则在 Cross-section specific coefficients（截面单元特定系数）下的空行中输入相关变量名，比如输入“lnp_?”表示每个地区中人口变量的系数都不相同；如果考虑变量的时间特征，则在 Period specific coefficients 中输入变量。Estimation method 中选择对截距的处理方法，点击 Cross-section 的下拉选项，有 None、Fixed（固定效应）和 Random（随机效应）三种，None 表示模型不包含截距，Fixed 表示截距采用固定效应模型，Random 表示截距采用随机效应模型。Period 的下拉选项也有三种选项，是对变量的时期的处理方法，本例选择 None。Weights 中的下拉选项是模型的估计方法，No weights 表示不加权；Cross-section weights 表示跨区域加权，是使用可行的广义最小二乘法（GLS）估计，目的是减少由于截面数据造成的异方差影响；Cross-section SUR 表示同时对截面单元异方差性和同期相关性进行修正的 GLS 估计，得到 Parks 估计量。当样本数据中截面单元很多而时序长度又很短时，这种方法通常是失效的（残差的相关系数矩阵退化为奇异阵）；Period weights 和 Period SUR 表示对变量的时期的估计方法。选择固定效应模型还是随机效应模型，需要对模型进行 Hausman 检验，根据检验结果来确定选择哪种效应模型。

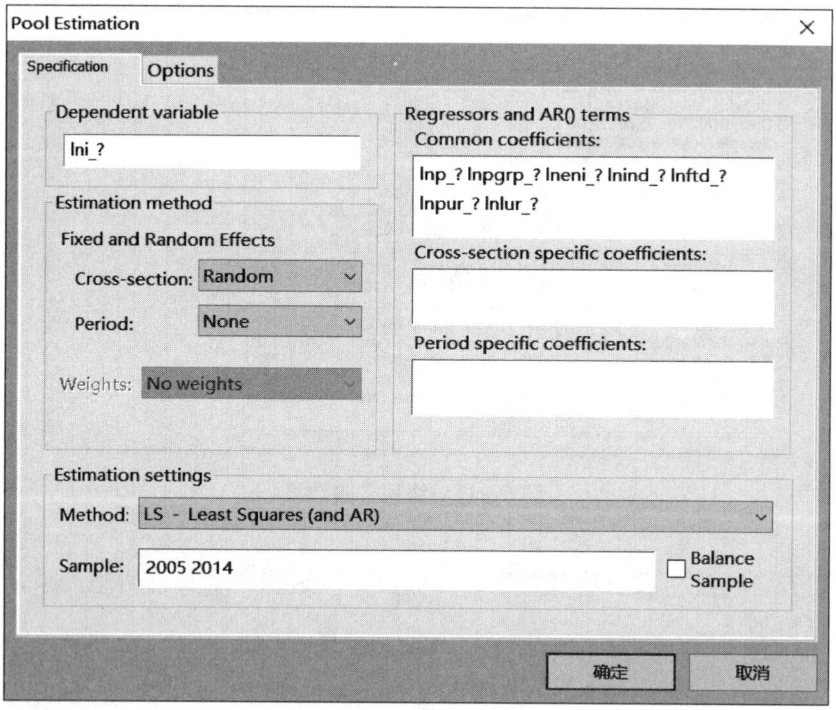

图 6-12　随机效应模型的估计设置

接下来进行 Hausman 检验，步骤如下：在 Cross-section 中选择 Random。Estimation settings 是对回归方法的设定，本实验选择最小二乘法（LS）回归（默认选项），TSLS 表示用两阶段最小二乘法回归。其他选项为默认选择。点击“OK”钮，得到随机效应的回归结果（见图 6-13）。然后点击 view 选择 Fixed/Random Effects Testing 出现 Redundant Fixed Effects Tests（LikelihoodRatio）和 Correlated Random Effects（HausmanTest），选择 Correlated Random Effects，得到 Hausman 检验结果，如图 6-14 所示。结果显示，接受随机效应模型的概率是 65.31%，因此本模型需要采用随机效应模型，而不应该采用固定效应模型。

P Pool: PANEL Workfile: UNTITLED::Untitled\

View | Proc | Object | Print | Name | Freeze | Estimate | Define | PoolGenr | Sheet

Dependent Variable: LNI_?
Method: Pooled EGLS (Cross-section random effects)
Date: 01/02/19 Time: 22:31
Sample: 2005 2014
Included observations: 10
Cross-sections included: 30
Total pool (balanced) observations: 300
Swamy and Arora estimator of component variances

Variable	Coefficient	Std. Error	t-Statistic	Prob.
C	-10.86912	0.608553	-17.86061	0.0000
LNP_?	1.015531	0.061666	16.46814	0.0000
LNPGRP_?	0.981253	0.028135	34.87661	0.0000
LNENI_?	0.974434	0.033049	29.48429	0.0000
LNIND_?	0.040025	0.031665	1.264020	0.2072
LNFTD_?	0.008551	0.010305	0.829816	0.4073
LNPUR_?	-0.212366	0.077327	-2.746332	0.0064
LNLUR_?	0.009997	0.006088	1.642157	0.1016
Random Effects (Cross)				
BEIJING--C	0.161279			
TAINJIN--C	0.123427			
HEBEI--C	0.034112			
SHANXI--C	-0.173685			
NEIMENGGU--C	0.118556			
LIAONING--C	0.044681			
JILIN--C	0.038379			
HEILONGJIANG--C	0.017497			
SHANGHAI--C	-0.371033			
JIANGSU--C	-0.018922			
ZHEJIANG--C	0.002649			
ANHUI--C	0.022966			
FUJIAN--C	-0.123138			
JIANGXI--C	-0.105085			
SHANDONG--C	0.025657			
HENAN--C	-0.054516			
HUBEI--C	0.001283			
HUNAN--C	-0.138527			
GUANGDONG--C	-0.102523			
GUANGXI--C	2.463098			
HAINAN--C	-0.127929			
CHONGQING--C	-0.110146			
SICHUANG--C	-0.260173			
GUIZHOU--C	-0.440734			
YUNNAN--C	-0.313224			
SHANGXI--C	0.008357			
GANSU--C	-0.183567			
QINGHAI--C	-0.550698			
NINGXIA--C	0.105213			
XINJIANG--C	-0.093253			

Effects Specification

	S.D.	Rho
Cross-section random	0.513568	0.9950
Idiosyncratic random	0.036236	0.0050

Weighted Statistics

R-squared	0.967496	Mean dependent var	0.201903
Adjusted R-squared	0.966717	S.D. dependent var	0.197959
S.E. of regression	0.036115	Sum squared resid	0.380854
F-statistic	1241.646	Durbin-Watson stat	0.611001
Prob(F-statistic)	0.000000		

Unweighted Statistics

R-squared	0.691234	Mean dependent var	9.051300
Sum squared resid	71.42319	Durbin-Watson stat	0.003258

图 6－13 随机效应模型的估计结果

P Pool: PANEL Workfile: UNTITLED::Untitled\

View | Proc | Object | Name | Freeze | Estimate | Define | PoolGenr | Sheet

Correlated Random Effects - Hausman Test
Pool: PANEL
Test cross-section random effects

Test Summary	Chi-Sq. Statistic	Chi-Sq. d.f.	Prob.
Cross-section random	5.056573	7	0.6531

Cross-section random effects test comparisons:

Variable	Fixed	Random	Var(Diff.)	Prob.
LNP_?	0.992856	1.015531	0.001208	0.5141
LNPGRP_?	0.985986	0.981253	0.000034	0.4204
LNENI_?	0.978384	0.974434	0.000017	0.3436
LNIND_?	0.035119	0.040025	0.000055	0.5093
LNFTD_?	0.007736	0.008551	0.000002	0.5995
LNPUR_?	-0.219596	-0.212366	0.000145	0.5487
LNLUR_?	0.010187	0.009997	0.000000	0.3981

Cross-section random effects test equation:
Dependent Variable: LNI_?
Method: Panel Least Squares
Date: 01/02/19 Time: 22:37
Sample: 2005 2014
Included observations: 10
Cross-sections included: 30
Total pool (balanced) observations: 300

Variable	Coefficient	Std. Error	t-Statistic	Prob.
C	-10.69316	0.671401	-15.92665	0.0000
LNP_?	0.992856	0.070786	14.02611	0.0000
LNPGRP_?	0.985986	0.028742	34.30525	0.0000
LNENI_?	0.978384	0.033311	29.37079	0.0000
LNIND_?	0.035119	0.032526	1.079697	0.2813
LNFTD_?	0.007736	0.010421	0.742306	0.4586
LNPUR_?	-0.219596	0.078261	-2.805937	0.0054
LNLUR_?	0.010187	0.006092	1.672190	0.0957

Effects Specification

Cross-section fixed (dummy variables)

R-squared	0.998507	Mean dependent var	9.051300
Adjusted R-squared	0.998303	S.D. dependent var	0.879567
S.E. of regression	0.036236	Akaike info criterion	-3.682499

图 6-14 Hausman 检验结果

为了演示固定效应模型的过程，我们仍然假设需要进行固定效应模型的估计，步骤如下：回到 Pool Estimation 对话框，在 Cross-section 中选择 Fixed，Weights 中选择 Cross-section weights（见图 6－15）。点击“OK”钮，得到回归结果（见图 6－16）。点击 View 选择 Representations 可以得到如下的模型表达式（如图 6－17 和图 6－18 所示）。

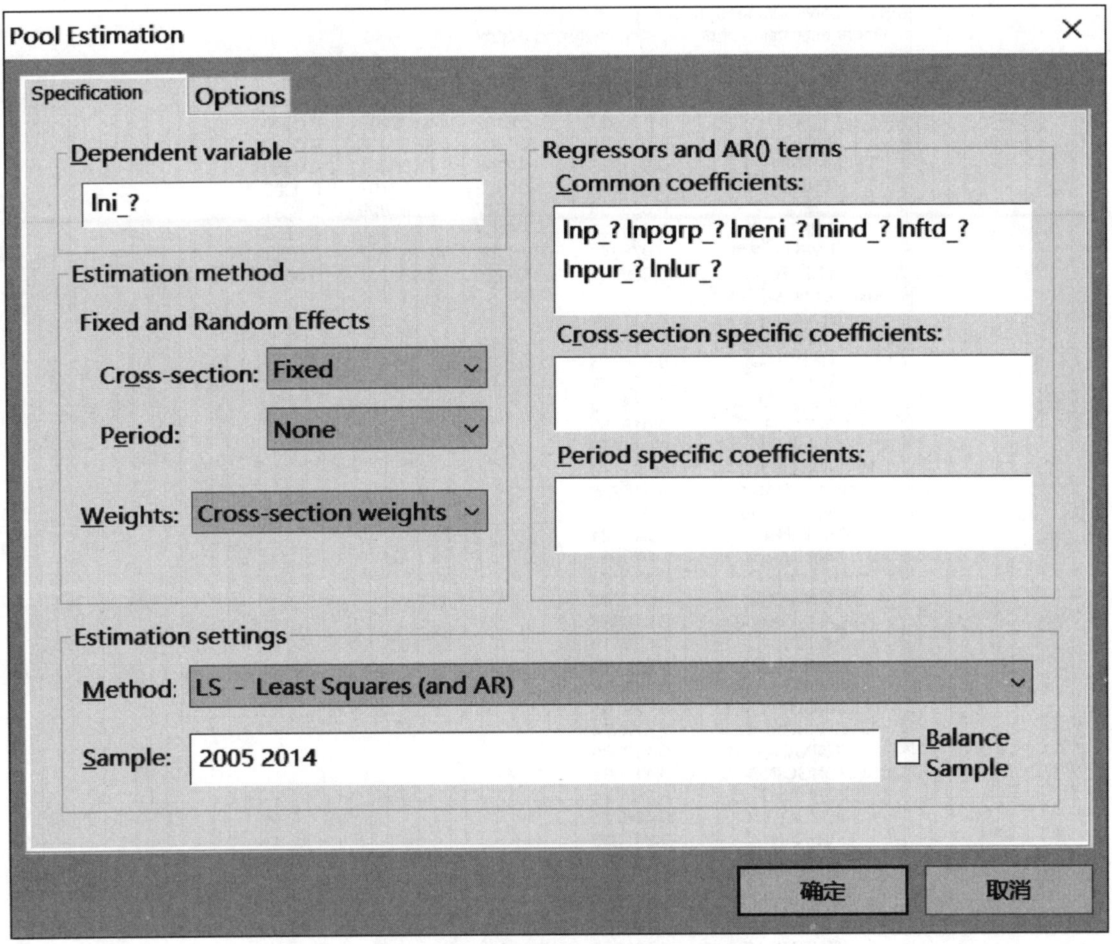

图 6－15　固定效应模型的估计设置

由图 6－13 可以看出，回归结果很好，Adjusted R-squared 达到 0.967，有 3 个变量没有通过 t 检验，表示它们对环境压力 I 的影响在统计上不显著，其他变量都 1% 显著水平下通过 t 检验。此外，还得到了各个省份的随机效应截距（RandomEffects）。从各变量的回归系数来看，人口城镇化水平（PUR）对环境压力有负向的影响，它的增长将推动环境压力的下降；而总人口（P）、富裕程度（PGRP）、能源强度（ENI）3 个变量都与环境压力正相关，它们的增长将导致环境压力的增加，这与现实情况相符。

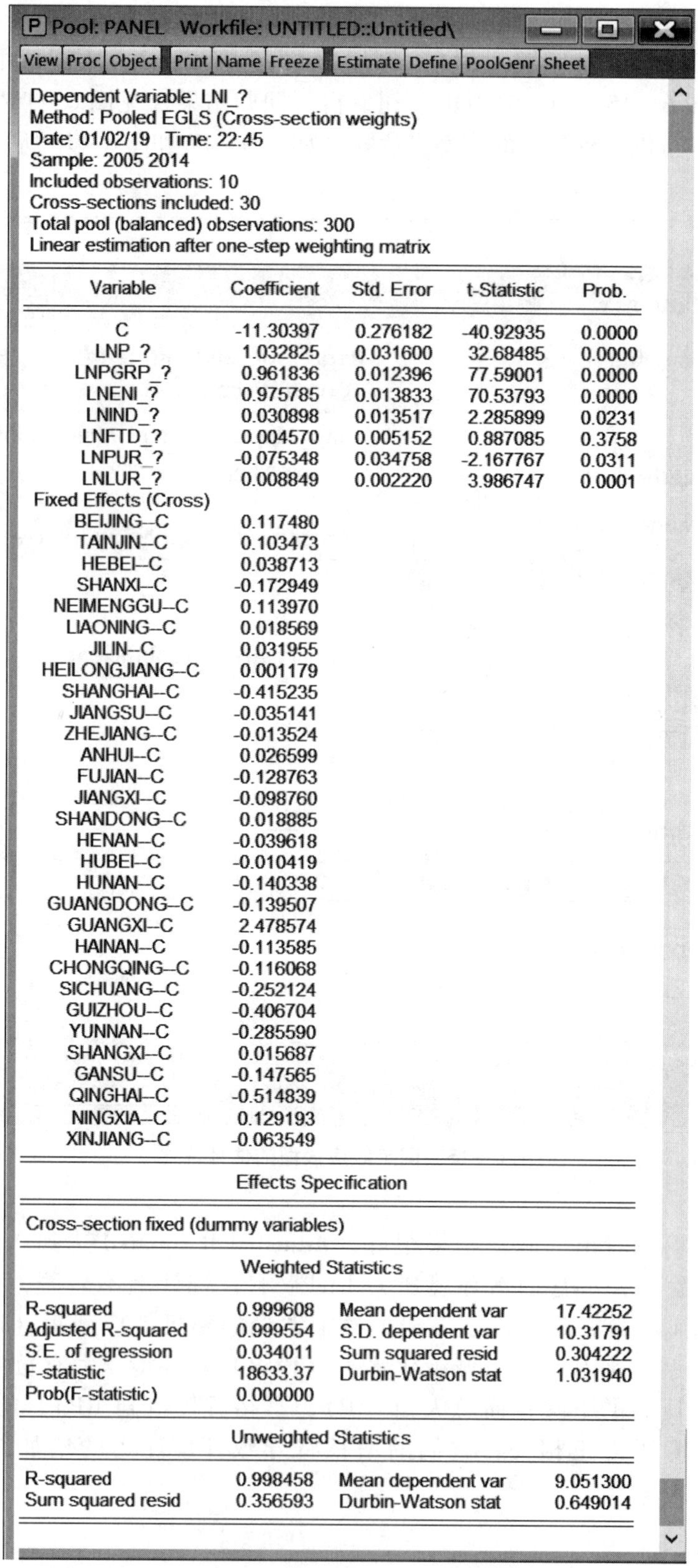

Dependent Variable: LNI_?
Method: Pooled EGLS (Cross-section weights)
Date: 01/02/19 Time: 22:45
Sample: 2005 2014
Included observations: 10
Cross-sections included: 30
Total pool (balanced) observations: 300
Linear estimation after one-step weighting matrix

Variable	Coefficient	Std. Error	t-Statistic	Prob.
C	-11.30397	0.276182	-40.92935	0.0000
LNP_?	1.032825	0.031600	32.68485	0.0000
LNPGRP_?	0.961836	0.012396	77.59001	0.0000
LNENI_?	0.975785	0.013833	70.53793	0.0000
LNIND_?	0.030898	0.013517	2.285899	0.0231
LNFTD_?	0.004570	0.005152	0.887085	0.3758
LNPUR_?	-0.075348	0.034758	-2.167767	0.0311
LNLUR_?	0.008849	0.002220	3.986747	0.0001
Fixed Effects (Cross)				
BEIJING--C	0.117480			
TAINJIN--C	0.103473			
HEBEI--C	0.038713			
SHANXI--C	-0.172949			
NEIMENGGU--C	0.113970			
LIAONING--C	0.018569			
JILIN--C	0.031955			
HEILONGJIANG--C	0.001179			
SHANGHAI--C	-0.415235			
JIANGSU--C	-0.035141			
ZHEJIANG--C	-0.013524			
ANHUI--C	0.026599			
FUJIAN--C	-0.128763			
JIANGXI--C	-0.098760			
SHANDONG--C	0.018885			
HENAN--C	-0.039618			
HUBEI--C	-0.010419			
HUNAN--C	-0.140338			
GUANGDONG--C	-0.139507			
GUANGXI--C	2.478574			
HAINAN--C	-0.113585			
CHONGQING--C	-0.116068			
SICHUANG--C	-0.252124			
GUIZHOU--C	-0.406704			
YUNNAN--C	-0.285590			
SHANGXI--C	0.015687			
GANSU--C	-0.147565			
QINGHAI--C	-0.514839			
NINGXIA--C	0.129193			
XINJIANG--C	-0.063549			

Effects Specification

Cross-section fixed (dummy variables)

Weighted Statistics

R-squared	0.999608	Mean dependent var	17.42252
Adjusted R-squared	0.999554	S.D. dependent var	10.31791
S.E. of regression	0.034011	Sum squared resid	0.304222
F-statistic	18633.37	Durbin-Watson stat	1.031940
Prob(F-statistic)	0.000000		

Unweighted Statistics

R-squared	0.998458	Mean dependent var	9.051300
Sum squared resid	0.356593	Durbin-Watson stat	0.649014

图 6－16　固定效应模型的估计结果

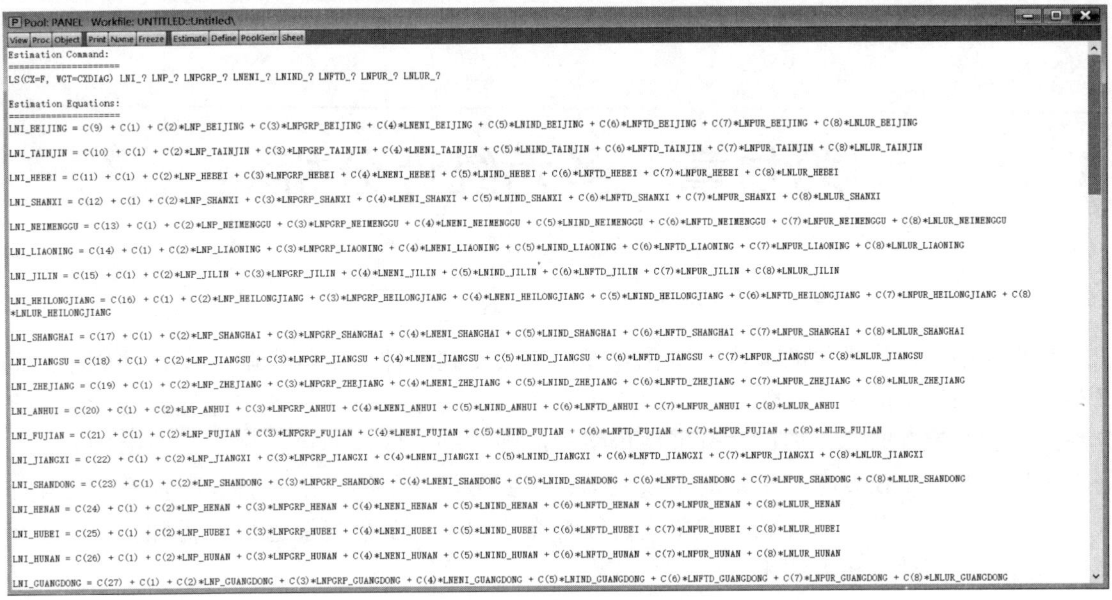

图 6－17　模型表达式

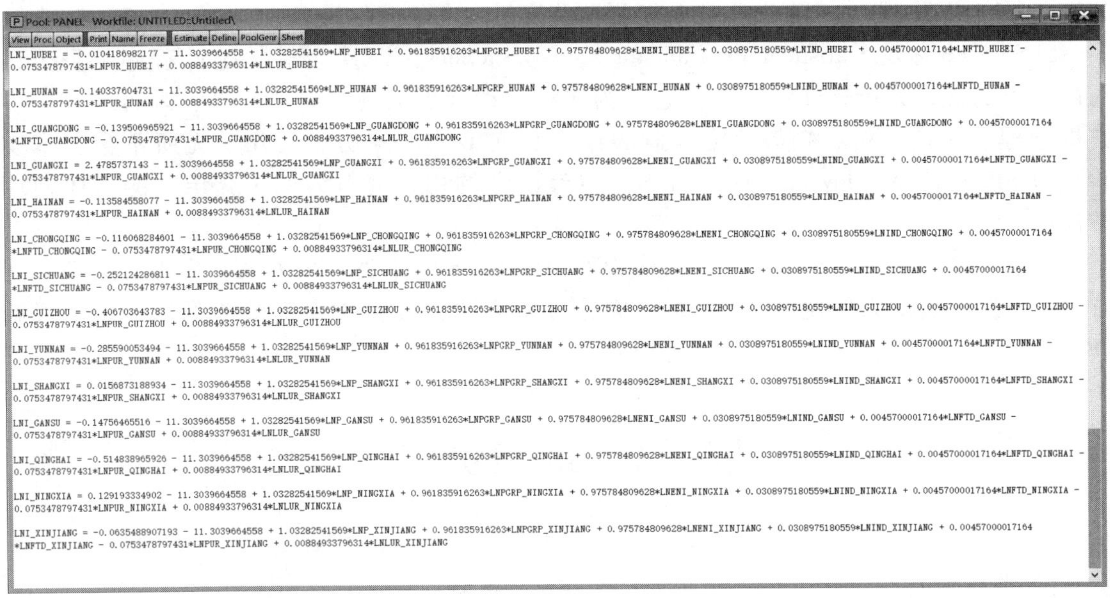

图 6－18　模型表达式（续）

【实验拓展】

（1）如何根据面板数据模型的回归结果进行分析？

（2）如何将面板数据与其他模型结合使用？

第七章　多元统计分析

在现实中，任何事物的形成、变化和发展都会受到多种因素的影响，而这些因素之间又存在广泛而复杂的关系。例如，考研除了有总成绩的分数线外，各门课程还各设有一条分数线；购买汽车时，人们往往会考虑价格、品牌、舒适性、颜色、排量等诸多因素；三好学生评定时，不仅要考察学生的考试成绩，还要考量学生的性格、特长、体育、学生工作等多个方面。因此，从统计学的角度，往往需要同时对多个变量进行分析和研究，这就需要通过多元统计分析方法来解决。

多元统计分析（multivariate statistical analysis）方法，作为一元统计学的推广，是应用统计方法来研究多变量（多指标）问题的理论和方法，通过对多个变量的观测和数据进行分析，研究变量之间的相互关系以及解释这些变量内在的变化规律。

SPSS 的全称是 Statistical Program for Social Sciences，即社会科学统计程序，是公认的最优秀的统计分析软件包之一。它作为一种统计分析工具，理论严谨、内容丰富，有数据管理、统计分析、趋势研究、制表绘图、文字处理等功能，几乎无所不包。本实验是以 SPSS for Windows 21.0 为蓝本，以经济学的相关资料为例子介绍它的具体使用方法。

本章实验 1 以我国各省份产业结构为例说明 SPSS 的聚类分析方法；实验 2 以我国各省份经济发展数据为例说明 SPSS 的主成分分析方法；实验 3 在实验 2 的基础上，说明 SPSS 的因子分析方法。

第一节　聚类分析

【实验说明】

人们在认识事物时，总是倾向于按照各种各样的属性和特征，将自然界的事物分成若干类，以便进行更加深入的认识。因而分类学是人们认识世界的基础科学，掌握聚类和判别的方法对这一工具认识世界有着极其重要的意义。在医学实践中也经常需要做分类的工作，如根据病人的一系列症状、体征和生化检查的结果，判断病人所患疾病的类型；或对一系列检查方法及其结果，将之划分成某几种方法适合用于甲类病的检查，另几种方法适合用于乙类病的检查。在经济学中也经常遇到分类问题，比如对我国各省、市、自治区进行分类，就可以将具有某些相似特征的省份归为一类，等等。统计学中常用的分类统计方法主要是聚类分析与判别分析。

聚类分析是根据事物本身的特性研究个体分类的方法，通过直接比较各事物之间的性质，将性质相近的归为一类，将性质差别较大的归入不同的类。聚类分析的原则是同一类中的个体有较大的相似性，不同类的个体差异很大。典型的聚类分析方法一般分为层次聚类法和非层次聚类法两大类。

层次分析法首先将所有变量归为一个大类，再在确定变量间距离的基本定义和计算方式的基础上，将距离远的变量以此分离开，直到所有变量自成一类，或是按照距离远近，把距离相近的变量归为一类，直至所有变量成为一个类别为止。通过这一系列变换所得到的可能的聚类结果，加之以相关分析指标进行分析，最终确定聚为几类最为合适。可以看出，此种聚类方法的结果间存在着层次（嵌套）关系，因此被称为层次聚类法。

非层次分析法的目的是为了将案例快速分为 K 个类别，目前，以快速聚类法（K－Means Cluster）（又称 K－均值聚类法）最为常用。快速样本聚类可完成由用户指定类别数的大样本资料的逐步聚类分析。所谓逐步聚类分析就是先把被聚对象进行初始分类，然后逐步调整，得到最终分类。因为整个过程不需要对基本数据和距离矩阵进行存储，因此处理速度快，占用内存少。具体来说，进行快速样本聚类首先要选择用于聚类分析的变量和类数，参与聚类分析的变量必须是数值型变量且至少要有一个。为了清楚地表明各观测量最后聚到哪一类，还应该指定一个表明观测量特征的变量作为标识变量，如编号、姓名之类的变量。聚类必须大于等于 2，但聚类数不能大于数据文件中的观测量数。如果选择了 n 个数值型变量参与聚类分析，最后要求聚类数为 k，那么可以由系统首先选择 k 个观测量（也可以由用户指定）作为聚类的种子，n 个变量组成 n 维空间，每个观测量在 n 维空间中是个点，k 个事先指定的观测量就是 k 个聚类中心点，也称为初始类中心。按照距这几个类中心的距离最小原则把观测量分派到各类中心所在的类中，形成第一次迭代形成的 k 类；根据组成每一类的观测量计算各变量均值，每一类中的 n 个均值在 n 维空间中又形成 k 个点，这就是第二次迭代的类中心。按照这种方法依次迭代下去，直到达到指定的迭代次数或中止迭代的判据要求时，迭代停止，聚类结束。

下面，以快速聚类为例，讲解如何运用 SPSS 对数据进行聚类分析。

【实验内容】

为了分析我国各省份产业结构的差异和区域特征，有必要对各省份的产业结构进行聚类分析。通过聚类分析，可将产业结构相近的省份归为一类，有助于分析产业结构的区域特征。本实验以第二产业比重和第三产业比重为变量，对全国各省份进行快速样本聚类分析。

【实验数据】

实验的样本为我国 30 个省、自治区、直辖市（西藏、香港、澳门、台湾除外），变量为 2016 年各地区第二、第三产业比重，数据来自《中国统计年鉴 2017》。样本及其变量数据如表 7－1 所示。

表 7-1 各变量数据

省、自治区、直辖市（西藏、香港、澳门、台湾除外）	第二产业比重（%）	第三产业比重（%）
北京市	19.26	80.23
天津市	42.33	56.44
河北省	47.57	41.54
山西省	38.54	55.45
内蒙古自治区	47.18	43.78
辽宁省	38.69	51.55
吉林省	47.41	42.45
黑龙江省	28.60	54.04
上海市	29.83	69.78
江苏省	44.73	50.00
浙江省	44.86	50.99
安徽省	48.43	41.05
福建省	48.92	42.88
江西省	47.73	41.97
山东省	46.08	46.68
河南省	47.63	41.78
湖北省	44.86	43.94
湖南省	42.28	46.37
广东省	43.42	52.01
广西壮族自治区	45.17	39.56
海南省	22.35	54.25
重庆市	44.52	48.13
四川省	40.84	47.23
贵州省	39.65	44.67
云南省	38.48	46.68
陕西省	48.92	42.35
甘肃省	34.94	51.41
青海省	48.59	42.81
宁夏回族自治区	46.97	45.40
新疆维吾尔自治区	37.79	45.12

【实验过程】

（1）将变量数据由 Excel 表导入 SPSS，如图 7-1（由于篇幅所限，这里只显示前面 10 个省份的数据）所示。

省、直辖市、自治区	第二产业比重	第三产业比重
北京市	19.26%	80.23%
天津市	42.33%	56.44%
河北省	47.57%	41.54%
山西省	38.54%	55.45%
内蒙古自治...	47.18%	43.78%
辽宁省	38.69%	51.55%
吉林省	47.41%	42.45%
黑龙江省	28.60%	54.04%
上海市	29.83%	69.78%
江苏省	44.73%	50.00%

图 7-1　各变量数据

（2）在“分析”下拉菜单中的“分类”菜单项里选择“K-均值聚类”项（如图 7-2 所示），弹出“K 均值聚类分析”对话框（如图 7-3 所示）。从对话框左侧的变量列表中选择第二产业比重和第三产业比重，点击➤钮使之进入“变量”框；选择省、直辖市、自治区，点击➤钮使之进入“个案标记依据”框。在“聚类数”处输入需要聚合的类数，本实验为“5”（也可以由用户根据自己分析的需要指定）。在“方法”上有两种：“迭代与分类”指先定初始类别中心点，而后按 K-均值算法作迭代分类；“仅分类”指仅按初始类别中心点分类，本实验选用前一种方法。

图 7-2　聚类菜单

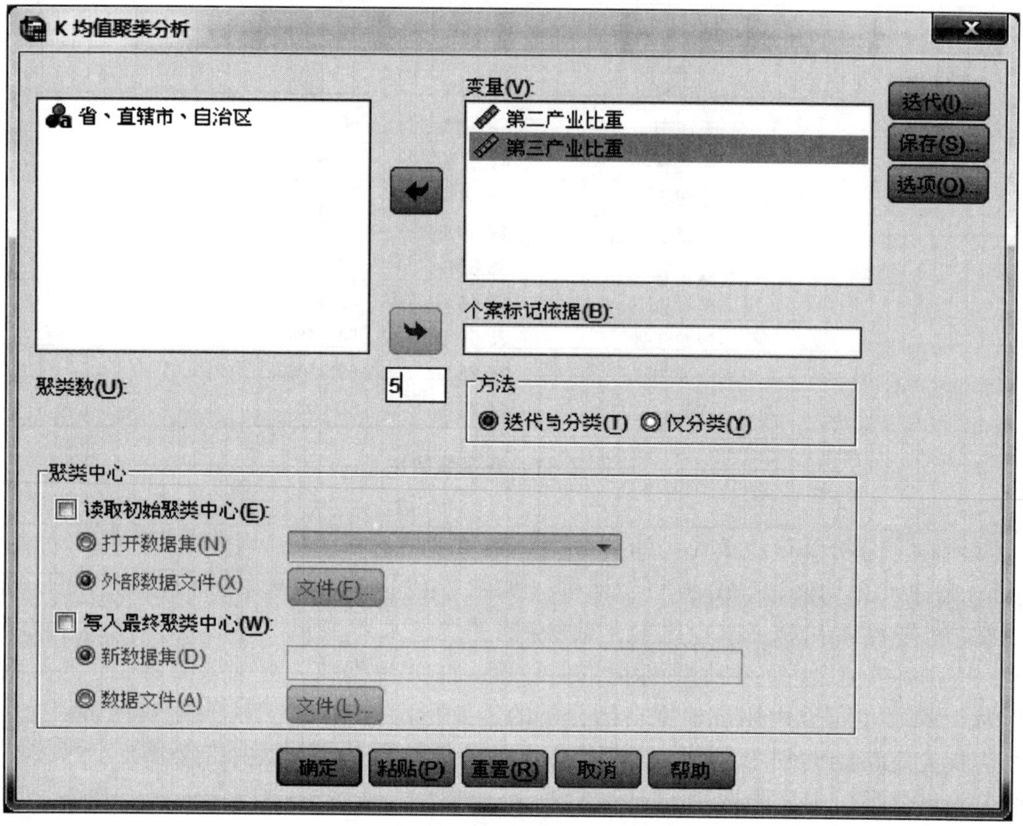

图 7-3　K 均值聚类分析对话框

为在原始数据库中逐一显示分类结果，点击“保存”钮弹出“保存新变量”对话框（如图 7-4 所示），选择“聚类成员”项，点击“继续”钮返回“K 均值聚类分析”对话框。

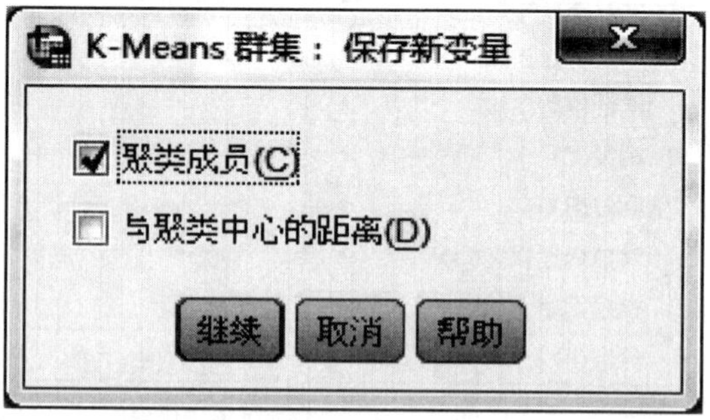

图 7-4　保存新变量对话框

为了对聚类结果进行方差分析，故点击“选项”钮弹出“选项”对话框（如图 7-5 所示），在“统计量”栏中选择“初始聚类中心”（默认选择项）和“ANOVA 表”项，点击“继续”钮，返回“K 均值聚类分析”对话框。其余选项为默认选项，点击“确定”钮运行程序，得到输出结果，如表 7-2～表 7-6 所示。

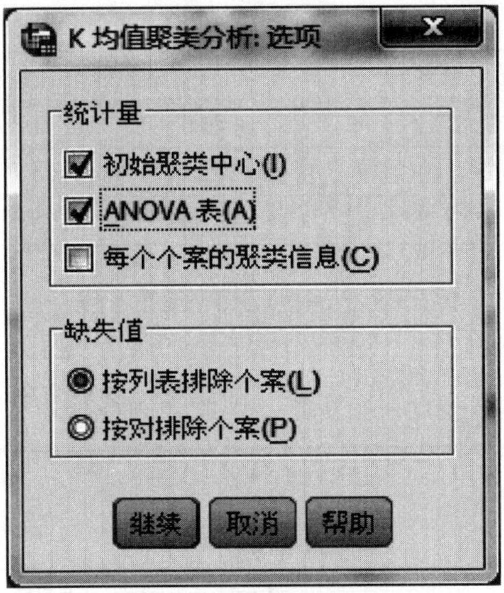

图 7－5　选项对话框

表 7－2　　初始类中心

	聚类					
	1	2	3	4	5	6
第二产业比重（%）	19.26	29.83	48.59	22.35	34.94	19.26
第三产业比重（%）	80.23	69.78	42.81	54.25	51.41	80.23

表 7－3　　迭代历史记录

迭代	聚类中心内的更改				
	1	2	3	4	5
1	0.000	0.000	2.452	3.127	4.669
2	0.000	0.000	1.191	0.000	1.162
3	0.000	0.000	0.432	0.000	0.333
4	0.000	0.000	0.000	0.000	0.000

由于聚类中心内没有改动或改动较小而达到收敛，任何中心的最大绝对坐标更改为 0.000。当前迭代为 4，初始中心间的最小距离为 12.903。

表 7－4　　F 最终聚类中心

	聚类				
	1	2	3	4	5
第二产业比重（%）	19.26	29.83	47.34	25.48	40.85
第三产业比重（%）	80.23	69.78	42.78	54.15	49.70

表 7－5 方差分析

	聚类		误差		F	Sig.
	均方	df	均方	df		
第二产业比重（%）	398.363	4	6.285	25	63.387	0.000
第三产业比重（%）	491.459	4	8.324	25	59.041	0.000

F 检验应仅用于描述目的，因为选中的聚类将被用来最大化不同聚类中的案例间的差别。

观测到的显著性水平并未据此进行更正，因此无法将其解释为是对聚类均值相等这一假设的检验。

表 7－6 每个聚类中的案例数

聚类	1	1.000
	2	1.000
	3	13.000
	4	2.000
	5	13.000
	有效	30.000
	缺失	0.000

结果分析：

表 7－2～表 7－4 显示：首先系统根据用户的指定，按 5 类聚合确定初始聚类的各变量中心点，未经 K 均值算法迭代，其类别间距离并非最优；经迭代运算后类别间各变量中心值得到修正。

表 7－5 显示：对聚类结果的类别间距离进行方差分析，方差分析表明，类别间距离差异的概率值均小于 0.001，即聚类效果好。

表 7－6 显示：原有 30 类（即原有的 30 个月份分组）聚合成 5 类。第一类、第二类均含原有 1 个变量，第四类含有 2 个变量，第三类和第五类均含原有 13 个变量。具体结果系统以变量名 QCL_1 存于原始数据文件中，如图 7－6 所示。

【实验结论】

根据聚类分析结果，可以看出区域产业结构的差异（见表 7－7）：北京的第三产业比重最高，达到 80.23%，而第二产业比重在所有省份中最低；上海的第二产业比重比北京稍高，第三产业比重也较高，仅次于北京；海南和黑龙江的第二产业比重很低，仅高于北京，第三产业比重比较高，达到 54%；河北等 13 个省份的产业结构比较接近，第二产业比重的变化范围在 44.86%～48.92%，第三产业比重的变化范围在 42.05%～46.68%，第二产业和第三产业比重都不太高且比较接近；天津等 13 个省份的第二产业与第三产业的比重也较为相近，但第二产业比重均高于第三产业比重。

省、自治区、直辖市（西藏、香港、澳门、台湾除外）	第二产业比重	第三产业比重	QCL_1
北京市	19.26%	80.23%	1
天津市	42.33%	56.44%	5
河北省	47.57%	41.54%	3
山西省	38.54%	55.45%	5
内蒙古自治...	47.18%	43.78%	3
辽宁省	38.69%	51.55%	5
吉林省	47.41%	42.45%	3
黑龙江省	28.60%	54.04%	4
上海市	29.83%	69.78%	2
江苏省	44.73%	50.00%	5
浙江省	44.86%	50.99%	5
安徽省	48.43%	41.05%	3
福建省	48.92%	42.88%	3
江西省	47.73%	41.97%	3
山东省	46.08%	46.68%	3
河南省	47.63%	41.78%	3
湖北省	44.86%	43.94%	3
湖南省	42.28%	46.37%	5
广东省	43.42%	52.01%	5
广西壮族自...	45.17%	39.56%	3
海南省	22.35%	54.25%	4
重庆市	44.52%	48.13%	5
四川省	40.84%	47.23%	5
贵州省	39.65%	44.67%	5
云南省	38.48%	46.68%	5
陕西省	48.92%	42.35%	3
甘肃省	34.94%	51.41%	5
青海省	48.59%	42.81%	3
宁夏回族自...	46.97%	45.40%	3
新疆维吾尔...	37.79%	45.12%	5

图 7－6　聚类分析最终结果文件

表 7－7 产业结构区域特征分析

类别	地区	第二产业比重（%）	第三产业比重（%）
1	北京	19.26%	80.23%
2	上海	29.83	69.78%
3	河北、内蒙古、吉林、安徽、福建、江西、山东、河南、湖北、广西、陕西、青海、宁夏	44.86～48.92	42.05～46.68
4	黑龙江、海南	22.35～28.6	54.04～54.25
5	天津、山西、辽宁、江苏、浙江、广东、湖南、重庆、四川、贵州、云南、甘肃、新疆	34.94～44.86	44.67～56.44

【实验讨论】

（1）合理确定分类数是快速样本聚类的关键，可根据具体的研究目的来确定。

（2）如何根据聚类结果进行更深入的分析是该方法的最终目的。

第二节　主成分分析

【实验说明】

多元分析处理的是多指标问题，由于指标太多，使得分析的复杂性增加。观察指标的增加本来是为了使研究过程趋于完整，但反过来说，为使研究结果清晰明了而一味增加观察指标又让人陷入混乱不清。而且在实际工作中，指标间经常具备一定的相关性，所以人们希望用较少的指标代替原来较多的指标，但依然能反映原有的全部信息，于是就产生了主成分分析、因子分析等方法。

主成分分析是研究如何通过少数几个主成分来解释多变量的方差——协方差结构的分析方法，也就是求出少数几个主成分，使它们尽可能多地保留原始变量的信息，且彼此不相关，可以很好地消除自变量之间的多重共线性。利用主成分分析不仅能简化分析，更能反映事物的本质。

主成分分析法是寻求少数的几个变量（或因子）来综合反映全部变量（因子）的大部分信息，变量虽然较原始变量少，但所包含的信息量却占原始信息的85%以上，用这些新变量来分析经济问题，其可信度仍然很高，而且这些新的变量彼此间互不相关，消除了多重共线性。对新变量的认识，不能错误简单地认为所寻求来的这几个少数变量（因子）是原始变量经过筛选后剩余的变量，而要清楚地认识到，对通过主成分分析所得来的新变量是原始变量的线性组合，如原始变量为 X_1，X_2，…，X_m，经过坐标变换，将原有的 m 个相关变量 X_i 作线性变换，转换成另一组 n 个不相关的变量 F_i（主成分），我们可以得到一组表达式：

$$F_1 = u_{11}X_1 + u_{12}X_2 + u_{13}X_3 + \cdots + u_{1m}X_m + e_1$$

$$F_2 = u_{21}X_1 + u_{22}X_2 + u_{23}X_3 + \cdots + u_{2m}X_m + e_2$$

$$F_3 = u_{31}X_1 + u_{32}X_2 + u_{33}X_3 + \cdots + u_{3m}X_m + e_3$$

……

$$F_n = u_{n1}X_1 + u_{n2}X_2 + u_{n3}X_3 + \cdots + u_{nm}X_m + e_n$$

每个主成分都是由原有 m 个变量线性组合得到的。矩阵 U 满足 $U'U=1$ 的条件，在诸多主成分 F_i 中，F_1 在总方差中占的比重最大，说明它综合原有变量 X_1，X_2，…，X_m 的能力最强，除 F_1 外的其余主成分 F_2，F_3，…，F_n 在总方差中占的比重依次递减，说明越往后的主成分综合原信息的能力越弱。以后的分析可以用前面几个方差最大的主成分来进行。一般情况下，要求前几个主成分所包含的信息不少于原始信息的85%（根据分析需要可以更高），这样既减少了变量的数目，又能够用较少的主成分反映原有变量的绝大部分信息，比如利用主成分来消除多元回归方程的多重共线性，利用主成分来筛选多元线性回归方程中的变量等。

主成分分析过程中为了消除数据的量纲和数量级，通常需要将原始数据进行标准化，将其转化为均值为0、方差为1的无量纲数据。同时，指标最好要同趋势化，一般为了评价分析的方便，需要将逆指标转化为正指标，转化的方式一般是用逆指标的倒数值代替原指标。

【实验内容】

在对我国各省份多个经济指标进行评价时，由于要求评价结果要客观、全面，就必须从多个方面用多个指标进行测量，因此不可避免地出现不同指标间信息的重叠。此时，用主成分分析方法进行则可以在力求数据信息丢失最少的原则下，对信息进行浓缩，更好地对各省市经济发展情况作出评价。本实验运用主成分分析法，将各省份的多个经济指标进行降维，在尽可能多的保留原来指标变异方面的信息的基础上，进一步提炼出能够更加简单、直观反映问题的综合指标。

【实验数据】

实验的样本为我国30个省、直辖市、自治区（西藏、香港、澳门、台湾除外），变量为2016年各地区的地区生产总值（X1）、居民消费水平（X2）、全社会固定资产投资（X3）、城镇单位就业人员职工平均工资（X4）、居民消费价格指数（X5）、商品零售价格指数（X6）、规模以上工业企业实收资本（X7）、地方财政一般预算收入（X8）、地方财政一般预算支出（X9）、居民人均可支配收入（X10）、居民人均消费支出（X11），数据来自《中国统计年鉴2017》。样本及其变量数据如表7－8所示。

表7－8　　　　各指标原始数据

地区	X1	X2	X3	X4	X5	X6	X7	X8	X9	X10	X11
北京	25 669	48 883	7 944	119 928	101.4	98.1	13 661	5 081	6 407	52 530	35 416
天津	17 885	36 257	12 779	86 305	102.1	100.5	5 611	2 724	3 699	34 074	26 129
河北	32 070	14 328	31 750	55 334	101.5	101.2	10 614	2 850	6 050	19 725	14 247
山西	13 050	15 065	14 198	53 705	101.1	100.5	4 842	1 557	3 429	19 049	12 683

续表

地区	X1	X2	X3	X4	X5	X6	X7	X8	X9	X10	X11
内蒙古	18 128	22 293	15 080	61 067	101.2	100.6	8 017	2 016	4 513	24 127	18 072
辽宁	22 247	23 670	6 692	56 015	101.6	101.0	7 212	2 200	4 577	26 040	19 853
吉林	14 777	13 786	13 923	56 098	101.6	101.3	3 097	1 264	3 586	19 967	14 773
黑龙江	15 386	17 393	10 648	52 435	101.5	101.1	8 814	1 148	4 227	19 839	14 446
上海	28 179	49 617	6 756	119 935	103.2	100.8	9 489	6 406	6 919	54 305	37 458
江苏	77 388	35 875	49 663	71 574	102.3	100.8	26 362	8 121	9 982	32 070	22 130
浙江	47 251	30 743	30 276	73 326	101.9	101.0	16 395	5 302	6 974	38 529	25 527
安徽	24 408	15 466	27 033	59 102	101.8	100.8	8 764	2 673	5 523	19 998	14 712
福建	28 811	23 355	23 237	61 973	101.7	100.7	7 180	2 655	4 275	27 608	20 167
江西	18 499	16 040	19 694	56 136	102.0	100.6	4 526	2 151	4 617	20 110	13 259
山东	68 024	25 860	53 323	62 539	102.1	101.3	16 584	5 860	8 755	24 685	15 926
河南	40 472	16 043	40 415	49 505	101.9	100.3	13 573	3 153	7 454	18 443	12 712
湖北	32 665	19 391	30 012	59 831	102.2	100.8	9 120	3 102	6 423	21 787	15 889
湖南	31 551	17 490	28 353	58 241	101.9	101.0	6 527	2 698	6 339	21 115	15 750
广东	80 855	28 495	33 304	72 326	102.3	100.8	20 610	10 390	13 446	30 296	23 448
广西	18 318	15 013	18 237	57 878	101.6	100.4	2 562	1 556	4 442	18 305	12 295
海南	4 053	18 431	3 890	61 663	102.8	101.0	777	638	1 376	20 653	14 275
重庆	17 741	21 032	16 048	65 545	101.8	101.3	3 320	2 228	4 002	22 034	16 385
四川	32 935	16 013	28 812	63 926	101.9	100.8	7 366	3 389	8 009	18 808	14 839
贵州	11 777	14 666	13 204	66 279	101.4	100.2	2 304	1 561	4 262	15 121	11 932
云南	14 788	14 534	16 119	60 450	101.5	100.7	4 001	1 812	5 019	16 720	11 769
陕西	19 400	16 657	20 825	59 637	101.3	100.3	7 657	1 834	4 389	18 874	13 943
甘肃	7 200	13 086	9 664	57 575	101.3	100.9	2 575	787	3 150	14 670	12 254
青海	2 572	16 751	3 528	66 589	101.8	100.4	962	239	1 525	17 302	14 775
宁夏	3 169	18 570	3 794	65 570	101.5	100.7	1 658	388	1 255	18 832	14 965
新疆	9 650	15 247	10 288	63 739	101.4	100.5	5 485	1 299	4 138	18 355	14 066

【实验过程】

（1）将变量数据由 Excel 表导入 SPSS，如图 7 - 7 所示（由于篇幅所限，这里只显示前面 10 个省份的数据）。

地区	X1	X2	X3	X4	X5	X6	X7	X8	X9	X10	X11
北京市	25669.13	48883.00	7943.89	119928.00	101.40	98.10	13661.1	5081.26	6406.77	52530.38	35415.75
天津市	17885.39	36257.00	12779.39	86305.00	102.10	100.50	5610.71	2723.50	3699.43	34074.46	26129.35
河北省	32070.45	14328.00	31750.02	55334.00	101.50	101.20	10613.8	2849.87	6049.53	19725.42	14247.49
山西省	13050.41	15065.00	14197.98	53705.00	101.10	100.50	4841.97	1557.00	3428.86	19048.88	12682.85
内蒙古自治区	18128.10	22293.00	15080.01	61067.00	101.20	100.60	8016.66	2016.43	4512.71	24126.64	18072.28
辽宁省	22246.90	23670.00	6692.25	56015.00	101.60	101.00	7211.59	2200.49	4577.47	26039.70	19852.80
吉林省	14776.80	13786.00	13923.20	56098.00	101.60	101.30	3096.70	1263.78	3586.09	19966.99	14772.55
黑龙江省	15386.09	17393.00	10648.35	52435.00	101.50	101.10	8813.72	1148.41	4227.34	19838.50	14445.81
上海市	28178.65	49617.00	6755.88	119935.00	103.20	100.80	9489.46	6406.13	6918.94	54305.35	37458.33
江苏省	77388.28	35875.00	49663.21	71574.00	102.30	100.80	26361.8	8121.23	9981.96	32070.10	22129.89

图 7－7　各变量数据

（2）在“分析”下拉菜单中的“降维”菜单项里选择“因子分析”项（如图 7－8 所示），弹出“因子分析”对话框（如图 7－9 所示）。从对话框左侧的变量列表中选择 X1 至 X11，点击➤钮使之进入“变量”框。

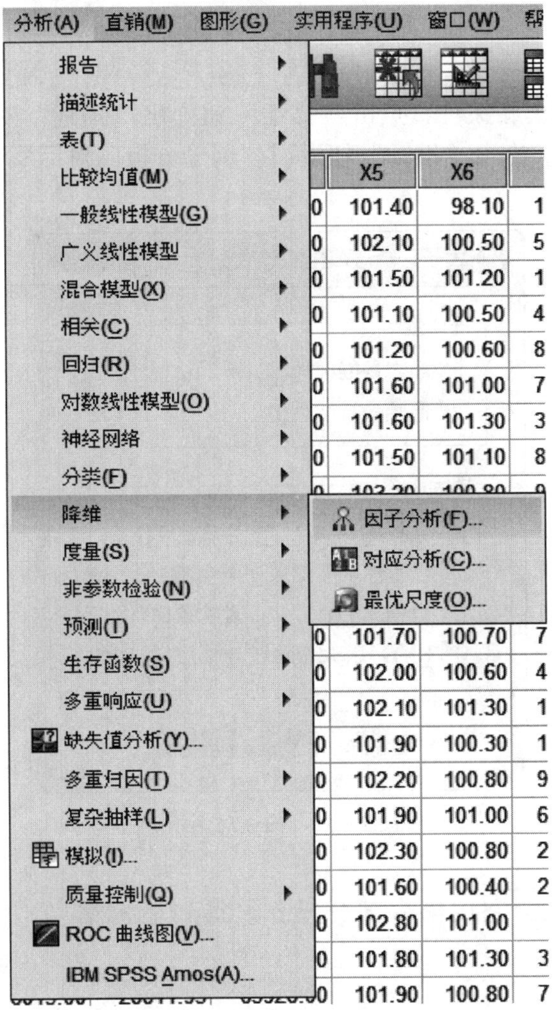

图 7－8　主成分分析菜单

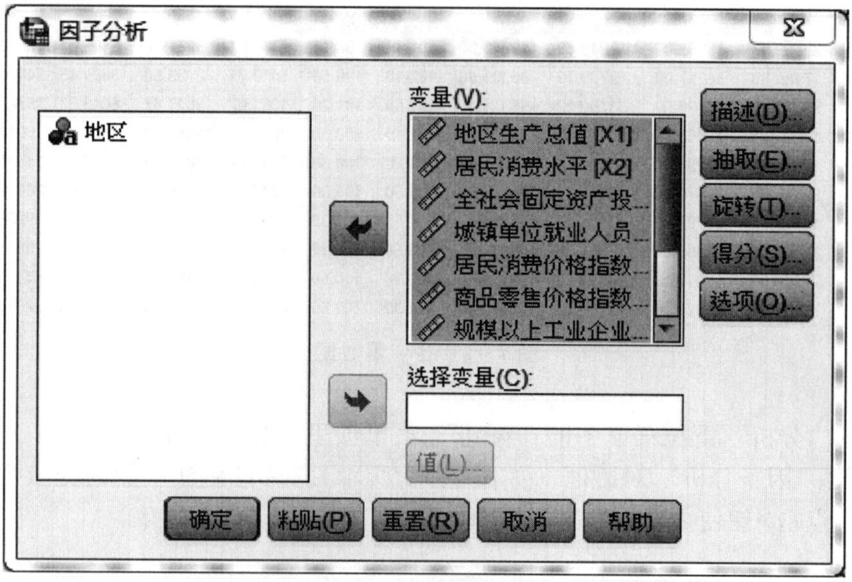

图7－9　因子分析对话框

为了解原始变量间的相关性，点击“描述”钮弹出“描述”对话框（如图7－10所示），选择“系数”项，点击“继续”钮返回“因子分析”对话框。

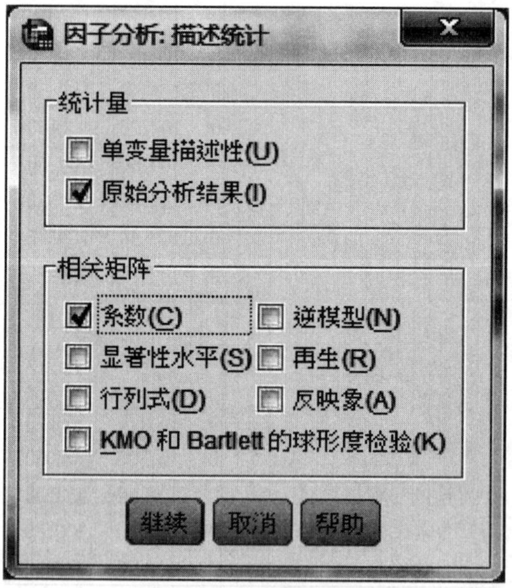

图7－10　描述对话框

点击“确定”按钮，完成第一部分操作。得到输出结果，如表7－9～表7－12所示。

表 7-9

相关分析表

	地区生产总值	居民消费水平	全社会固定资产投资	城镇单位就业人员平均工	居民消费价格指数	商品零售价格指数	规模以上工业企业实收资本	地方财政一般预算收入	地方财政一般预算收入	居民人均可支配收入	居民人均消费支出
地区生产总值	10.000	0.401	0.851	0.126	0.393	0.133	0.926	0.914	0.934	0.357	0.329
居民消费水平	0.401	10.000	0.031	0.903	0.488	-0.397	0.526	0.657	0.391	0.970	0.969
全社会固定资产投资	0.851	0.031	10.000	-0.217	0.205	0.244	0.749	0.610	0.756	-0.008	-0.066
城镇单位就业人员平均工	0.126	0.903	-0.217	10.000	0.405	-0.544	0.246	0.465	0.209	0.900	0.911
居民消费价格指数	0.393	0.488	0.205	0.405	10.000	0.251	0.293	0.507	0.357	0.464	0.457
商品零售价格指数	0.133	-0.397	0.244	-0.544	0.251	10.000	-0.053	-0.052	0.015	-0.392	-0.380
规模以上工业企业实收资本	0.926	0.526	0.749	0.246	0.293	-0.053	10.000	0.885	0.866	0.489	0.454
地方财政一般预算收入	0.914	0.657	0.610	0.465	0.507	-0.052	0.885	10.000	0.920	0.629	0.616
地方财政一般预算支出	0.934	0.391	0.756	0.209	0.357	0.015	0.866	0.920	10.000	0.376	0.358
居民人均可支配收入	0.357	0.970	-0.008	0.900	0.464	-0.392	0.489	0.629	0.376	10.000	0.987
居民人均消费支出	0.329	0.969	-0.066	0.911	0.457	-0.380	0.454	0.616	0.358	0.987	10.000

表 7-10 共同度表

	起始	抽取
地区生产总值	1.000	0.986
居民消费水平	1.000	0.963
全社会固定资产投资	1.000	0.887
城镇单位就业人员平均工	1.000	0.946
居民消费价格指数	1.000	0.857
商品零售价格指数	1.000	0.864
规模以上工业企业实收资本	1.000	0.926
地方财政一般预算收入	1.000	0.955
地方财政一般预算支出	1.000	0.912
居民人均可支配收入	1.000	0.958
居民人均消费支出	1.000	0.962

提取方法：主成分分析。

表 7-11 解释的总方差

成分	初始特征值			提取平方和载入		
	合计	方差的%	累计%	合计	方差的%	累计%
1	5.998	54.531	54.531	5.998	54.531	54.531
2	3.100	28.178	82.709	3.100	28.178	82.709
3	1.118	10.167	92.876	1.118	10.167	92.876
4	0.348	3.167	96.043			
5	0.206	1.869	97.912			
6	0.109	0.987	98.899			
7	0.053	0.478	99.377			
8	0.037	0.336	99.713			
9	0.018	0.161	99.873			
10	0.009	0.083	99.956			
11	0.005	0.044	100.000			

提取方法：主成分分析。

表 7-12 成分矩阵

	成分		
	1	2	3
地区生产总值	0.793	0.594	-0.063
居民消费水平	0.857	-0.476	0.047
全社会固定资产投资	0.471	0.805	-0.127

续表

	成分		
	1	2	3
城镇单位就业人员平均工	0.685	-0.691	0.013
居民消费价格指数	0.564	-0.002	0.734
商品零售价格指数	-0.214	0.578	0.696
规模以上工业企业实收资本	0.837	0.426	-0.213
地方财政一般预算收入	0.939	0.271	-0.017
地方财政一般预算支出	0.794	0.513	-0.139
居民人均可支配收入	0.836	-0.506	0.051
居民人均消费支出	0.818	-0.536	0.071

从表7－9中可以看出，许多指标之间存在着较强的相关性，说明在信息表达上确实存在重叠，也进一步说明了有必要对现有信息进行浓缩。

表7－10是变量共同度表，说明的是提取公因子前后各变量的共同度，它是衡量公共因子的重要指标。例如，变量X1的共同度为0.986，说明提取的公因子对X1的方差做出了82.6%的贡献，剩余17.4%为特殊因子对X1做出的贡献。

从表7－11中列出了所有11个主成分，并按照特征根从大到小进行了排序。可以看出，有三个主成分的特征根大于1，因此软件提出了前三个主成分。具体来看，第一个主成分的方差占所有主成分方差的54.531%，超过了一半。前三个主成分的累计方差贡献率达到了92.876%，说明选取前三个主成分已经足够描述各省市经济发展现状了。

表7－12是主成分系数矩阵，说明了各个主成分在各变量上的载荷，下面，我们对变量进一步转换。将因子分析的因子载荷矩阵数据输入并保存，分别命名为“A1”“A2”和“A3”（见图7－11）。

A1	A2	A3
0.79	0.59	-0.06
0.86	-0.48	0.05
0.47	0.81	-0.13
0.69	-0.69	0.01
0.56	0.00	0.73
-0.21	0.58	0.70
0.84	0.43	-0.21
0.94	0.27	-0.02
0.79	0.51	-0.14
0.84	-0.51	0.05
0.82	-0.54	0.07

图7－11　因子载荷矩阵数据

选择菜单“转换”下的“计算变量”，弹出“计算变量”对话框（见图7－12）。

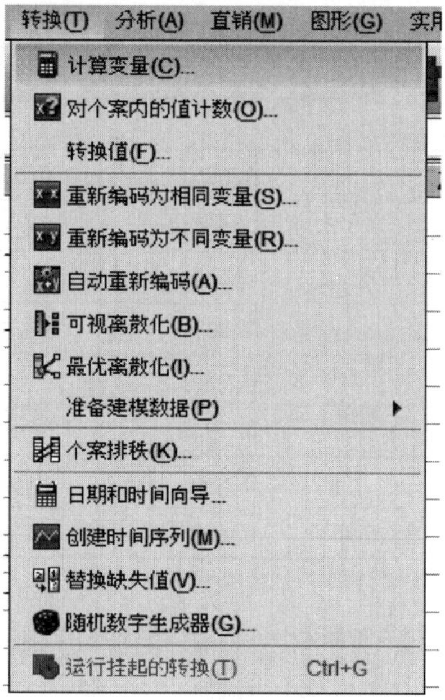

图 7－12 计算变量菜单

在“目标变量”框中填写“Z1”，在“数字表达式”框中填写“A1/SQRT（5.998）”，点击“确定”（见图 7－13）。同理，在“目标变量”框中填写“Z2”，在“数字表达式”框中填写“A2/SQRT（3.1）”，点击“确定”。在“目标变量”框中填写“Z3”，在“数字表达式”框中填写“A3/SQRT（1.118）”，点击“确定”。得到新生成的向量 Z1、Z2、Z3（见图 7－14）。

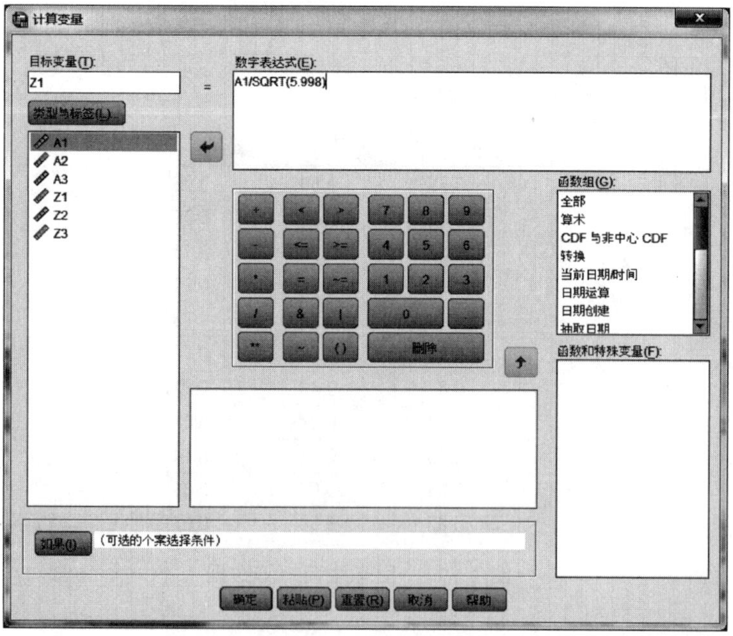

图 7－13 计算变量对话框

Z1	Z2	Z3
0.32	0.34	-0.06
0.35	-0.27	0.04
0.19	0.46	-0.12
0.28	-0.39	0.01
0.23	0.00	0.69
-0.09	0.33	0.66
0.34	0.24	-0.20
0.38	0.15	-0.02
0.32	0.29	-0.13
0.34	-0.29	0.05
0.33	-0.30	0.07

图 7－14　Z1、Z2、Z3 的取值

选择菜单命令“分析”中的“描述性统计”中的“描述”（见图 7－15），将 X1 ~ X11 选入“变量”对话框中（见图 7－16），选择“将标准化得分另存为变量”，对变量进行标准化处理，点击“确定”完成操作，生成以 Z 开头的标准化变量（见图 7－17，篇幅原因，只显示前 11 个变量）。

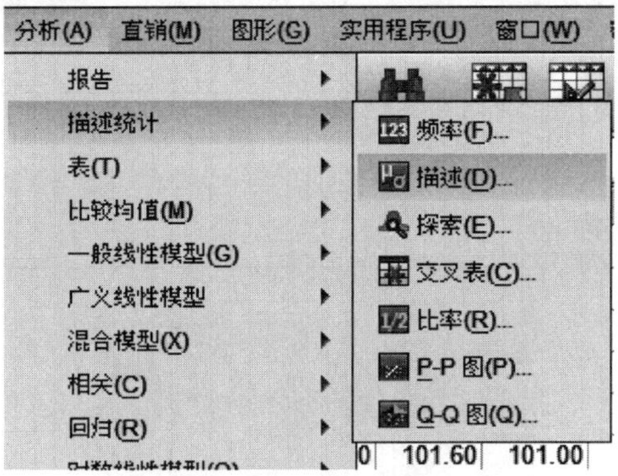

图 7－15　描述统计菜单

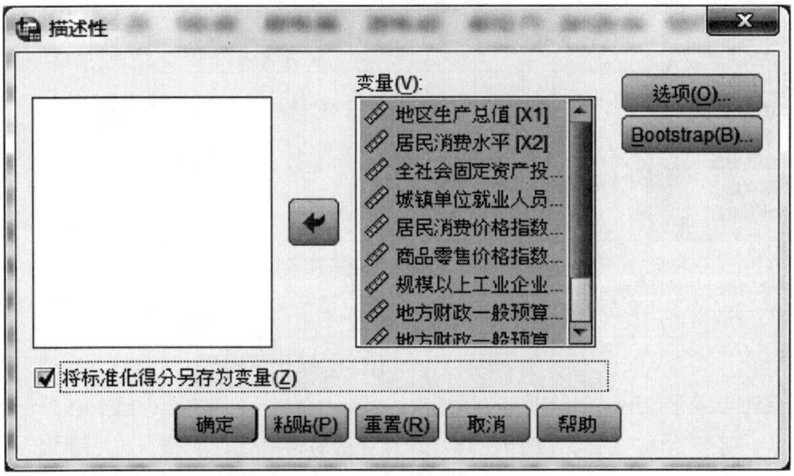

图 7－16　描述性对话框

ZX1	ZX2	ZX3	ZX4	ZX5	ZX6	ZX7	ZX8	ZX9	ZX10	ZX11
-0.01479	2.79298	-0.92215	3.29896	-0.83662	-4.48699	0.94342	0.93696	0.43434	2.92071	2.77731
-0.40518	1.49720	-0.55177	1.24944	0.67795	-0.31305	-0.39552	-0.07711	-0.62061	1.02253	1.34014
0.30627	-0.75332	0.90130	-0.63842	-0.62025	0.90435	0.43659	-0.02276	0.29514	-0.45325	-0.49869
-0.64769	-0.67769	-0.44311	-0.73772	-1.48572	-0.31305	-0.52338	-0.57882	-0.72604	-0.52283	-0.74084
-0.39301	0.06411	-0.37555	-0.28896	-1.26935	-0.13913	0.00464	-0.38122	-0.30370	-0.00059	0.09323
-0.18643	0.20543	-1.01802	-0.59691	-0.40388	0.55653	-0.12926	-0.30205	-0.27847	0.19617	0.36878
-0.56110	-0.80895	-0.46416	-0.59185	-0.40388	1.07827	-0.81365	-0.70493	-0.66477	-0.42841	-0.41743
-0.53054	-0.43877	-0.71500	-0.81514	-0.62025	0.73044	0.13720	-0.75455	-0.41490	-0.44162	0.46800
0.11108	2.86831	-1.01315	3.29939	3.05798	0.20870	0.24959	1.50678	0.63391	3.10326	3.09341
2.57921	1.45800	2.27338	0.35150	1.11068	0.20870	3.05581	2.24444	1.82746	0.81639	0.72119

图 7-17　标准化后的数据

点击“转换”菜单下的“计算变量”，弹出“计算变量”对话框，在“目标变量”框中填写“F1”，在“数字表达式”框中填写 Z1 的各分量与 ZX 向量各分量的乘积和，点击“确定”完成操作（见图 7-18），同理，求得 F2、F3（见图 7-19）。

图 7-18　计算变量对话框

F1	F2	F3
11.45	-9.08	-3.40
3.08	-4.20	0.78
-1.17	3.07	-0.19
-5.18	-0.17	-1.10
-1.83	-0.75	-0.90
-1.35	-0.88	0.35
-4.79	0.28	0.73
-3.87	0.43	0.14
13.29	-6.70	2.88
12.58	4.59	-0.27

图 7－19　F1、F2、F3 的取值

右击“F1”列，选择“降序排列”，右击“F2”列，选择“降序排列”，或“F3”列，选择“降序排列”（见图 7－20），分别可以得到按第一主成分、第二主成分和第三主成分得分降序排列的结果（见表 7－13）。

图 7－20　对 F1、F2、F3 降序排列

表 7－13　　按各主成分的省、自治区、直辖市排名情况

	第一主成分得分		第二主成分得分		第三主成分得分
上海市	13. 29	山东省	5. 62	上海市	2. 88
广东省	12. 70	江苏省	4. 59	海南省	2. 63
江苏省	12. 58	广东省	4. 53	重庆市	1. 05
北京市	11. 45	河南省	3. 83	天津市	0. 78
浙江省	7. 28	河北省	3. 07	吉林省	0. 73
山东省	6. 57	四川省	2. 28	湖北省	0. 53

续表

	第一主成分得分		第二主成分得分		第三主成分得分
天津市	3.08	湖南省	1.91	湖南省	0.40
河南省	0.86	湖北省	1.89	辽宁省	0.35
湖北省	0.81	安徽省	1.62	江西省	0.33
四川省	0.26	浙江省	0.61	青海省	0.30
福建省	0.22	江西省	0.46	山东省	0.28
湖南省	-0.59	黑龙江省	0.43	浙江省	0.21
河北省	-1.17	云南省	0.43	宁夏回族自治区	0.19
安徽省	-1.29	吉林省	0.28	黑龙江省	0.14
辽宁省	-1.35	陕西省	0.22	四川省	0
内蒙古自治区	-1.83	广西壮族自治区	0.07	福建省	-0.01
重庆市	-2.39	山西省	-0.17	安徽省	-0.02
江西省	-2.80	重庆市	-0.29	广东省	-0.16
陕西省	-3.04	福建省	-0.31	甘肃省	-0.17
黑龙江省	-3.87	甘肃省	-0.33	河北省	-0.19
广西壮族自治区	-4.14	内蒙古自治区	-0.75	江苏省	-0.27
云南省	-4.24	贵州省	-0.83	云南省	-0.33
新疆维吾尔自治区	-4.34	新疆维吾尔自治区	-0.87	广西壮族自治区	-0.47
海南省	-4.63	辽宁省	-0.88	新疆维吾尔自治区	-0.62
吉林省	-4.79	海南省	-2.10	内蒙古自治区	-0.90
贵州省	-4.83	宁夏回族自治区	-2.56	贵州省	-0.96
山西省	-5.18	青海省	-2.76	河南省	-0.97
青海省	-5.95	天津市	-4.20	山西省	-1.10
宁夏回族自治区	-6.04	上海市	-6.70	陕西省	-1.24
甘肃省	-6.64	北京市	-9.08	北京市	-3.40

【实验结论】

通过上述分析，求得了原来 11 个原始变量的三个主成分，并可以用这三个主成分计算出综合指标，对各省份进行综合排序。如东部地域第一主成分的得分普遍偏高，中部地区一般，西部地区普遍偏低。但也可以发现，由于主成分分析本质上是一种矩阵变换的过程，并不要求各个主成分都具有实际意义，因此，目前多得到的主成分的含义尚不明确：在第一主成分中，X1、X2、X4、X7、X8、X9、X10、X11、X12 的系数较大，可看作是反映地区生产总值、居民消费水平、职工平均工资、工业企业资本、地方财政收入、地方财政支出、居民可支配收入和人均消费支出的综合指标；在第二主成分中，只有X3系数较大，可看作是反映固定资产投资的指标；在第三主成分中，X5、X6的系数较大，可以看作是反映居民消费价格指数和商品零售价格指数的综合指标。

【实验讨论】

（1）虽然本例中主成分分析方法帮助我们将信息进行了归类，但显然对于各个主成分的解释还不够完美，导致即使有了排序结果，也不便于进一步分析各个省市的经济情况。因此，在下一节的因子分析中，我们考虑应如何使获得的信息更加具有意义。

（2）主成分分析法还可以用于进行多目标的评价、比较、得分排序，比如福建和台湾的经济综合竞争力的比较等。

第三节　因 子 分 析

【实验说明】

在上一节主成分分析中，我们对全国（西藏、香港、澳门、台湾除外）30个省、自治区、直辖市的经济发展情况进行了分析，最终将11个经济指标变量浓缩成了3个主成分，但由于主成分分析中，各个主成分背后的含义并不明确，这对进一步探讨11个原始变量背后代表的地区发展内容形成阻碍。因此，本节中，我们按照因子分析的思路对上一案例进行更加深入的分析。

【实验数据】

本次实验的样本同上一节相同，为我国30个省、自治区、直辖市（西藏、香港、澳门、台湾除外），变量为2016年各地区的地区生产总值（X1）、居民消费水平（X2）、全社会固定资产投资（X3）、城镇单位就业人员职工平均工资（X4）、居民消费价格指数（X5）、商品零售价格指数（X6）、规模以上工业企业实收资本（X7）、地方财政一般预算收入（X8）、地方财政一般预算支出（X9）、居民人均可支配收入（X10）、居民人均消费支出（X11），数据来自《中国统计年鉴2017》。

【实验过程】

（1）将变量数据由Excel表导入SPSS，如图7－21所示。

（2）在“分析”下拉菜单中的“降维”菜单项里选择“因子分析”项（如图7－21所示），弹出“因子分析”对话框（如图7－22所示）。从对话框左侧的变量列表中选择X1～X11，点击➤钮使之进入“变量”框。

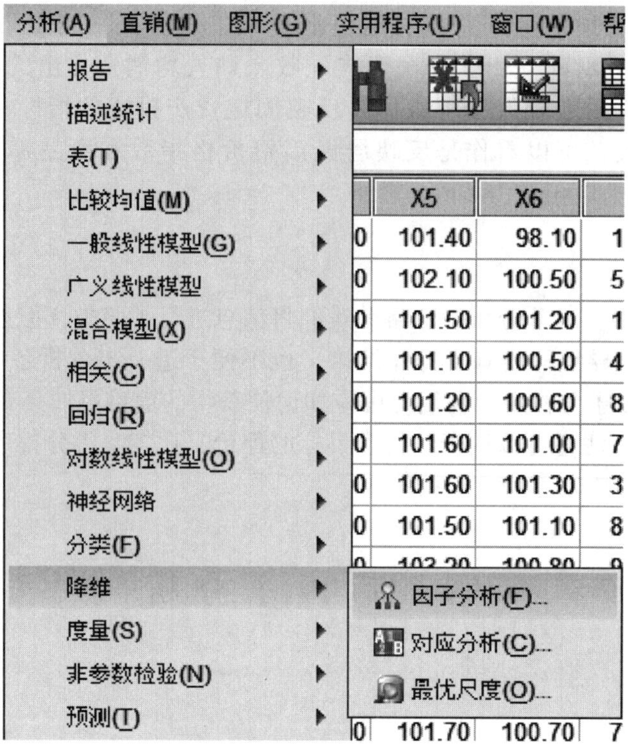

图 7-21 因子分析菜单

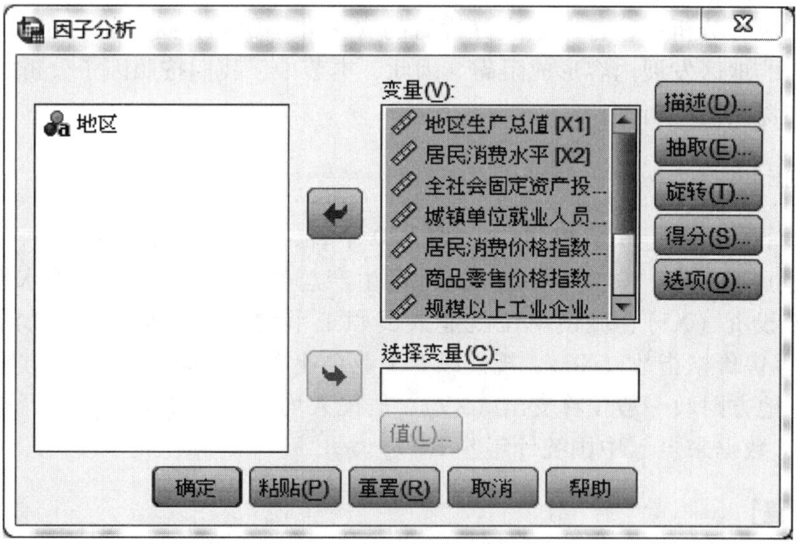

图 7-22 因子分析对话框

为了解原始变量间的相关性，点击"描述"钮弹出"描述"对话框（如图 7-23 所示），选择"系数"项。同时，选中"相关分析"选项组中的"KMO 和 Bartlett 的球形度检验"复选框，点击"继续"钮返回"因子分析"对话框。

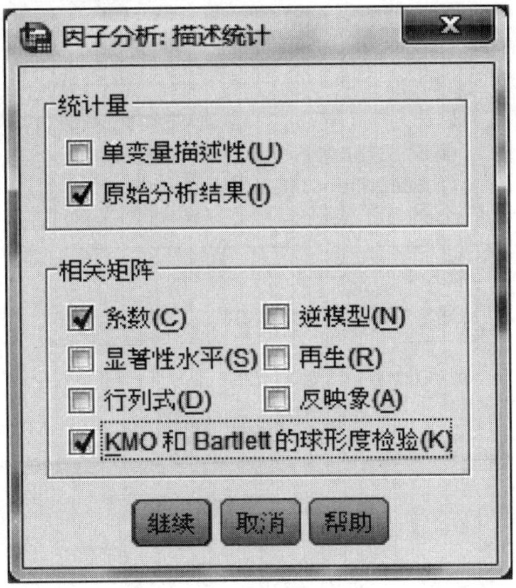

图 7－23　描述对话框

点击“抽取”按钮，选中“输出”选项组中的“碎石图”复选框（见图 7－24）。点击“继续”钮返回“因子分析”对话框。

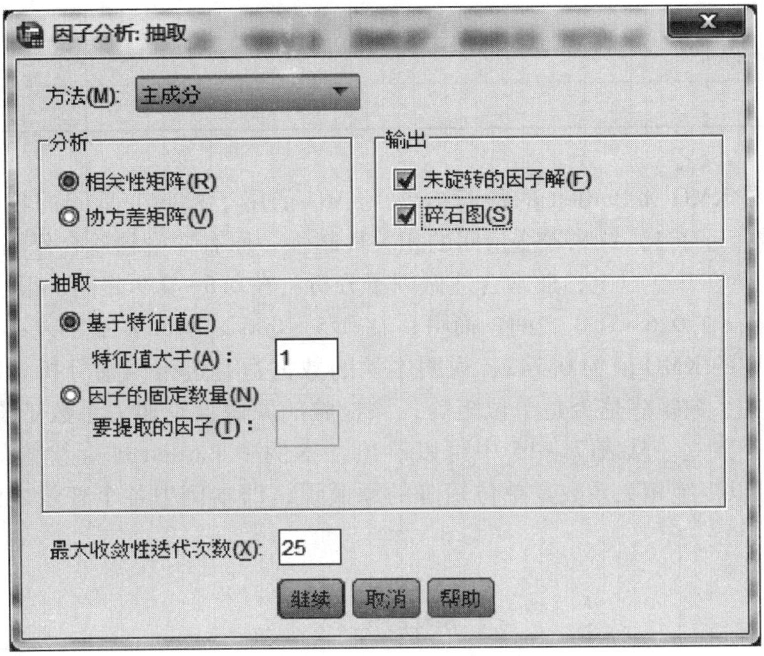

图 7－24　抽取对话框

点击“旋转”按钮，选中“方法”选项组中的“最大方差法”复选框（见图 7－25）。点击“继续”钮返回“因子分析”对话框。

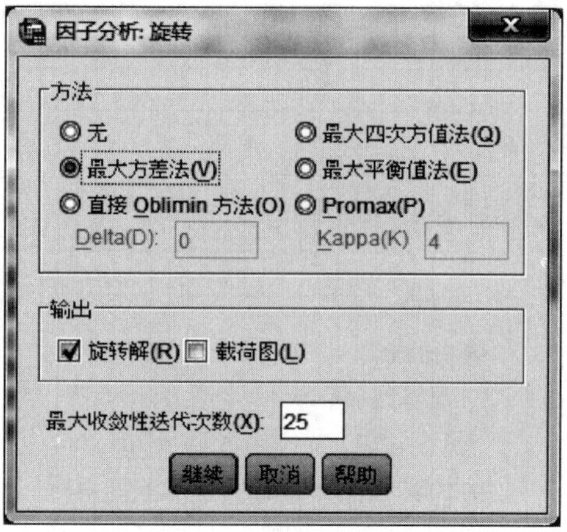

图 7-25　旋转对话框

点击“确定”按钮，完成第一部分操作。得到输出结果，如表 7-14 和表 7-15 所示。

表 7-14　**KMO 和 Bartlett 的检验**

取样足够度的 Meyer-Olkin 度量	0.742
近似卡方	542.281
Bartlett 的球形检验 df	55.000
Sig.	0

表 7-13 是 KMO 和 Bartlett 的检验结果。KMO 值用于检验变量间的相关系数是否过小，KMO 值越接近于 1，意味着变量间的相关性越强，原有变量越适合作因子分析。一般情况下，KMO 值在 0.9 以上，非常合适做因子分析；在 0.8~0.9 之间，很适合；在 0.7~0.8 之间，适合；在 0.6~0.7 之间，尚可；在 0.5~0.6 之间，表示很差；在 0.5 以下应该放弃。本例中的 KMO 值为 0.742，说明本例的数据适合进行因子分析。Bartlett 球形检验用于判断相关系数矩阵是否是单位矩阵，该检验的原假设是相关系数矩阵是单位矩阵，即各个变量相互独立。从表 7-15 中可以看出，本例中 Bartlett 球形检验的 Sig. 取值为 0.000，说明可以拒绝相关系数是单位矩阵的原假设，即本例中各个变量之间不是相互独立的。

表 7-15　**解释的总方差**

成分	初始特征值			提取平方和载入			旋转平方和载入		
	合计	方差的%	累计%	合计	方差的%	累计%	合计	方差的%	累计%
1	5.998	54.531	54.531	5.998	54.531	54.531	4.575	41.594	41.594
2	3.100	28.178	82.709	3.100	28.178	82.709	4.364	39.671	81.265
3	1.118	10.167	92.876	1.118	10.167	92.876	1.277	11.611	92.876

续表

成分	初始特征值			提取平方和载入			旋转平方和载入		
	合计	方差的%	累计%	合计	方差的%	累计%	合计	方差的%	累计%
4	0.348	3.167	960.043						
5	0.206	1.869	97.912						
6	0.109	0.987	98.899						
7	0.053	0.478	99.377						
8	0.037	0.336	99.713						
9	0.018	0.161	99.873						
10	0.009	0.083	99.956						
11	0.005	0.044	1 000.000						

提取方法：主成分分析。

从表7－15中可以看出，因子旋转后表格最后右侧会给出旋转后各因子的载荷情况。本例中提取了三个公因子，因此，因子旋转只会在这三个公因子进行。通过旋转，三个公因子彼此间方差贡献率的差距明显缩小，但累计方差贡献率仍为92.876%，并按照从大到小进行排列。可以看出，在保持累计方差贡献率不变的情况下，因子旋转对信息量进行了重新分配。

图7－26是碎石图，是由特征根从大到小排列而成的主成分散点图。纵坐标代表特征值，横坐标代表因子数。可以看出，前三个因子的特征根大于1，故提取三个主成分（见表7－16）。

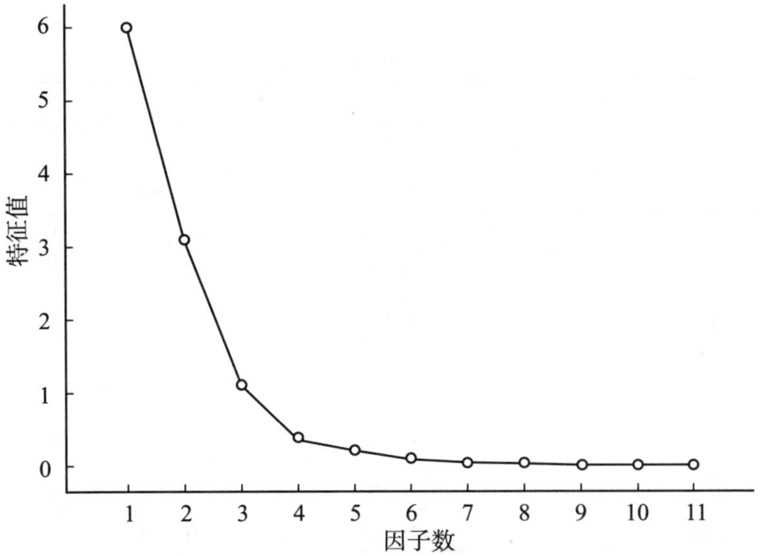

图7－26　碎石图

表 7-16　　成分矩阵

	成分		
	1	2	3
地区生产总值	0.793	0.594	-0.063
居民消费水平	0.857	-0.476	0.047
全社会固定资产投资	0.471	0.805	-0.127
城镇单位就业人员平均工	0.685	-0.691	0.013
居民消费价格指数	0.564	-0.002	0.734
商品零售价格指数	-0.214	0.578	0.696
规模以上工业企业实收资本	0.837	0.426	-0.213
地方财政一般预算收入	0.939	0.271	-0.017
地方财政一般预算支出	0.794	0.513	-0.139
居民人均可支配收入	0.836	-0.506	0.051
居民人均消费支出	0.818	-0.536	0.071

表 7-17 为进行最大方差法旋转后的因子载荷矩阵。从表中可以看出，第一公因子在 X2、X4、X10 和 X11 有较大的载荷，主要从居民消费水平、就业人员平均工资、居民人均可支配收入和支持方面反映地区经济发展情况，根据内容可以命名为消费因子。第二公因子在 X1、X3、X7、X8 和 X9 有较大的载荷，主要从地区生产总值、固定资产投资、工业企业实收资本、地方财政收入和支出的方面进行衡量，可以归纳命名为总量因子。第三公因子在 X5 和 X6 有较大的载荷，表现为居民消费价格指数和商品零售价格指数，由此可以命名为价格因子。可以发现，经过旋转后的各公因子的意义更加明晰和合理，有利于我们对数据的进一步解读和应用。

表 7-17　　旋转后的成分矩阵

	成分		
	1	2	3
地区生产总值	0.153	0.968	0.159
居民消费水平	0.948	0.253	0.022
全社会固定资产投资	-0.230	0.906	0.114
城镇单位就业人员平均工	0.969	-0.004	-0.079
居民消费价格指数	0.472	0.212	0.768
商品零售价格指数	-0.490	0.082	0.786
规模以上工业企业实收资本	0.287	0.918	-0.021
地方财政一般预算收入	0.485	0.836	0.142
地方财政一般预算支出	0.203	0.931	0.066
居民人均可支配收入	0.954	0.218	0.016
居民人均消费支出	0.964	0.180	0.028

在求解因子得分时，可以利用与主成分分析相似的方法人工计算出各个因子得分，但也可利用软件直接求得。这里介绍 SPSS 软件中的操作。

点击“得分”按钮，弹出“因子得分”子对话框，勾选“保存为新变量”复选框（见图 7－27）。保持“方法”选项组中的“回归”选项，点击“继续”钮返回“因子分析”对话框。

图 7－27　因子得分对话框

可以在数据集中看到新增的单列因子得分（由于篇幅原因只显示前十项，见图 7－28）。

FAC1_1	FAC2_1	FAC3_1
3.10742	0.03433	-3.40564
1.36226	-0.73884	0.41222
-0.83703	0.58299	0.04142
-0.66999	-0.39795	-1.06158
-0.12541	-0.18476	-0.86865
0.05956	-0.42023	0.20616
-0.57499	-0.64494	0.56889
-0.54627	-0.38007	0.07924
3.30698	-0.56662	2.23105
0.45998	2.51491	0.32851

图 7－28　因子得分

由于三个公因子分别从不同方面反映地区的经济发展水平，若单独以一个公因子作为评价标准很难综合地对地区经济发展情况进行分析，因此，这里考虑按各公因子方差贡献率的比例为权数，计算综合得分。

选择菜单“转换”下的“计算变量”（见图 7－29），弹出“计算变量”对话框。

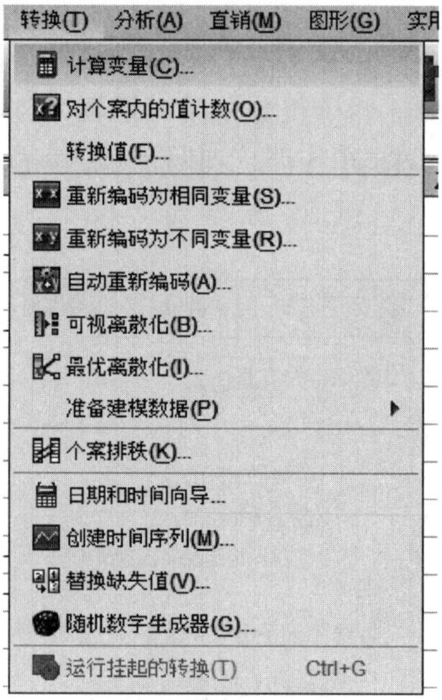

图 7-29 计算变量菜单

在“目标变量”框中填写“Score”，在“数字表达式”框中填写“41.594/92.876 * FAC1_1 + 39.671/92.876 * FAC2_1 + 11.611/92.876 * FAC3_1”，点击“确定”（见图 7-30）。

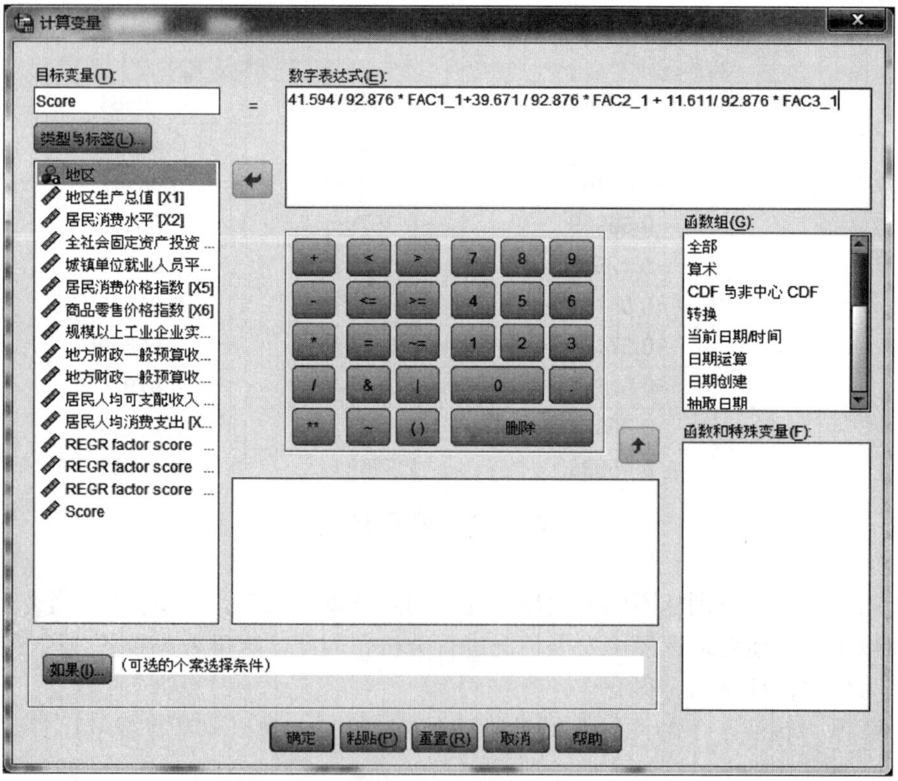

图 7-30 计算变量对话框

求得各省市综合因子得分后，按从大到小排序，得到前五名的地区情况如表 7 – 18 所示。

表 7 – 18　综合因子得分排名前五的地区

地区	FAC1_1（消费因子）	FAC2_1（总量因子）	FAC3_1（价格因子）	Score
上海市	3. 30698	–0. 56662	2. 23105	1. 52
广东省	0. 49538	2. 49508	0. 42889	1. 34
江苏省	0. 45998	2. 51491	0. 32851	1. 32
北京市	3. 10742	0. 03433	–3. 40564	0. 98
浙江省	0. 74715	0. 92823	0. 34957	0. 77

【实验结论】

由此可见，上海市的综合得分最高，原因在于消费因子和价格因子的得分非常突出。广东省排名第二，三类因子的得分均尚可，其中总量因子表现较好，因此整体拉高了其综合得分。江苏省的综合得分比广东省稍低，并与广东省三类因子得分的结构相似。北京市排名第四，虽然价格因子的得分较低，但由于消费因子得分较高，故提升了综合因子得分。浙江省排名第五，三类因子的表现比较平均。

基于上述结果，还可以对数据进行进一步分析，挖掘出更多的地区经济发展特征。

【实验讨论】

（1）需要注意的是，若计算综合得分时存在反向因子（如奔跑时间，时间越少，说明运动员能力越强），则需要取相反数来计算因子得分，否则结果不准确。

（2）对于因子分析得到的初始因子模型，其因子载荷矩阵通常比较复杂，难以对因子给出一个合理的解，故往往考虑进一步做因子旋转，以求旋转后得到更加合理的解释。

（3）主成分分析法与因子分析很相似，操作过程也有很多相似之处，容易混淆，要注意区分。

【实验拓展】

（1）如何进行分层聚类。

（2）如何进行判别分析。

（3）如何进行对应分析。

（4）如何进行典型相关分析。

第八章　综合评价方法与应用

统计评价是对所研究的对象及其组成部分的数量规模大小、水平高低、速度快慢、质变程度及内部协调状况作出定量的判断。综合评价是根据研究的目的，建立一个统计指标体系，对事物的各个方面进行定量分析，得出概括性的结论，从而揭示事物的本质及其发展规律。综合评价方法是定量与定性分析相结合，它是在定性分析的前提下，通过现象的数量表现，对研究对象进行更深刻的、更全面的认识。但是，综合评价法也具有局限性，它的结果不具有唯一性，带有主观性、相对性的特点。

本实验课要求学生必须明确评价的目标，用科学的方法去建立评价指标体系，然后对评价指标进行量化处理。评价指标权数的确定也是非常重要的，如果评价指标体系是单一层次的，要求所有指标的权数总和等于 100%。如果评价项目体系是多层次的，则要求每一层次中，同一层次各项目的权数总和等于 100%，最后再对评价结果综合。本课程实践性教学的目的是训练学生如何用定性分析和定量分析相结合的方法确定评价指标体系，选用不同的方法确定各指标的权重，从而完成对研究对象综合状况的分析，也能够进一步加强同学们对综合评价方法的了解。

第一节　全面建成小康社会进程综合评价

【实验内容】

“小康”概念极具中国特色且有着悠久的历史，最早出现在《诗经》中：“民亦劳止，汔可小康”。中国近现代始终不懈探索实现强国富民、民族复兴的现代化道路，先后经历了“四个现代化”“三步走”“新三步走”以及“中国梦”几个阶段。1982 年中国共产党的十二大确立了建立“小康”社会的战略目标，党的十五大提出人民生活总体上达到小康水平，党的十六大确立了全面建设更高水平的小康社会，党的十八大承诺到 2020 年全面建成小康社会的宏伟目标，党的十九大提出从现在到 2020 年是全面建成小康社会决胜期，要紧扣社会主要矛盾变化，统筹推进经济建设、政治建设、文化建设、社会建设、生态文明建设。

当前国内学者对于小康社会完成状况的研究主要是采用主成分分析和综合评价法，但是对于全面建成小康社会指标体系的构建不同的学者有不同的理解，并且随着时代的发展、社会的进步，不同阶段的小康社会都有着不同的发展目标，因此对于全面建成小康社会指标体系的构建也各有不同。国家统计局、发改委、农业部于 1995 年共同制定了《小康生活水平基本校准》，该指标体系由宏观经济条件、生活效果和生活质量3个方面组合；2001年中国社会科学院全面建设小康社会指标体系研究课题组提出一套指标体系，该指标体系由社会结构指数、经济与科教发展指数、人口素质、生活质量和环保、法制及治安5个大类28个指标构成；2003年初，国家统计局统计科学研究所召集各方面专家组成课题组，开始研究全面建设小康社会统计监测指标体系，并发布了相关课题研究报告。2004年，国务院发展研究中心发展战略和区域经济研究部“十一五”计划基本思路研究课题组提出全面建设小康社会的指标体系包括经济、社会、环境和制度4个方面共16项指标。随着社会经济的发展，国家统计局（2007）和发改委制定了由经济发展、社会和谐、生活质量、民主法制、文化教育和资源环境6个方面23个指标组成的“全面建设小康社会统计监测指标体系”（以下简称“监测体系”）。这套指标体系涵盖了6个方面，更全面具体地反映了新时期小康社会的内涵。此后，2013年国家统计局根据党的十八大提出的全面建设小康社会的新目标、新要求所制定的监测体系首次将小康标准分为中、东、西三个方向，由经济发展、民主法制、文化建设、人民生活、资源环境五大类共39个指标构成，受到国内学者们的推崇，是目前广泛使用的权威指标体系。

本实验内容根据当前我国全面建成小康社会的新目标，为反映我国居民生活和社会发展的各个方面，将小康社会评价指标体系进一步细化，将经济发展、社会和谐、生活质量、民主法制、文化教育和资源环境6大方面作为一级指标，并包含23个二级指标。

指标确定之后，本书采用客观赋权法中的变异系数法确定各指标权重（见表8－1）。变异系数法是根据指标的变异系数来确定指标权重，计算公式如下：

$$v_i=\frac{\sigma_i}{\bar{x}_i},\ (i=1,\ 2,\ \cdots,\ n)$$

其中 v_i 为变异系数；σ_i 为标准差；$\bar{x}_i$ 为平均值，确定指标权重为：

$$w_i=\frac{v_i}{\sum v_i}$$

表8－1　　我国全面建成小康社会评价指标体系

一级指标	二级指标	单位	权重	指标属性	目标值（2020年）
经济发展（23.06%）	人均GDP	元	11.55	+	≥31 400.00
	R&D经费支出占GDP比重	%	5.08	+	≥2.50
	第三产业增加值占GDP比重	%	0.85	+	≥50.00
	城镇人口比重	%	2.46	—	≥60.00
	失业率（城镇）	%	3.13	—	≤6.00
社会和谐（31.85%）	基尼系数	—	0.69	—	≤0.40
	城乡居民收入比	以农为1	1.00	—	≤2.80
	地区经济发展差异系数	%	17.00	—	≤60.00
	基本社会保险覆盖率	%	12.80	+	≥90.00
	高中阶段毕业生性别差异系数	%	0.36	—	≤100.00

续表

一级指标	二级指标	单位	权重	指标属性	目标值（2020 年）
生活质量（24.93%）	居民人均可支配收入	元	10.55	+	≥15 000.00
	恩格尔系数	%	1.73	—	≤40.00
	人均住房使用面积	平方米	4.64	+	≥27.00
	5 岁以下儿童死亡率	%	7.62	—	≤12.00
	平均预算寿命	岁	0.38	+	≥75.00
民主法制（3.13%）	公民自身民主权利满意度	%	1.98	+	≥90.00
	社会安全指数	%	1.16	+	≥100.00
文化教育（9.89%）	文化产业增加值占 GDP 比重	%	6.56	+	≥5.00
	居民文教娱乐服务支出占家庭消费支出比重	%	2.12	+	≥16.00
	平均受教育年限	年	1.19	+	≥10.50
资源环境（7.14%）	单位 GDP 能耗	吨标准煤/万元	4.52	—	≤0.84
	常用耕地面积指数	%	0.50	+	≥94.00
	环境质量指数	%	2.12	+	≥100.00
合计（100%）	—	—	100.00	—	—

【实验数据】

本实验的实验数据均来自《中国统计年鉴》《中国科技统计年鉴》等，并且全面建成小康社会指标体系各项指标的选取范围是我国 2007 ~ 2012 年的数据值，这也保证了本研究采集各指标的数据具有一致性。由于统计年鉴发布的各指标数据的权威性和公正性，使得本研究数据来源客观且公正。数据是整个研究的基础，对于部分年份缺失的数据，要进行多方对比和比较验证，力求保证数据的完备性和准确性（见表 8 - 2 ~ 表 8 - 6）。

表 8 - 2 经济发展指标组数据

年份	人均 GDP（元）	R&D 经费支出占 GDP 比重（%）	第三产业增加值占 GDP 比重（%）	城镇人口比重（%）	失业率（城镇）（%）
2007	20 505	1.37	42.9	45.89	4.0
2008	24 121	1.44	42.8	46.99	4.2
2009	26 222	1.66	44.3	48.34	4.3
2010	30 876	1.71	44.1	49.95	4.1
2011	36 403	1.78	44.2	51.27	4.1
2012	40 007	1.91	45.3	52.57	4.1

表 8-3　社会和谐指标组数据

年份	基尼系数	城乡居民收入比（以农为 1）	地区经济发展差异系数（%）	基本社会保险覆盖率（%）	高中阶段毕业生性别差异系数（%）
2007	0.484	3.33	62.60	47.6	100.19
2008	0.491	3.31	59.40	57.2	99.25
2009	0.490	3.33	57.90	61.5	99.25
2010	0.481	3.23	50.95	65.6	99.25
2011	0.477	3.13	47.50	73.1	99.25
2012	0.474	3.10	44.30	75.5	99.25

表 8-4　生活质量指标组数据

年份	居民人均可支配收入（元）	恩格尔系数（%）	人均住房使用面积（平方米）	5 岁以下儿童死亡率（%）	平均预算寿命（岁）
2007	8 583.5	39.98	25.2	18.1	73.58
2008	9 956.5	40.97	25.9	18.5	74.10
2009	10 977.5	38.82	26.8	17.2	74.48
2010	12 519.5	38.40	27.0	16.4	74.85
2011	14 550.7	38.30	27.7	15.6	75.15
2012	16 509.5	37.67	28.4	13.2	75.40

表 8-5　民主法制与文化教育指标组数据

年份	公民自身民主权利满意度（%）	社会安全指数（%）	文化产业增加值占 GDP 比重（%）	居民文教娱乐服务支出占家庭消费支出比重（%）	平均受教育年限（年）
2007	79	98.4	2.60	12.10	8.40
2008	80	93.0	2.43	10.20	8.48
2009	81	95.7	2.50	10.20	8.56
2010	82	95.6	2.75	10.22	8.64
2011	83	99.4	3.28	9.95	8.90
2012	84	99.7	3.48	9.96	9.40

表 8-6　　资源环境指标组数据

年份	单位 GDP 能耗（吨标准煤/万元）	常用耕地面积指数（%）	环境质量指数（%）
2007	1.18	93.62	69.4
2008	1.12	94.12	70.3
2009	1.09	94.87	70.8
2010	1.05	94.70	73.5
2011	1.03	94.12	73.6
2012	1.01	94.20	74.1

资料来源：《中国统计年鉴 2008～2009》。

【实验过程】

利用变异系数法确定指标权重，结果显示社会和谐、生活质量和经济发展重要性最大，再利用综合评价法计算我国全面建成小康社会实现程度。

首先，计算二级指标实现程度，其公式如下所示：

$$f(x_i)=\frac{x_i}{x_i^*}\times 100\%，(i=1,2,\cdots,23)，正指标$$

$$f(x_i)=\frac{x_i^*}{x_i}\times 100\%，(i=1,2,\cdots,23)，负指标$$

其中 $f(x_i)$ 为二级指标实现程度，x_i 为指标实际值，x_i^* 为指标标准值。

然后，计算一级指标实现程度，其公式如下所示：

$$F(R_1)=\frac{\sum_{i=1}^{5}f(x_i)w_i}{\sum_{i=1}^{5}w_i}\times 100\%$$

$$F(R_2)=\frac{\sum_{i=6}^{10}f(x_i)w_i}{\sum_{i=6}^{10}w_i}\times 100\%$$

$$\cdots$$

$$F(R_6)=\frac{\sum_{i=21}^{22}f(x_i)w_i}{\sum_{i=21}^{22}w_i}=\times 100\%$$

其中，$F(R_j)$ 为第 j 个一级指标实现程度，w_i 为第 i 个二级指标占整个指标体系的比重。

最后，计算全面建成小康社会的实现程度：

$$Y=\sum_{j=1}^{6}F(R_j)\times w_j\times 100\%$$

其中，Y 为全面建成小康社会实现程度，w_j 为第 j 个一级指标对应权重。Y 值越接近 100%，表明全面建成小康社会的实现程度越好。

【实验结论】

本实验以国家统计局科学研究所公布的全面建成小康社会评价指标体系为基础，采用变异系数法确定指标权重，最后用综合评价法对我国全面建成小康社会进程进行统计测度，可发现 2007 ~2012 年我国全面建成小康社会实现程度稳步提升。实现程度由 2007 年的 72.8% 上升至 2012 年的 84.9%，短短六年间上升了 12.1%。从全面建成小康社会的 6 大方面具体分析，发现民主法制、生活质量和社会和谐实现程度较高，分别为 94.6%、90.2% 和 87%，而资源环境、经济发展和文化教育实现程度较低，分别为 82.3%、78% 和 73.6%，在未来发展中应着重关注这 3 个方面。

【实验讨论】

（1）试用自己对全面建成小康社会的理解来构建一个监测指标体系。

（2）各省市全面建成小康社会进程的快慢与区域分布有关吗？

第二节 基于熵值法的中国新型城镇化水平综合评价

【实验内容】

城镇化作为一种城市发展在慢慢变好的过程，它是所有具有城市类运行模式和景观特色的地区扩大的动态过程，包括了城市和未设市的城镇，涉及环境、人口、教育、社会、经济等不同领域。城镇化的发展不仅可以带动还能促进地区经济水平的提高，与此同时经济的增长又可以引起城镇集聚、城镇化水平的提高和规模扩大。城市化进程增加了城市在经济发展中的吸引力和辐射力，对周边城乡经济发展的带动作用非常明显。

城镇化是一个内涵丰富的概念，综合指标体系的优点是它可以充分全面地体现城镇化的内涵，但是具体指标并不是数量越多越好，因为各指标间有可能相互影响并产生共线性，也可能将城镇化发展水平指标体系变成城市可持续发展指标体系。本实验从人口城镇化、经济城镇化、社会城镇化和生态城镇化四个方面选取 18 个具体指标构建城镇化发展水平的综合评价指标体系，以此来对我国近些年来城镇化发展水平做出评价分析。

常见的指标权重确定方法分为主观赋权法和客观赋权法，这里选择客观赋权法中的熵值法。首先将异质指标同质化，来实现指标间的可比性。常用的做法是对指标进行标准化处理：

$$\Phi_{ij}=\frac{x_{ij}-\min\{x_{1j},\ \cdots,\ x_{nj}\}}{\max\{x_{1j},\ \cdots,\ x_{nj}\}-\min\{x_{1j},\ \cdots,\ x_{nj}\}},\quad (i=1,\ 2,\ \cdots,\ m,\ j=1,\ 2,\ \cdots,\ n),$$

正向指标

$$\Phi_{ij}=\frac{\max\{x_{1j},\ \cdots,\ x_{nj}\}-x_{ij}}{\max\{x_{1j},\ \cdots,\ x_{nj}\}-\min\{x_{1j},\ \cdots,\ x_{nj}\}},\quad (i=1,\ 2,\ \cdots,\ m,\ j=1,\ 2,\ \cdots,\ n),$$

负向指标

然后，计算第 j 个指标值下第 i 个指标值所占比重：

$$P_{ij}=\frac{\Phi_{ij}}{\sum_{i=1}^{n}\Phi_{ij}},\ (i=1,\ 2,\ \cdots,\ m,\ j=1,\ 2,\ \cdots,\ n)$$

因此，第 j 项指标的熵值为：

$$e_j=\frac{1}{\ln m}\sum_{i=1}^{m}P_{ij}\ln P_{ij},\ 0\leqslant e_j\leqslant 1$$

那么，第 j 项指标的权重为：

$$w_j=\frac{1-e_j}{\sum_{j=1}^{n}(1-e_j)}$$

最后，各评价对象的综合得分为：

$$S_i=\sum_{j=1}^{n}w_jx_{ij}$$

其中，x_{ij} 为各项指标的原始数据，需要对负向指标求倒数以消除其削弱作用。显而易见，S 值其指标结果越好越大，因此可以通过比较分析 S 值来得到研究结论（见表 8 –7）。

表 8 –7　城镇化发展水平的综合指标及其权重

一级指标	二级指标	属性	熵值	冗余度	权重
人口城镇化	户籍人口城镇化率	正向	0.9227	0.0773	0.0563
	城市人口密度	正向	0.9219	0.0781	0.0564
	城镇人口失业率	逆向	0.9748	0.0252	0.0137
	非农从业人口占比	正向	0.9482	0.0518	0.0375
经济城镇化	人均城镇固定投资额	正向	0.9337	0.0663	0.0470
	城镇居民人均消费	正向	0.8774	0.1226	0.0886
	人均 GDP	正向	0.8955	0.1045	0.0759
	城镇居民人均可支配收入	正向	0.8716	0.1284	0.0918
	第二、三产业比重	正向	0.9779	0.0221	0.0162
社会城镇化	万人拥有床位数	正向	0.9344	0.0656	0.0477
	高等学校数	正向	0.9489	0.0511	0.0371
	人均城市道路面积	正向	0.9458	0.0542	0.0393
	长途光缆长度/地区总面积	正向	0.9153	0.0847	0.0726
生态城镇化	工业废气排放量	逆向	0.8386	0.1614	0.0621
	工业废水排放量	逆向	0.8616	0.1384	0.0778
	环境污染治理投资额	正向	0.9012	0.0988	0.0738
	人均绿地面积	正向	0.8950	0.1050	0.0770
	建成区绿化覆盖率	正向	0.9592	0.0408	0.0292

【实验数据】

本实验选取我国 2000 ~2016 年城镇化发展水平进行综合评价，为了保证数据的一致性与系统性，研究数据来自《中国统计年鉴》《中国环境统计年鉴》《新中国60年统计资料汇编》和国家统计局网站等（见表8-8～表8-11）。

表8-8　　人口城镇化指标组数据

年份	户籍人口城镇化率（%）	城市人口密度（人/平方公里）	城镇人口失业率（%）	非农从业人口占比（%）
2000	36.2	442.0	3.1	50.0
2001	37.7	588.0	3.6	50.0
2002	39.1	754.0	4.0	50.0
2003	40.5	847.0	4.3	50.9
2004	41.8	865.0	4.2	53.1
2005	43.0	870.2	4.2	55.2
2006	44.9	2 238.2	4.1	57.4
2007	45.7	2 104.0	4.0	59.2
2008	46.6	2 080.0	4.2	60.4
2009	47.5	2 147.0	4.3	61.9
2010	51.3	2 209.0	4.1	63.3
2011	52.6	2 228.0	4.1	65.2
2012	53.7	2 307.0	4.1	66.4
2013	53.7	2 362.0	4.1	68.6
2014	54.8	2 419.0	4.1	70.5
2015	56.1	2 399.0	4.1	71.7
2016	57.3	2 408.0	4.0	72.3

表8-9　　经济城镇化指标组数据

年份	人均城镇固定投资额（元）	城镇居民人均消费（元）	人均GDP（元）	城镇居民人均可支配收入（元）	第二、第三产业比重（%）
2000	2 068.90	4 998.0	7 942	6 280.0	85.3
2001	2 350.70	5 309.0	8 717	6 859.6	86.0
2002	2 759.67	6 029.9	9 506	7 702.8	86.7
2003	3 545.06	6 510.9	10 666	8 472.2	87.7
2004	4 541.05	7 182.1	12 487	9 421.6	87.1
2005	5 743.15	7 942.9	14 368	10 493.0	88.4
2006	7 103.09	8 696.6	16 738	11 759.5	89.4
2007	8 890.14	9 997.5	20 505	13 785.8	89.7
2008	11 200.00	11 242.9	24 121	15 780.8	89.7

续表

年份	人均城镇固定投资额（元）	城镇居民人均消费（元）	人均 GDP（元）	城镇居民人均可支配收入（元）	第二、第三产业比重（%）
2009	14 351.31	12 264.6	26 222	17 174.7	90.2
2010	18 181.52	13 471.5	30 876	19 109.4	90.5
2011	22 443.76	15 160.9	36 403	21 809.8	90.6
2012	26 945.60	16 674.3	40 007	24 564.7	90.6
2013	32 023.30	18 487.5	43 852	26 467.0	90.7
2014	36 646.99	19 968.1	47 203	28 843.9	90.9
2015	40 126.99	21 392.4	50 251	31 194.3	91.2
2016	43 139.98	23 078.9	53 935	33 616.3	91.4

表 8－10　社会城镇化指标组数据

年份	万人拥有床位数（张/万人）	高等学校数（所）	人均城市道路面积（平方米）	长途光缆长度/地区总面积（公里/平方米）
2000	25.1	1 483	6.1	0.029
2001	25.1	1 853	7.0	0.041
2002	24.4	2 163	7.9	0.051
2003	24.5	2 460	9.3	0.062
2004	25.1	2 778	10.3	0.072
2005	25.8	2 883	10.9	0.075
2006	26.7	3 014	11.0	0.075
2007	28.0	3 076	11.4	0.082
2008	30.4	3 447	12.2	0.083
2009	33.1	3 520	12.8	0.086
2010	35.8	3 604	13.2	0.085
2011	38.4	3 689	13.8	0.087
2012	42.4	3 739	14.4	0.090
2013	45.5	3 812	14.9	0.092
2014	48.5	3 856	15.3	0.096
2015	51.1	3 901	15.6	0.100
2016	53.7	3 955	15.8	0.103

表 8-11 生态城镇化指标组数据

年份	工业废气排放量（亿立方米）	工业废水排放量（亿吨）	环境污染治理投资额（亿元）	人均绿地面积（平方米）	建成区绿化覆盖率（%）
2000	138 145	194.2	1 010.3	3.7	28.2
2001	160 863	202.6	1 166.7	4.6	28.4
2002	175 257	207.2	1 456.5	5.4	29.8
2003	198 906	212.3	1 750.1	6.5	31.2
2004	237 696	221.1	2 057.5	7.4	31.7
2005	268 988	243.1	2 565.2	7.9	32.5
2006	330 990	240.2	2 779.5	8.3	35.1
2007	388 169	246.6	3 668.8	9.0	35.3
2008	403 866	241.7	4 937.0	9.7	37.4
2009	436 064	234.4	5 258.4	10.7	38.2
2010	519 168	237.5	7 612.2	11.2	38.6
2011	674 509	230.9	7 114.0	11.8	39.2
2012	635 519	221.6	8 253.5	12.3	39.6
2013	669 361	209.8	9 037.2	12.6	39.7
2014	694 190	205.3	9 575.5	13.1	40.2
2015	685 190	199.5	8 806.4	13.4	40.1
2016	671 486	195.5	9 219.8	13.7	40.3

资料来源：《中国统计年鉴 2017》《中国环境统计年鉴 2017》。

【实验过程】

根据公式计算各指标的综合得分，其结果如表 8-12 所示。

表 8-12 2000~2016 年我国城镇化水平综合得分

年份	人口城镇化	经济城镇化	社会城镇化	生态城镇化	总城镇化水平
2000	44.25	1 742.53	39.29	6.23	1 832.30
2001	52.26	2 236.50	52.93	5.15	2 346.84
2002	54.03	2 498.79	58.66	5.51	2 617.01
2003	75.00	2 658.19	85.29	5.65	2 824.14
2004	107.96	2 958.42	93.74	5.99	3 166.13
2005	108.82	3 274.96	95.50	7.42	3 486.70
2006	102.71	4 054.92	82.24	7.92	4 247.79
2007	106.72	4 045.79	73.21	10.61	4 236.33
2008	119.66	4 231.36	98.13	14.94	4 464.10

续表

年份	人口城镇化	经济城镇化	社会城镇化	生态城镇化	总城镇化水平
2009	145.63	4 715.97	106.51	12.70	4 980.81
2010	153.86	4 696.51	104.84	25.95	4 981.15
2011	128.08	5 375.84	103.29	19.59	5 626.79
2012	161.72	5 636.60	99.80	21.25	5 919.37
2013	150.62	6 780.07	92.02	21.04	7 043.76
2014	181.42	6 897.39	111.70	19.99	7 120.50
2015	175.26	6 765.33	117.21	19.95	7 077.75
2016	134.22	7 080.26	121.15	20.85	7 356.48

【实验结论】

运用改进的熵值法，计算出各指标的熵值和权重（如表 8 - 7 所示），并通过加权得到我国城镇化发展水平和四个一级指标的综合得分（如表 8 - 12 所示），由此可以获知 21 世纪近二十年我国城镇化发展的综合水平。可以看到，自 2000 年以来我国城镇化总体发展水平呈现快速上升的趋势，2016 年城镇化水平的综合得分较之 2000 年增加了 4 倍。改革开放前 20 多年中国经济的迅速增长，带动了我国城镇化率的大幅提升，但很大程度上表现为城镇人口占比的增加，而城镇化质量的增长相对缓慢。从本实验还可以得知，21 世纪以来，我国城镇化发展水平已经进入高速增长期，与城镇化质量相关的人口发展、空间布局、社会保障、生态环境等各方面均有较大提升。我国在人口、经济、社会、生态环境等方面均有较大发展，城市在资源、公共服务、生产效率和生活条件等方面的优势，促使人口从农村向城市迁移，城市规模不断扩大。随着产业结构的优化，第二、第三产业比重的加大，教育水平和人口素质的提升，使得人们对科技和环保意识逐渐增强，生活环境日益改善，客观上促进了我国城镇化水平的快速发展。这表明城镇化发展水平不仅需要经济增长来推动，而且需要经济发展积累到一定程度才能为城镇化的各个层面提供坚实基础。

【实验讨论】

（1）本实验的城镇化进程指标体系还可以完善吗？
（2）如何加快中国城镇化进程的建设？

【实验拓展】

（1）国外的现代化建设对中国全面建成小康社会有什么借鉴意义？
（2）比较中国各省市的城镇化建设并分析其建设程度与地区空间分布的相关性。

第九章　数据包络分析

数据包络分析（data envelopment analysis，DEA）最早由运筹学家查恩斯、库珀和罗兹（Charnes、Cooper and Rhodes）于 1978 年提出，是一种主要用于单个/多个投入指标以及单个/多个产出指标框架下相同类型的不同决策单元（如国家、区域、行业或企业）之间的相对效率的求解和评价的分析方法。由于 DEA 是通过数学线性规划工具求解不同决策单元之间的相对效率，无须事先预设函数形式及对应的参数取值，可以避免由主观因素引致测算偏误的可能，近年来被越来越多的中外学者广泛运用于各类决策分析和技术评价中，相关的理论研究和方法探讨也在不断扩大和深入。本章主要围绕 DEA 在经济效率评价中的运用展开，具体安排如下：第二小节主要对 DEA 的基本模型构建进行说明；第三小节简要概括近年来国内外学者对 DEA 模型的拓展；第四小节将在 Malquist 指数的框架下把 DEA 在相对效率评价中的运用从横向维度向纵向维度延伸；第五小节将以两个简单的实验案例对 DEA 在静态效率和动态效率评价中的运用进行说明。

第一节　DEA 基本模型构建

【实验说明】

在国内外的经济理论研究和实际生产实践中，效率都是被不同社会主体频繁提及并密切关注的核心问题之一。谈及效率，不同社会主体具体所指可能不同，如生产效率、经营效率、市场效率、静态效率或动态效率等。但撇开对象和时间问题，经济效率一般指的是投入与产出之间的对应关系。DEA 方法下我们测度的是相对经济效率，即决策单元实际生产与其可能的最优生产二者之间的关系，决策单元的实际生产越接近最优生产则其生产效率越高。

一、相对生产效率

我们首先以单个要素投入和单个产出这一最为简单的生产形式中的产出效率为例，对 DEA 所要测度的相对效率概念进行说明。

假设：

（1）在经济部门中，决策单元通过投入生产要素 X 来获得产出 Y。

（2）(x, y) 为决策单元的实际生产点，其中 x 为生产要素 X 的投入，y 为产出 Y 的规模。①

那么，很容易理解并得到：

在技术水平给定的情况下，就某一具体经济部门来看，每一个要素投入量 $x(x\geqslant 0)$ 必然都会有一个最大的产出量$\hat{y}(\hat{y}\geqslant 0)$ 与之对应。记$\hat{y}$为最优产出，$(x, \hat{y})$ 为最优生产点，则所有的最优生产点就构成了在该技术水平下该经济部门的生产前沿面。

对于经济部门中的任意一个决策单元而言，其 x 数量的投入所能得到的产出数量 y 必然满足 $0\leqslant y\leqslant \hat{y}$，即该决策单元实际得到的产出数量一定不高于所在经济部门在当时技术条件下以相同数量投入所能得到的最优产出。换句话说，如果我们将生产前沿与 X 轴所围成的区域称为生产可行集（包括生产前沿）②，生产前沿与 Y 轴所围成的区域称为生产的不可行集（不包括生产前沿），那么对于任意一个决策单元而言，其实际生产点 (x, y) 必然落在生产可行集中。

进一步，假设经济部门中有两个生产决策单元 DMU_1 和 DMU_2，各自的实际生产点分别是 (x_1, y_1) 和 (x_2, y_2)，且 $x_2 > x_1$，$y_2 > y_1$（见图 9－1）。

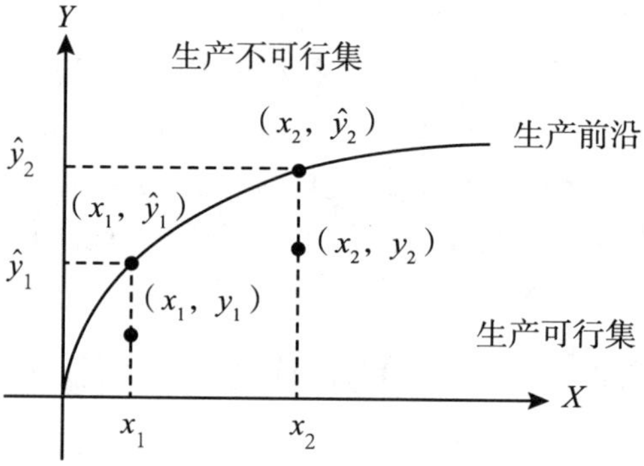

图 9－1　相对生产效率

在传统效率评价框架下，我们多以单位投入的产出绝对量来判断决策单元的生产效率。由于 DMU_1 单位投入的产出数量高于 DMU_2 的单位产出数量，也就是$\frac{y_1}{x_1}\geqslant\frac{y_2}{x_2}$（各自实际生产点与原点连线的斜率），因而可以得到 DMU_1 的生产效率高于 DMU_2 的生产效率这一结论。这个判断标准和结论没有什么不妥，在计算上也十分方便。但事实上，它对于效率的测度可能存在一定偏误且在一定程度上有失公允，因为它忽略了生产过程中实际存在的会对效率造成更大影响的诸多因素，最典型的两个例子就是经济生产过程中不同部门之间存在的技术差异以及绝大多数经济部门中都普遍存在的边际产量递减现象。以后者为例：受制于技术条件，生产达到一定规模后，在其他条件保持不变的情况下，连续、等量地增加某一要素投入所能得到的产出增加数量是不断降低的，单位投入的产出数量必然也会跟着不断下降。对于同一经济部门的不同生产决策单元而言，如果忽略技术限制和它们各自的生产规模，单纯依据单位投入的产出回报作为它们的能效评价标

① DEA 在效率测算中对投入和产出量纲不做要求。
② 又称包络面，即生产可行集的包络线。

准，并基于这一标准来决定政策或资源的倾斜的话，必然会影响社会最终的资源配置效率。

相对效率框架下，通过对评价指标的选择和调整，可综合考虑生产技术、个体单元所处生产阶段以及不同生产要素之间相互关系等多方因素对效率结果的影响。相对效率对个体决策单元生产效率的衡量主要基于实际生产点与最优生产点之间的距离。如果实际生产点落在生产前沿面上，也就是实际生产就是给定条件下的最优生产，那么就称之为生产有效；如果生产点落在生产前沿面下，也就是实际生产并非最优生产，那么就称之为生产无效；实际生产点与最优生产点之间的相对距离越小，生产决策单元的效率越高。以图 9－1 为例，如果以固定技术下生产决策单元实际产出数量和最优产出数量之间的相对距离作为其相对效率的评价标准，那么对于 DMU_1 而言，其相对生产效率为 $(\hat{y}_1 - y_1)/\hat{y}_1$，对于 DMU_2 而言，其相对生产效率为 $(\hat{y}_2 - y_2)/\hat{y}_2$。从图上我们可以明显看到 $(\hat{y}_1 - y_1)/\hat{y}_1 > (\hat{y}_2 - y_2)/\hat{y}_2$，因而 DMU_1 的生产效率要低于 DMU_2 的生产效率，显然这一结论与我们在传统效率评价框架下得到的结论完全相反。

二、DEA 基本模型

在单个投入和单个产出框架下，我们对相对效率的概念和含义进行了说明。现在，我们将其推广到多个投入与多个产出的框架下以讨论 DEA 基本模型——查恩斯等（1978）提出的 CCR 模型。

假设：

（1）经济部门中存在 I 个生产决策单位 DMU_1、$DMU_2 \cdots DMU_I$，这些生产决策单位之间彼此独立但同质；

（2）每个生产决策单位基于 m 种投入要素得到 n 种产出，记第 i 个生产决策单元 DMU_i 的投入为 $X_i = (x_{1i}, x_{2i}, \cdots, x_{mi})^T$，产出为 $Y_i = (y_{1i}, y_{2i}, \cdots, y_{ni})^T$，$(X_i, Y_i)$ 是生产决策单元的生产点。

生产部门的生产可行集可写成如下形式：

$$Tec = \{(X, Y) \mid \sum_j \lambda_j X_j \leqslant X, \sum_j \lambda_j Y_j \geqslant Y, \lambda_j \geqslant 0, j = 1, 2, \cdots, I\}$$

且满足如下经济现实及公理假设：

（1）$(X, Y) \notin R_-$，即所有投入和产出都必须大于等于 0；

（2）Tec 属于紧集，即有限的投入下只能得到有限的产出；

（3）如果 $\bar{X} \geqslant X$ 或 $\bar{Y} \leqslant Y$，且 $(X, Y) \in Tec$，则 $(\bar{X}, Y)$ 或 $(X, \bar{Y}) \in Tec$，即生产决策单元可以选择是否以最优方式生产；

（4）如果 $(X, Y) \in Tec$，对于任意 $\alpha \geqslant 0$，均有 $\alpha(X, Y) = (\alpha X, \alpha Y) \in Tec$，即在经济理论和实证研究中常常提到的规模报酬不变；

（5）如果 $(X, Y) \in Tec$ 且 $(X', Y') \in Tec$，则对于任意 $\alpha \in [0, 1]$，有 $\alpha(X, Y) + (1 - \alpha)(X', Y') \in Tec$，即生产可行集是凸集。

以投入为导向，对生产决策单元 DMU_i 的效率评价可以基于如下模型展开：

$$
\begin{cases}
\text{Max} \quad \dfrac{U^T Y_i}{V^T X_i} \\
s.t. \\
\dfrac{U^T Y_j}{V^T X_j} \leqslant 1 \quad j = 1,\ 2,\ \cdots,\ I \\
U \geqslant 0,\ V \geqslant 0
\end{cases}
\tag{9.1}
$$

其中：$U=(u_1,\ u_2,\ \cdots,\ u_m)^T$、$V=(v_1,\ v_2,\ \cdots,\ v_n)^T$，分别为 m 种投入和 n 种产出的权重；$\dfrac{U^T Y_i}{V^T X_i}$是 DMU_i 的效率指标。显然，CCR 模型是在每个生产决策单元的效率指标约束下对被评价生产决策单元 DMU_i 进行的相对效率评价。

对模型（9.1）进行 Charnes－Cooper 变换，可得线性规划问题如下：

$$
\begin{cases}
\text{Max} \quad \mu^T Y_i \\
s.t. \\
W^T X_j - \mu^T Y_j \geqslant 0 \quad j = 1,\ 2,\ \cdots,\ I \\
W^T X_i = 1 \\
W \geqslant 0,\ \mu \geqslant 0
\end{cases}
\tag{9.2}
$$

其中，$\mu=\gamma \cdot U$，$W=\gamma \cdot V$，$\gamma=\dfrac{1}{(V^T X_i)}$。模型（9.2）是在被评价生产决策单元 DMU_i 的投入约束以及生产部门内每个生产决策单元的投入和产出的约束下，求解投入和产出的最优组合权重，并根据该权重下 $\mu^T Y_i$ 的数值表现来评价 DMU_i 的有效性。如果最优组合权重（$\tilde{W}$，$\tilde{\mu}$）下满足 $\tilde{\mu}^T Y_i=1$，则称生产决策单元 DMU_i 弱式有效。如果最优组合权重（$\tilde{W}$，$\tilde{\mu}$）下满足 $\tilde{\mu}^T Y_i=1$ 且 $\tilde{W}>0$，$\tilde{\mu}>0$，则称生产决策单元 DMU_i 有效。

该线性规划问题也可进一步转化为对偶形式：

$$
\begin{cases}
\text{Min} \quad \theta \\
s.t. \\
\sum X_j \lambda_j = \theta X_i \\
\sum Y_j \lambda_j = Y_i \\
\lambda_j \geqslant 0,\ j = 1,\ 2,\ \cdots,\ I
\end{cases}
\tag{9.3}
$$

其中，θ 是被评价单元 DMU_i 的效率表现，正、负不限。模型（9.3）测算的是以投入为导向的相对生产效率，即在产出保持不变的情况下，求解生产要素投入可以缩减的最大比例（$1-\theta$）。如果 $\theta<1$，则 DMU_i 无效，即在保持产出不变的前提下可以按（$1-\theta$）等比例缩减所有生产要素的投入；$\theta=1$ 则 DMU_i 有效，即无法在保持产出不变的前提下等比例缩减生产要素投入。

需要特别提醒的是，CCR 模型在效率评价时，除了以投入为导向外，还可选择以产出为导向。如果以产出为导向，则 DMU_i 的效率评价问题可基于如下模型展开：

$$\begin{cases} \text{Min} \quad \dfrac{V^T X_i}{U^T Y_i} \\ s.\ t. \\ \dfrac{V^T X_j}{U^T Y_j} \leqslant 1 \quad j=1,\ 2,\ \cdots,\ I \\ U \geqslant 0,\ V \geqslant 0 \end{cases} \tag{9.4}$$

对模型（9.4）进行 Charnes - Cooper 变换，可转变为线性规划问题：

$$\begin{cases} \text{Min} \quad W^T X_i \\ s.\ t. \\ W^T X_j - \mu^T Y_j \geqslant 0 \quad j=1,\ 2,\ \cdots,\ I \\ \mu^T Y_i = 1 \\ W \geqslant 0,\ \mu \geqslant 0 \end{cases} \tag{9.5}$$

此时，$\gamma = \dfrac{1}{(U^T Y_i)}$。

同理，模型（9.5）也可写成对偶形式：

$$\begin{cases} \text{Max} \quad \theta \\ s.\ t. \\ \sum X_j \lambda_j = X_i \\ \sum Y_j \lambda_j = \theta Y_i \\ \lambda_j \geqslant 0,\ j = 1,\ 2,\ \cdots,\ I \end{cases} \tag{9.6}$$

与模型（9.3）不同，模型（9.6）中 θ 指的是在投入保持不变的情况下产出可以等比扩张的最大比例。

三、DEA 模型拓展

在查恩斯等（1978）提出 CCR 模型之后，很多学者在其基础上进行了改进和拓展，本节将对一些常用的拓展模型进行简要介绍。

（一）规模报酬可变 DEA 模型

CCR 模型对生产可行集做出了规模报酬不变的强假设。这一假设为模型的求解提供了方便，但与实际生产之间存在较大出入。班克（Banker）、查恩斯和库珀（1984）在 CCR 模型的基础上放松了对规模报酬不变的假设，构建了规模报酬可变的 DEA 模型——BCC 模型。仍然以投入为导向，在规模报酬可变的假设下，对生产决策单元 DMU_i 的效率求解可以基于以下模型实现：

$$\begin{cases} \text{Max} \quad \mu^T Y_i - \varepsilon_i \\ s.\ t. \\ W^T X_j - \mu^T Y_j + \varepsilon_i \geqslant 0 \quad j = 1,\ 2,\ \cdots,\ I \\ W^T X_i = 1 \\ W \geqslant 0,\ \mu \geqslant 0 \end{cases} \tag{9.7}$$

BCC 模型较之 CCR 模型多了一个自由变量 ε_i：当 $\varepsilon_i = 0$ 时，生产函数回归规模报酬不变假设（即 CCR 模型）；当 $\varepsilon_i > 0$ 时，生产函数呈现规模报酬递减特质；当 $\varepsilon_i < 0$ 时，生产函数呈现规模报酬递增特质。显然，BCC 模型是 CCR 模型的一般化，而 CCR 模型是 BCC 模型的特例。

同样，上述线性规模问题也可写成下列对偶形式：

$$\begin{cases} \text{Min} \quad \theta \\ s.\ t. \\ \sum X_j \lambda_j = \theta X_i \\ \sum Y_j \lambda_j = Y_i \\ \sum \lambda_j = 1 \\ \lambda_j \geqslant 0,\ j = 1,\ 2,\ \cdots,\ I \end{cases} \tag{9.8}$$

与 CCR 模型类似，BCC 模型在测算相对效率时除了可以选择以投入为导向外，也可选择以产出为导向。

（二）非径向 DEA 模型

CCR 模型和 BCC 模型属于径向 DEA 模型，即在利用线性规划模型测算生产决策单元的相对生产效率时，只能选择或以投入为导向或以产出为导向。但是一方面，实际中效率的改善往往伴随着投入和产出的同时减少和增加，另一方面，在效率评价时可能出现无法对生产决策单元的效率进行排序评价（即出现相当数量生产决策单元效率值为 1 的情况）。对此，包括班克和莫里（Morey，1986）、朱（Zhu，1996）、陈（Chen，2003）、周（Zhou，2007）在内的众多学者对效率评价指标进行了拓展，构建了非径向 DEA 模型。以投入与产出等比例缩减和增加为例，非径向 DEA 模型下生产决策单元综合生产效率的数学表达如下：

$$\begin{cases} \text{Max} \quad \theta \\ s.\ t. \\ \sum X_j \lambda_j = (1 - \theta) X_i \\ \sum Y_j \lambda_j = (1 + \theta) Y_i \\ \sum \lambda_j = 1 \\ \lambda_j \geqslant 0,\ j = 1,\ 2,\ \cdots,\ I \end{cases} \tag{9.9}$$

模型（9.9）只是非径向 DEA 模型中的一个代表，对于产出与投入的变动比例可以根据实际进一步调整。以模型（9.9）为例，$\theta > 0$ 时，说明在当前技术水平下，生产决策单元可以在产出不减反增的情况下继续缩减生产要素投入，即生产决策单元 DMU_i 非有效。

（三）引入松弛变量的 DEA 模型

截至目前，不论是径向 DEA 模型下还是非径向 DEA 模型下，不论是规模报酬不变还是规模报酬可变，在判断生产决策单元的实际生产是否有效时，主要基于各要素投入是否可以同比例缩减或者/并且各产出是否可以同比例增加这一标准。但是在同比例变动这一约束下，效率评价时所确定的参照点（各条件保持不变情况下的最优生产点）很可能会与最优参照点不一致，从而影响评价结果的科学性和精确性。托恩（Tone，2001）引入了松弛变量的概念，对效率改善过程中要素投入与产出变化的路径进行了优化，构建了 SBM - DEA 模型。

引入松弛变量后：

（1）以投入为导向的效率评价问题可以写成如下形式：

$$\begin{cases} \text{Min} \quad \rho = 1 - \dfrac{1}{I}\sum \dfrac{s_m^-}{x_{im}} \\ s.\ t. \\ \sum X_j\lambda_j + s^- = X_i \\ \sum Y_j\lambda_j - s^+ = Y_i \\ \lambda_j \geqslant 0,\ j = 1,\ 2,\ \cdots,\ I \\ s^- \geqslant 0,\ s^+ \geqslant 0 \end{cases} \tag{9.10}$$

其中，ρ 是被评价单元 DMU_i 的效率表现；s^- 和 s^+ 分别为投入和产出的松弛变量。当 $\rho=1$ 且 $s^-=0$ 时，DMU_i 有效，即无法在保持产出不减少的前提下缩减任何一种生产要素投入。

（2）以产出为导向的效率评价问题可以写成如下形式：

$$\begin{cases} \text{Max} \quad \rho = 1 + \dfrac{1}{I}\sum \dfrac{s_n^+}{y_{in}} \\ s.\ t. \\ \sum X_j\lambda_j + s^- = X_i \\ \sum Y_j\lambda_j - s^+ = Y_i \\ \lambda_j \geqslant 0,\ j = 1,\ 2,\ \cdots,\ I \\ s^- \geqslant 0,\ s^+ \geqslant 0 \end{cases} \tag{9.11}$$

同样，ρ 是被评价单元 DMU_i 的效率表现；s^- 和 s^+ 分别为投入和产出的松弛变量。当 $\rho=1$ 且 $s^+=0$ 时，DMU_i 有效，即无法在不增加投入的前提下提高任何一种产出。

四、Malmquist 指数测算

前面在用 DEA 方法测算被评价单元的相对效率时，强调的是被评价单元实际生产点与最优生产点之间的距离。在静态效率评价中，即评价特定某一时刻同类型生产决策单元之间的效率表现时，这并无不妥。但在动态效率评价中，即评价特定某一生产决策单元在不同时间点上的效率表现时，基于上文相对效率的定义，就有一个问题：不同时刻由于技术变动的可能，生产前沿面也会发生移动，那么在生产前沿面不固定的情况下，基于 DEA 测算出的相对效率数值表现来判断不同时点上生产决策单元的效率高低就没有意义，或者说是不科学的。为了解决这一问题，瑞典经济学家和统计学家斯腾马姆奎斯特（Sten-Malmquist，1953）首次提出了 Malmquist 指数思想，之后凯夫斯等（Caves et al.，1982）、法雷等（Färe et al.，1989）许多学者对其进行了拓展和运用。

为了方便 Malmquist 指数的说明，以投入导向为例，我们首先引入距离函数的概念，距离函数 $D(X, Y)$ 的数学表达式如下：

$$D(X, Y) = \inf\{\theta:(X \cdot \theta, Y) \in Tec\} \tag{9.12}$$

$\inf\{\cdot\}$ 是数学分析中的函数表达，代表集合的下确界。显然，距离函数与式（9.3）的目的相同，都是要测度：在给定技术条件下，在产出不变的情况下，生产要素投入可以缩减的最大比例 $1-\theta$。

假设，对于任意 t 时刻，生产部门都存在一个对应的生产可行集：

$$Tec^t = \{(X^t, Y^t) \mid \sum_j \lambda_j^t X_j^t \leqslant X^t, \sum_j \lambda_j Y_j^t \geqslant Y^t, \lambda_j^t \geqslant 0, j = 1, 2, \cdots, I\}$$

基于 t 期的要素投入数量、产出数量和生产可行集，可求得生产决策单元 i 的距离函数如下：

$$D_i^t(X^t, Y^t) = \inf\{\theta:(X^t \cdot \theta, Y^t) \in Tec^t\} \tag{9.13}$$

同样，基于 $t+1$ 期的要素投入数量、产出数量和生产可行集，可求得生产决策单元 i 的距离函数如下：

$$D_i^{t+1}(X^{t+1}, Y^{t+1}) = \inf\{\theta:(X^{t+1} \cdot \theta, Y^{t+1}) \in Tec^{t+1}\} \tag{9.14}$$

正如之前所说，式（9.13）和式（9.14）都只能用来判断生产决策单元 i 在 t 时期技术水平下和 $t+1$ 时期技术水平下的静态效率表现，无法反应 t 期到 $t+1$ 期生产决策单元 i 的效率变化情况。为了解决动态效率评价的问题，我们进一步引入交叉距离函数的概念。

交叉距离函数是指以非当期的生产可行集为基准来判断当期实际生产的效率，例如：将生产决策单元 i 在 t 期的实际生产（X^t，Y^t）放到由 $t+1$ 期技术水平决定的生产可行集 Tec^{t+1} 下来测算其相对生产效率表现，$D_i^{t+1}(X^t, Y^t) = \inf\{\theta:(X^t \cdot \theta, Y^t) \in Tec^{t+1}\}$；又或者将生产决策单元 i 在 $t+1$ 期的生产（X^{t+1}，Y^{t+1}）放到 t 期生产可行集 Tec^t 下测算效率表现，$D_i^t(X^{t+1}, Y^{t+1}) = \inf\{\theta:(X^{t+1} \cdot \theta, Y^{t+1}) \in Tec^t\}$。① 以 $D_i^{t+1}(X^t, Y^t)$ 为例，在规模报酬不变的条件下，可以通过下列线性规划问题求解 $D_i^{t+1}(X^t, Y^t)$ 的值：

$$\begin{cases} \text{Min} \quad \theta \\ s.\,t. \\ \sum X_j^{t+1} \lambda_j^{t+1} \leqslant \theta X_i^t \\ \sum Y_j^{t+1} \lambda_j^{t+1} \geqslant Y_i^t \\ \lambda_j^{t+1} \geqslant 0, j = 1, 2, \cdots, I \end{cases} \tag{9.15}$$

---

① 由于对某一时期实际生产效率的测度是以其他时期的生产技术集为基准，因而 $D_i^{t+1}(X^t, Y^t)$ 或者 $D_i^t(X^{t+1}, Y^{t+1})$，也就是交叉效率的取值可能大于 1、可能小于 1 也可能等于 1。

基于不同时期的距离函数和交叉距离函数，我们定义 Malmquist 指数如下：

$$MPI_i = \sqrt{\frac{D_i^t(X^{t+1}, Y^{t+1})}{D_i^t(X^t, Y^t)} \cdot \frac{D_i^{t+1}(X^{t+1}, Y^{t+1})}{D_i^{t+1}(X^t, Y^t)}} \tag{9.16}$$

显然：

$\frac{D_i^t(X^{t+1}, Y^{t+1})}{D_i^t(X^t, Y^t)}$是以 t 期生产技术水平为测算基准的决策单元 i 的相对生产效率变动；

$\frac{D_i^{t+1}(X^{t+1}, Y^{t+1})}{D_i^{t+1}(X^t, Y^t)}$是以 $t+1$ 期生产技术水平为测算基准的决策单元 i 的相对生产效率变动；

MPI_i 则是以不同时期生产技术水平为测算基准的决策单元生产效率变动的几何平均。如果 $MPI_i>1$，说明从 t 期到 $t+1$ 期生产决策单元 i 的效率发生了提高，如果 $MPI_i=1$，说明从 t 期到 $t+1$ 期生产决策单元 i 的效率保持不变，如果 $MPI_i<1$ 说明从 t 期到 $t+1$ 期生产决策单元 i 的效率发生了下降。

对 Malmquist 指数进一步拆分，可以得到：

$$\begin{aligned} MPI_i &= \frac{D_i^{t+1}(X^{t+1}, Y^{t+1})}{D_i^t(X^t, Y^t)} \cdot \sqrt{\frac{D_i^t(X^{t+1}, Y^{t+1})}{D_i^{t+1}(X^{t+1}, Y^{t+1})} \cdot \frac{D_i^t(X^t, Y^t)}{D_i^{t+1}(X^t, Y^t)}} \\ &= EC \cdot TC \end{aligned} \tag{9.17}$$

其中：

$EC_i = \frac{D_i^{t+1}(X^{t+1}, Y^{t+1})}{D_i^t(X^t, Y^t)}$，又称相对效率变化指数，测度的是生产决策单元对生产前沿面的追赶所带来的效率变化。如果 $EC_i>1$，说明从 t 期到 $t+1$ 期生产决策单元 i 的相对生产率发生了提高，即实际生产离生产前沿面越近；如果 $EC_i=1$，说明从 t 期到 $t+1$ 期生产决策单元 i 的相对生产率没有改变，即实际生产与生产前沿面之间的相对距离保持不变；如果 $EC_i<1$，说明从 t 期到 $t+1$ 期生产决策单元 i 的相对生产率发生了下降，即实际生产离生产前沿面越远。

$TC_i = \sqrt{\frac{D_i^t(X^{t+1}, Y^{t+1})}{D_i^{t+1}(X^{t+1}, Y^{t+1})} \cdot \frac{D_i^t(X^t, Y^t)}{D_i^{t+1}(X^t, Y^t)}}$，又称技术效率变化指数，测度的是因为生产前沿面变化（或者说技术变化）所带来的效率变化。如果 $TC_i>1$，说明从 t 期到 $t+1$ 期在技术进步的推动下生产决策单元 i 的生产效率发生了提高；如果 $TC_i=1$，说明从 t 期到 $t+1$ 期技术并没有让生产决策单元 i 的生产效率发生改变；如果 $TC_i<1$，说明从 t 期到 $t+1$ 期由于技术发生倒退生产决策单元 i 的生产效率出现下降。

第二节　各省份相对生产效率评价

【实验内容】

本部分以国内各省、自治区、直辖市的经济效率测算为例，对数据包括分析在相对生产效率评价中的运用进行说明。

【实验数据】

本实验的样本区间为 2015 ~ 2016 年。各省、自治区、直辖市的要素投入包括劳动、资本和能源三种，其中劳动投入以城镇单位就业人口近似，资本以社会固定资产投资近似，能源以电力消费量近似。各省、自治区、直辖市的产出包括合意产出和非合意产出两种，其中合意产出以国内生产总值近似，不合意产出以二氧化硫排放近似。① 所有数据来自国家统计局，详见表 9 – 1 和表 9 – 2。

表 9 – 1　　各省、自治区、直辖市原始投入数据

地区	劳动（万人）		资本（亿元）		能源（亿千瓦时）	
	2016 年	2015 年	2016 年	2015 年	2016 年	2015 年
北京市	791. 52	777. 34	7 943. 89	7 495. 99	1 020. 27	952. 72
天津市	286. 04	294. 78	12 779. 39	11 831. 99	807. 93	800. 60
河北省	639. 62	643. 65	31 750. 02	29 448. 27	3 264. 52	3 175. 66
山西省	430. 55	440. 27	14 197. 98	14 074. 15	1 797. 18	1 737. 21
内蒙古自治区	293. 24	298. 27	15 080. 01	13 702. 22	2 605. 03	2 542. 87
辽宁省	560. 39	618. 39	6 692. 25	17 917. 89	2 037. 40	1 984. 89
吉林省	322. 15	325. 06	13 923. 20	12 705. 29	667. 63	651. 96
黑龙江省	424. 87	433. 52	10 648. 35	10 182. 95	896. 62	868. 97
上海市	627. 78	637. 23	6 755. 88	6 352. 70	1 486. 02	1 405. 55
江苏省	1 497. 30	1 552. 08	49 663. 21	46 246. 87	5 458. 95	5 114. 70
浙江省	1 060. 95	1 083. 41	30 276. 07	27 323. 32	3 873. 19	3 553. 90
安徽省	517. 05	513. 79	27 033. 38	24 385. 97	1 794. 98	1 639. 79
福建省	668. 83	663. 08	23 237. 35	21 301. 38	1 968. 58	1 851. 86
江西省	471. 47	480. 49	19 694. 21	17 388. 13	1 182. 50	1 087. 26
山东省	1 215. 46	1 236. 72	53 322. 94	48 312. 44	5 390. 75	5 117. 05
河南省	1 144. 99	1 125. 85	40 415. 09	35 660. 35	2 989. 15	2 879. 62
湖北省	719. 32	712. 33	30 011. 65	26 563. 90	1 763. 11	1 665. 16
湖南省	568. 41	579. 15	28 353. 33	25 045. 08	1 495. 65	1 447. 63
广东省	1 957. 57	1 948. 04	33 303. 64	30 343. 03	5 610. 13	5 310. 69

① 本实验只是作为例子进行说明，在投入和产出的指标选取上以数据方便为主。在学术或实际分析时，投入和产出的指标选取应该更加谨慎，例如资本投入部分在考虑增量之余还应考虑存量，能源投入在考虑电力消费之余还应考虑煤炭、石油、天然气等能源品种。

续表

地区	劳动（万人）		资本（亿元）		能源（亿千瓦时）	
	2016 年	2015 年	2016 年	2015 年	2016 年	2015 年
广西壮族自治区	401.39	405.41	18 236.78	16 227.78	1 359.65	1 334.32
海南省	101.18	100.36	3 890.45	3 451.22	287.31	272.36
重庆市	412.88	415.61	16 048.10	14 353.24	924.89	875.37
四川省	787.53	795.47	28 811.95	25 525.90	2 101.02	1 992.40
贵州省	310.48	307.47	13 204.00	10 945.54	1 241.78	1 174.21
云南省	418.98	414.66	16 119.40	13 500.62	1 410.52	1 438.61
西藏自治区	31.51	33.39	1 596.05	1 295.68	49.22	40.53
陕西省	511.39	511.84	20 825.25	18 582.24	1 357.06	1 221.73
甘肃省	260.96	261.76	9 663.99	8 754.23	1 065.15	1 098.72
青海省	63.09	62.71	3 528.05	3 210.63	637.51	658.00
宁夏回族自治区	70.69	73.12	3 794.25	3 505.45	886.91	878.33
新疆维吾尔自治区	320.48	317.25	10 287.53	10 813.03	2 316.46	2 160.34

表 9-2　　各省、自治区、直辖市原始产出数据

地区	合意产出（亿元）		非合意产出（吨）	
	2016 年	2015 年	2016 年	2015 年
北京市	25 669.13	23 014.59	33 210.02	71 171.67
天津市	17 885.39	16 538.19	70 614.09	185 900.43
河北省	32 070.45	29 806.11	789 443.81	1 108 370.93
山西省	13 050.41	12 766.49	686 444.28	1 120 643.18
内蒙古自治区	18 128.10	17 831.51	625 742.23	1 230 945.68
辽宁省	22 246.90	28 669.02	507 695.20	968 766.93
吉林省	14 776.80	14 063.13	188 065.71	362 928.00
黑龙江省	15 386.09	15 083.67	338 220.91	456 331.21
上海市	28 178.65	25 123.45	74 245.77	170 843.52
江苏省	77 388.28	70 116.38	570 115.70	835 058.81
浙江省	47 251.36	42 886.49	268 384.63	537 826.34
安徽省	24 407.62	22 005.63	281 566.51	480 072.79
福建省	28 810.58	25 979.82	189 257.18	337 881.74
江西省	18 499.00	16 723.78	276 888.22	528 064.92

续表

地区	合意产出（亿元）		非合意产出（吨）	
	2016 年	2015 年	2016 年	2015 年
山东省	68 024.49	63 002.33	1 134 524.43	1 525 670.10
河南省	40 471.79	37 002.16	413 622.67	1 144 252.03
湖北省	32 665.38	29 550.19	285 602.99	551 358.00
湖南省	31 551.37	28 902.21	346 766.41	595 473.42
广东省	80 854.91	72 812.55	353 692.57	678 341.35
广西壮族自治区	18 317.64	16 803.12	201 063.67	421 198.70
海南省	4 053.20	3 702.76	16 957.63	32 300.06
重庆市	17 740.59	15 717.27	288 337.75	495 801.96
四川省	32 934.54	30 053.10	488 269.45	717 584.45
贵州省	11 776.73	10 502.56	647 063.92	852 964.50
云南省	14 788.42	13 619.17	526 208.98	583 739.22
西藏自治区	1 151.41	1 026.39	5 411.41	5 373.02
陕西省	19 399.59	18 021.86	318 012.39	735 017.21
甘肃省	7 200.37	6 790.32	271 975.89	570 621.39
青海省	2 572.49	2 417.05	113 692.70	150 766.00
宁夏回族自治区	3 168.59	2 911.77	236 859.01	357 596.19
新疆维吾尔自治区	9 649.70	9 324.80	480 686.93	778 330.32

【实验过程】

本实验主要基于 DEAP 2.1① 实现，具体实验步骤如下。

1. 下载 DEAP2.1

将软件运行必需的应用程序 deap.exe 和文件 DEAP.000 放在同一个文件夹中。

2. 整理数据

将实验数据在 Excel 中按照面板数据形式排列好，注意：（1）按照时间先后将同一时点不同截面变量的数据放在一起，即 2015 年 31 个省份的数据在前、2016 年 31 个省份的数据在后；（2）产出变量在前、投入变量在后。图 9-2 是排列好的数据形式，其中：DMU 是各个地区的字符代称，time 是时间变量，L 是劳动力投入，C 是资本投入，E 是能源投入，WO 是合意产出，UWO 是非合意产出。

① DEAP 是一款无须安装的常用于 DEA 计算的免费分析软件，可自行网上下载使用，也可联系编者。

DMU	time	WO	UWO	L	C	E
BJ	2015	23014.59	71171.67	777.34	7495.99	952.72
TJ	2015	16538.19	185900.43	294.78	11831.99	800.60
HEB	2015	29806.11	1108370.93	643.65	29448.27	3175.66
SX	2015	12766.49	1120643.18	440.27	14074.15	1737.21
NMG	2015	17831.51	1230945.68	298.27	13702.22	2542.87
LN	2015	28669.02	968766.93	618.39	17917.89	1984.89
JL	2015	14063.13	362928.00	325.06	12705.29	651.96
HLJ	2015	15083.67	456331.21	433.52	10182.95	868.97
SH	2015	25123.45	170843.52	637.23	6352.70	1405.55
JS	2015	70116.38	835058.81	1552.08	46246.87	5114.70
ZJ	2015	42886.49	537826.34	1083.41	27323.32	3553.90
AH	2015	22005.63	480072.79	513.79	24385.97	1639.79
FJ	2015	25979.82	337881.74	663.08	21301.38	1851.86
JX	2015	16723.78	528064.92	480.49	17388.13	1087.26
SD	2015	63002.33	1525670.10	1236.72	48312.44	5117.05
HEN	2015	37002.16	1144252.03	1125.85	35660.35	2879.62
HUB	2015	29550.19	551358.00	712.33	26563.90	1665.16
HUN	2015	28902.21	595473.42	579.15	25045.08	1447.63
GD	2015	72812.55	678341.35	1948.04	30343.03	5310.69
GX	2015	16803.12	421198.70	405.41	16227.78	1334.32
HN	2015	3702.76	32300.06	100.36	3451.22	272.36
CQ	2015	15717.27	495801.96	415.61	14353.24	875.37
SC	2015	30053.10	717584.45	795.47	25525.90	1992.40
GZ	2015	10502.56	852964.50	307.47	10945.54	1174.21
YN	2015	13619.17	583739.22	414.66	13500.62	1438.61
XZ	2015	1026.39	5373.02	33.39	1295.68	40.53
SHX	2015	18021.86	735017.21	511.84	18582.24	1221.73
GS	2015	6790.32	570621.39	261.76	8754.23	1098.72
QH	2015	2417.05	150766.00	62.71	3210.63	658.00
NX	2015	2911.77	357596.19	73.12	3505.45	878.33
XJ	2015	9324.80	778330.32	317.25	10813.03	2160.34
BJ	2016	25669.13	33210.02	791.52	7943.89	1020.27
TJ	2016	17885.39	70614.09	286.04	12779.39	807.93
HEB	2016	32070.45	789443.81	639.62	31750.02	3264.52
SX	2016	13050.41	686444.28	430.55	14197.98	1797.18
NMG	2016	18128.10	625742.23	293.24	15080.01	2605.03
[illegible]	[illegible]	[illegible]	[illegible]	[illegible]	[illegible]	[illegible]

图 9－2　按照面板数据排列好后的数据形式

3. 生成数据文件

在第一步的文件夹中新建一个记事本，将产出变量和投入变量复制到记事本中，重命名记事本为“123. txt”（也可以是其他名称，尽量用数字、字母命名，尽量简短）。注意：（1）记事本中只有数据，不包括地区变量、时间变量以及投入和产出变量的名称；（2）每列数字首端对齐，中间空格符隔开；（3）最后不要留空白行。图 9－3 是按照要求生成的数据文件。

4. 编辑命令文件

在第一步的文件夹中创建一个新的 ins 文件或复制一个已有的 ins 文件到该文件夹中（建议复制以减少失误可能），并对其进行编辑或修改，编辑或完成后重命名命令文件为“xx. ins”（建议与数据文件同名，例如本次实验将其命令为“123. ins”）。

123 - 记事本

文件(F) 编辑(E) 格式(O) 查看(V) 帮助(H)

23014.59	71171.67	777.34	7495.99	952.72
16538.19	185900.43	294.78	11831.99	800.60
29806.11	1108370.93	643.65	29448.27	3175.66
12766.49	1120643.18	440.27	14074.15	1737.21
17831.51	1230945.68	298.27	13702.22	2542.87
28669.02	968766.93	618.39	17917.89	1984.89
14063.13	362928.00	325.06	12705.29	651.96
15083.67	456331.21	433.52	10182.95	868.97
25123.45	170843.52	637.23	6352.70	1405.55
70116.38	835058.81	1552.08	46246.87	5114.70
42886.49	537826.34	1083.41	27323.32	3553.90
22005.63	480072.79	513.79	24385.97	1639.79
25979.82	337881.74	663.08	21301.38	1851.86
16723.78	528064.92	480.49	17388.13	1087.26
63002.33	1525670.10	1236.72	48312.44	5117.05
37002.16	1144252.03	1125.85	35660.35	2879.62
29550.19	551358.00	712.33	26563.90	1665.16
28902.21	595473.42	579.15	25045.08	1447.63
72812.55	678341.35	1948.04	30343.03	5310.69
16803.12	421198.70	405.41	16227.78	1334.32
3702.76	32300.06	100.36	3451.22	272.36
15717.27	495801.96	415.61	14353.24	875.37
30053.10	717584.45	795.47	25525.90	1992.40
10502.56	852964.50	307.47	10945.54	1174.21
13619.17	583739.22	414.66	13500.62	1438.61
1026.39	5373.02	33.39	1295.68	40.53
18021.86	735017.21	511.84	18582.24	1221.73
6790.32	570621.39	261.76	8754.23	1098.72
2417.05	150766.00	62.71	3210.63	658.00
2911.77	357596.19	73.12	3505.45	878.33

图9-3　数据文件

ins 文件内容主要包括：

（1）DATA FILE NAME，即数据文件名；

（2）OUTPUT FILE NAME，即输出文件名；

（3）NUMBER OF FIRMS，即面板变量个数；

（4）NUMBER OF TIME PERIODS，即时间变量个数；

（5）NUMBER OF OUTPUTS，即产出品种数量；

（6）NUMBER OF INPUTS，即投入品种数量；

（7）0 = INPUT AND 1 = OUTPUT ORIENTATED，即选择投入导向或产出导向；

（8）0 = CRS AND 1 = VRS，即选择规模报酬不变还是规模报酬可变；

（9）0 = DEA(MULTI - STAGE)，1 = COST - DEA，2 = MALMQUIST - DEA，3 = DEA (1 - STAGE)，4 = DEA(2 - STAGE)，即选择效率测算模型。

图9-4是根据本案例情况编辑好的 ins 文件内容，其中：123. txt 是数据文件名，12out. txt 是输出文件名，面板变量个数（省、自治区、直辖市个数）为31，时间变量个数为2（2015 年和2016 年两年），产出品种数量为2，投入品种数量为3。在此基础上，选择在投入导向、规模报酬不变的情况下，利用多阶段 DEA 模型进行静态效率测算。

文件(F) 编辑(E) 格式(O) 查看(V) 帮助(H)

```
123.txt          DATA FILE NAME
12out.txt          OUTPUT FILE NAME
31              NUMBER OF FIRMS
2             NUMBER OF TIME PERIODS
2              NUMBER OF OUTPUTS
3              NUMBER OF INPUTS
0              0=INPUT AND 1=OUTPUT ORIENTATED
0             0=CRS AND 1=VRS
0             0=DEA(MULTI-STAGE), 1=COST-DEA, 2=MALMQUIST-DEA, 3=DEA(1-STAGE), 4=DEA(2-STAGE)
```

图9-4　静态效率测算命令文件

5. 运行 DEAP 软件

双击“deap. exe”，在弹出窗口底部输入 ins 命令名称（见图 9 -5），并敲击回车键。

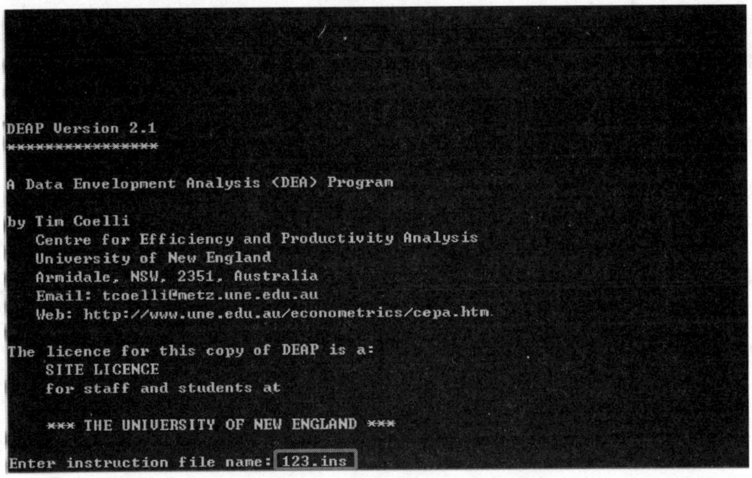

图 9 -5 运行 deap 应用程序

6. 结果分析

输出文件 12out. txt 中有一系列输出结果，其中 EFFICIENCY SUMMARY 就是静态效率表现（见图 9 -6），包括了各面板变量在样本区间里的平均效率表现以及所有面板变量样本期内效率的整体平均表现（最后一行）。平均效率表现之外还有 SUMMARY OF OUTPUT SLACKS、SUMMARY OF INPUT SLACKS、SUMMARY OF PEERS 等产出和投入的松弛变量、非有效单元对有效单元的投影等表现，可以根据需要进行对应分析。

EFFICIENCY SUMMARY:

firm	te
1	1.000
2	1.000
3	0.825
4	0.987
5	1.000
6	1.000
7	1.000
8	1.000
9	1.000
10	0.895
11	0.826
12	0.800
13	0.759
14	0.841
15	0.916
16	0.767
17	0.863
18	1.000
19	0.878
20	0.794
21	0.697
22	0.969
23	0.833
24	1.000
25	0.743
26	1.000
27	0.945
28	0.805
29	0.645
30	1.000
31	0.776
mean	0.889

图 9 -6 各省、自治区、直辖市样本期内静态效率表现

7. Malmquist 效率指数测算

对 ins 命令进行修正，具体如图 9 – 7 所示。

```
123 - 记事本
文件(F) 编辑(E) 格式(O) 查看(V) 帮助(H)
123.txt          DATA FILE NAME
12out.txt          OUTPUT FILE NAME
31              NUMBER OF FIRMS
2             NUMBER OF TIME PERIODS
2              NUMBER OF OUTPUTS
3              NUMBER OF INPUTS
0              0=INPUT AND 1=OUTPUT ORIENTATED
0             0=CRS AND 1=VRS
2             0=DEA(MULTI-STAGE), 1=COST-DEA, 2=MALMQUIST-DEA, 3=DEA(1-STAGE), 4=DEA(2-STAGE)
```

图 9 – 7　Malmquist 效率测算命令文件

运行 deap 应用程序，结果如图 9 – 8 所示。

year = 2

firm	effch	techch	pech	sech	tfpch
1	1.000	1.023	1.000	1.000	1.023
2	1.000	1.023	1.000	1.000	1.023
3	1.095	0.905	1.068	1.025	0.992
4	0.925	0.703	1.000	0.925	0.650
5	1.000	0.817	1.000	1.000	0.817
6	1.000	1.030	1.000	1.000	1.030
7	1.000	0.860	1.000	1.000	0.860
8	1.000	0.868	1.000	1.000	0.868
9	1.000	1.035	1.000	1.000	1.035
10	1.029	1.046	1.000	1.029	1.077
11	1.001	1.053	0.995	1.006	1.055
12	1.006	0.987	1.001	1.004	0.992
13	1.011	1.001	0.990	1.021	1.012
14	0.962	0.840	0.933	1.031	0.807
15	1.058	0.955	1.000	1.058	1.011
16	0.905	0.897	0.777	1.165	0.811
17	0.999	0.954	0.997	1.002	0.953
18	1.000	0.949	1.000	1.000	0.949
19	0.980	1.075	1.000	0.980	1.054
20	0.978	0.969	0.976	1.002	0.947
21	0.970	1.034	0.974	0.996	1.003
22	1.008	0.832	0.991	1.017	0.839
23	1.039	0.903	1.083	0.959	0.938
24	1.000	0.758	1.000	1.000	0.758
25	1.144	0.854	1.135	1.009	0.977
26	0.978	0.984	1.000	0.978	0.962
27	0.830	0.830	0.785	1.057	0.689
28	0.800	0.744	0.812	0.986	0.595
29	1.116	0.861	0.976	1.144	0.961
30	1.000	0.698	1.000	1.000	0.698
31	0.959	0.710	1.097	0.874	0.681
mean	0.991	0.903	0.984	1.007	0.894

图 9 – 8　各省、自治区、直辖市样本期内 Malmquist 效率表现

其中：

tfpch 是 Malmquist 效率表现；

effch 和 techch 是在规模报酬不变下对 Malmquist 效率的分解，前者为相对效率变动效应，后者为技术变动效应；

pech 和 sech 是在规模报酬可变下对 Malmquist 效率的分解，前者为纯技术变动效应，

后者为规模效率变动效应。

同样，在 Malmquist 效率呈现之外，还有其他的输出结果，读者可根据需要对应分析。

【实验拓展】

（1）在上述实验数据基础上，以产出为导向，对各省、自治区、直辖市的静态和动态经济效率表现进行分析。

（2）上述实验案例将不同产业杂糅在一起后对不同省、自治区、直辖市进行效率评价的做法是否存在不妥？为什么？

参 考 文 献

［1］ 巴蒂·H. 巴尔塔基：《计量经济学方法与应用》，中国人民大学出版社 2015 年版。

［2］ 蔡玉胜、吕静韦：《基于熵值法的京津冀区域发展质量评价研究》，载于《工业技术经济》2018 年第 11 期。

［3］ 达摩达尔·N. 古扎拉蒂：《计量经济学基础》（第四版），中国人民大学出版社 2005 年版。

［4］ 段永端：《数据包络分析：理论和应用》，上海科学普及出版社 2006 年版。

［5］ 方创琳：《改革开放 40 年来中国城镇化与城市群取得的重要进展与展望》，载于《经济地理》2018 年第 9 期。

［6］ 高铁梅：《计量经济分析方法与建模——EViews 应用及实例》（第 3 版），清华大学出版社 2016 年版。

［7］ 韩明：《多元统计分析：从数据到结论》，上海财经出版社 2016 年版。

［8］ 李春根：《全面建成小康社会：理论分析、进度监测与政策优化》，载于《湖南师范大学学报》2018 年第 4 期。

［9］ 李红：《统计分析软件及应用实验》，经济科学出版社 2008 年版。

［10］ 李健健、黄茂兴、李军军：《经济科学实验方法》，经济科学出版社 2013 年版。

［11］ 李子奈、潘文卿：《计量经济学》（第四版），高等教育出版社 2015 年版。

［12］ 李子奈、潘文卿：《计量经济学》，高等教育出版社 2005 年版。

［13］ 林齐宁：《决策分析》，北京邮电大学出版社 2003 年版。

［14］ 王滨：《基于熵值法的中国新型城镇化水平综合评价与区域比较》，载于《商业经济研究》2018 年第 10 期。

［15］ 王金祥、王卓：《生产前沿面的参数方法与非参数方法及应用》，西南交通大学出版社 2009 年版。

［16］ 王立猛、何康林：《基于 STIRPAT 模型分析中国环境压力的时间差异——以 1995 ~ 2003 年能源消费为例》，载于《自然资源学报》2006 年第 6 期。

［17］ 吴文江：《数据包络分析及其应用》，中国统计出版社 2002 年版。

［18］ 肖宏伟：《我国全面建成小康社会评价指标体系研究》，载于《发展研究》2014 年第 9 期。

［19］ 易丹辉主编：《数据分析与 EVIEWS 应用》，中国统计出版社 2002 年版。

［20］ 于俊年：《计量经济学》，对外经贸大学出版社 2007 年版。

［21］ 张文彤、董伟：《SPSS 统计分析高级教程》（第二版），高等教育出版社 2015 年版。

［22］ 张晓峒：《计量经济学》，清华大学出版社 2017 年版。

［23］ 张晓桐等：《计量经济学软件 EViews 使用指南》（第二版新版），南开大学出版

社2004年版。

[24] 周四军、付卫红：《到2020年我国能全面建成小康社会吗》，载于《经济数学》2015年第1期。

[25] Banker R. D. , Charnes A. , Cooper W. W. , 1984. Some models for estimating technical and scale inefficiencies in Data Envelopment Analysis. *Management Science*, 30 (9): 1078 – 1092.

[26] Banker R. D. , Morey R. C. , 1986, Efficiency Analysis for Exogenously Fixed Inputs and Outputs. *Operations Research*, 34 (4): 513 – 521.

[27] Carroll J. B. . *Human cognitive abilities*: *A survey of factor-analytic studies*0. Cambridge University Press, 1993.

[28] Caves D. W. , Christensen L. R. , Diewert W. E. . The Economic Theory of Index Numbers and the Measurement of Input, Output, and Productivity. *Econometrica*, 1982, 50 (6): 1393 – 1414.

[29] Charnes A. , Cooper W. W. , Rhodes E. , 1978. Measuring the Efficiency of Decision Making Unites. *European Journal of Operational Research* 2: 429 – 444.

[30] Chen Y. , 2003. A non-radial Malmquist productivity index with an illustrative application to Chinese major industries. *International Journal of Production Economics*, 83 (1): 27 – 35.

[31] Dietz T. , Rosa E. A. . Rethinking the Environmental Impacts of Population, Affluence and Technology. *Human Ecology Review*, 1994 (1): 277 – 300.

[32] FäreR, Grosskopf S, Valdmanis V. Capacity, competiton and efficiency in hospitals: A nonparametric approach. *Journal of Productivity Analysis*, 1989, 1 (2): 123 – 138.

[33] Färe, R. , S. Grosskopf, M. Norris, and Z. Zhang. 1994. Productivity Growth, Technical Progress, and Eciency Changes in Industrialised Countries. *American Economic Review* 84: 66 – 83.

[34] Granger C. W. J. . Investigating Causal Relations by Econometric Models and Cross-spectral Methods. *Econometrica*, 1969 (3): 424 – 438.

[35] Hamilton James D. . *Time Series Analysi*0. Princeton University Press, 1994.

[36] Harman H. H. . *Modern factor analysis*0. University of Chicago Press, 1976.

[37] Sims C. A. . Macroeconomics and Reality. *Econometrica*, 1980, 48 (1): 1 – 48.

[38] Sims C. A. . Money, Income, and Causality. *American Economic Review*, 1972, 62 (4): 540 – 52.

[39] Tone K. . Slacks – Based Measure of Efficiency//*Handbook on Data Envelopment Analysis*0. 2011.

[40] York R. , Rosa E. A. , Dietz T. . Footprints on the Earth: The Environmental Consequences of Modernity. *American Sociological Review*, 2003, 68 (2): 279 – 300.

[41] Zhou P. , Poh K. L. , Ang B. W, 2007. A non-radial DEA approach to measuring environmental performance. *European Journal of Operational Research*, 178 (1): 1 – 9.

[42] Zhu J. , Data Envelopment Analysis with Preference Structure. *Journal of the Operational Research Society*, 1996, 47 (1): 136 – 150.